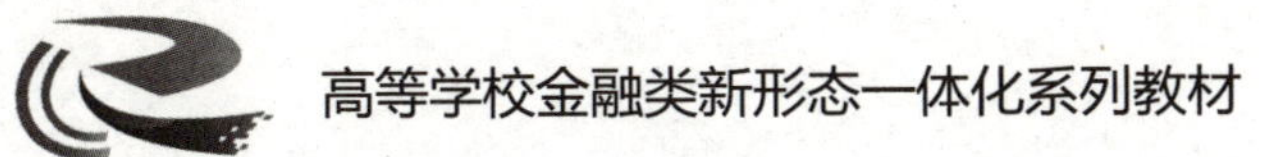

金融数据统计分析——基于 Excel

主　编　杨　陶　刘　杨　于佳琦

副主编　张迎迎　王天佳　赵凝玉

图书在版编目(CIP)数据

金融数据统计分析：基于 Excel / 杨陶，刘杨，于佳琦主编. — 合肥：合肥工业大学出版社，2024.7

ISBN 978-7-5650-6544-6

Ⅰ.①金… Ⅱ.①杨… ②刘… ③于… Ⅲ.①金融统计－统计分析 Ⅳ.① F830.2

中国国家版本馆 CIP 数据核字(2024)第 039147 号

金融数据统计分析——基于 Excel

杨 陶 刘 杨 于佳琦 主编

责任编辑 孙南洋
出版发行 合肥工业大学出版社
地 址 合肥市屯溪路 193 号
网 址 www.hfutpress.com.cn
电 话 人文社科出版中心：0551-62903200
营销与储运管理中心：0551-62903198
规 格 787 毫米 ×1092 毫米 1/16
印 张 14.25
字 数 327 千字
版 次 2024 年 7 月第 1 版
印 次 2024 年 7 月第 1 次印刷
印 刷 三河市海新印务有限公司
书 号 ISBN 978-7-5650-6544-6
定 价 49.80 元

前言 PREFACE

对于每一个学习金融的学生来说，除了完成课程计划的基本要求之外，如何建立起经济思维是现代学生学习金融专业的重要短板。但是，专业的学习往往与高中的应试教育完全不同，高中生无外乎一个目的：高考，而专业的学习和研究往往是永不止步的。随着前人不断地进行理论与实践的创新，学习的天花板被一步步地提高了。学习金融不是一件简单的事情，所以怎么学习能够事半功倍是需要思考和努力的目标。金融专业想要应用解决现实问题，需要坚实的理论基础，不然无的放矢，无所适从。

金融是以高频数据和计量模型为基础的，随着计算机算力的逐渐增强，科技创新领域拓展到金融领域，区块链、比特币、电子货币、互联网金融等金融创新不断涌现，这对传统金融学科教学也带来了不小的冲击。例如以往在计算正态分布或者计算货币时间价值时还在应用查表的方式计算，然而即便是查表方法不受限制，计算的精度也不如计算机精确，所以现代金融在处理金融数据的问题上越来越依赖于计算机和数学。

本书选择 Excel 作为金融数据处理的主要工具，主要因为 Excel 好上手、使用的广泛度高、稳定性好、嵌入公式多、经济性价比高等，此外现在新购买的计算机通常自带正版的 Office，这也省去了学生学习成本的问题。

本书共 11 章，分为两部分，第一部分（从第 1 章至第 5 章）为统计学基础，第二部分（从第 6 章至第 11 章）为实际案例应用。第 1 章主要介绍了统计学常见名词的概念以及抽样方法，同时对现在几个主流的计量软件做了简单介绍。第 2 章介绍了数据列表、可视化图格式和含义，以及如何使用 Excel 制作可视化图。第 3 章介绍了数据描述性统计的数据集中趋势和离散趋势的几个特征值、概念和算法。第 4 章介绍了有关概率分布的知识，重点介绍了正态分布的概念。第 5 章为 Excel 软件公式和常见函数的用法。第 6 章介绍了个人贷款中房贷的计算方法。第 7 章介绍了财务报表分析。第 8 章介绍了债券定价和债券利率敏感度的含义与计算。第 9 章介绍了风险资产投资组合的期望收益和风险问题。第 10 章介绍了回归分析的理论与计算机实现方法。第 11 章介绍了用 BSM 期权定价公式计算期权价格以及波动率的问题。

本书适用的读者包括高等院校应用型本科生、继续教育的本科生和大专生、实际金融工作者以及对金融数据处理感兴趣的其他读者。

本书由具有教学经验的专业教师编写，但因时间仓促和作者水平有限，书中难免出现错误，恳请读者朋友多多批评指正，不吝赐教。

编　者

2024 年 6 月

目
CONTENTS
录

第 1 章 导 论

知识目标

1. 了解统计学的研究范畴。
2. 掌握数据的不同类型。
3. 掌握概率抽样和非概率抽样。
4. 了解 MSExcel 的基本知识。

技能目标

1. 能够区分不同数据的数据类型。
2. 能够区分并选择使用最优的抽样方法进行抽样调查。
3. 能够掌握 Excel 软件的基本界面的操作方法。

思政目标

通过分析金融风险事件发生的概率，引导学生学习贯彻习近平总书记关于思维方式的重要论述，坚持底线思维、增强风险防范意识。

案例引入

2022 卡塔尔世界杯中的“统计学”

激烈的赛事衍生出一项项统计数据：球员的触球次数、突破次数、传球次数等，这些都是评判一个球员价值的重要标准，关乎着每一场球赛的精彩程度。除此之外还有大家所熟悉的赛场数据，射门、射正、射门被挡、角球、犯规、越位、传球成功率、控球率……

这些我们在球赛中熟悉的数字，背后隐藏着许多统计学知识，甚至有统计学高手能通过数据分析，推断球赛输赢。但是一些数据优势很大的球队，有时会因为打法、策略、意志力甚至是运气输掉比赛，比如本届世界杯小组赛频频爆冷，阿根廷 1:2 不敌沙特，德国队在全场控球率 74% 的优势下遭日本队逆转比分。热搜都说“足球反着买，别墅靠大海”，正是这种不确定性，为足球赛添加了独特的魅力。

除了比赛赛场数据外，人们通过对球队历史数据的总结，推算一些有规律事件的发生，这被称为世界杯“魔咒”。其实从统计学角度来讲，所谓“魔咒”是从历年世界杯的海量数据中，通过比较分析而发现的某一条规律，这是数据挖掘技术应用的结果。数据挖掘是指从大量的数据中通过算法搜索隐藏于其中的信息的过程，它来自统计学的抽样、估计和假设检验。通过数据挖掘技术和统计学，配套适当的渲染，就可以创造出更多的“魔咒”。

从统计学角度观看世界杯赛事，可能会有不一样的乐趣，希望在下一届的世界杯上，也能看到中国队的身影！

（资料来源：作者根据相关资料整理）

1.1 统计学的研究范畴

对于统计学，几乎各国学术界都有对其的定义，比如《不列颠百科全书》里面对统计学的定义为：统计学是收集、分析、表述和解释数据的科学。从统计学发展的历史来看，统计学的核心研究内容是数据，那么可以定义：统计学是确定研究项目目标，通过搜集数据、处理数据、分析数据和用数据分析结果解释研究问题的一门科学。

在数字化高速发展的当下，大家无时无刻不在与统计打交道，每天早晨“今日头条”推送的早间新闻，打开“抖音”App 刷到的短视频，其实都表明在潜移默化中大家已经与统计学成为“最熟悉的陌生人”。统计学研究范畴的核心是数据，生活中各种各样的数据充斥在身边，譬如每日的天气预报温度数值、公交站牌的公交路线代号、余额宝里面的余额等，都是日常可见的数据。这些数据看似都是数字，但是其含义不尽相同，接下来首先要介绍的内容为数据的类型。

1.2 数据的类型

由于使用统计数据的习惯与分类的角度不同，数据可以有如下的几种类型。

1.2.1 从计量尺度的角度进行数据分类

从计量尺度的角度分类，数据可分为数值型数据、分类型数据和顺序型数据。

1. 数值型数据

数值型数据指的是用数字表达或者衡量的一类观察值。数值型数据在统计学中是研究的三种数据类型的核心，同时也是分析问题的基础来源，在金融中是应用场景最广泛一种数据类型。譬如 GDP 的产值、CPI 的指数、股票价格和人均收入等都是常见的数值型数据，它们都是用数字表达或者计量的。

2. 分类型数据

分类型数据是基于自然或者人为方便进行的、按照某种规律或者特征进行区分所形成的一类数据。

分类型数据的特征也相当明显。例如人口按照性别特征可以分为男女；汇率按照参照本币还是外币可以分为直接标价法和间接标价法；股票按照不同的上市市场可以分为 A 股、H 股、S 股、N 股等。

3. 顺序型数据

顺序型数据指的是某一有序类别的非数字型数据。这里的某一有序类别，指的是人们根据某种特征存在的内在顺序逻辑进行分类而形成的数据类型。本质上顺序型数据其实也是一种分类，但是其是分类的一种特殊情况，因为现实中大量存在顺序型数据并常作为分析对象，例如汽车按照轴距长度可以分为 A、B、C 级车；期末成绩可以分为优、良、中、及格和差；商品房根据楼层的高低可以分为高层、小高层和多层等。

在这三类数据中，数值型数据由于说明了事物的数量特征，因此可归为定量数据；分类型数据和顺序型数据由于定义了事物所属的类别，说明了事物的品质特征，因而可统称为定性数据（如图 1-1 所示）。

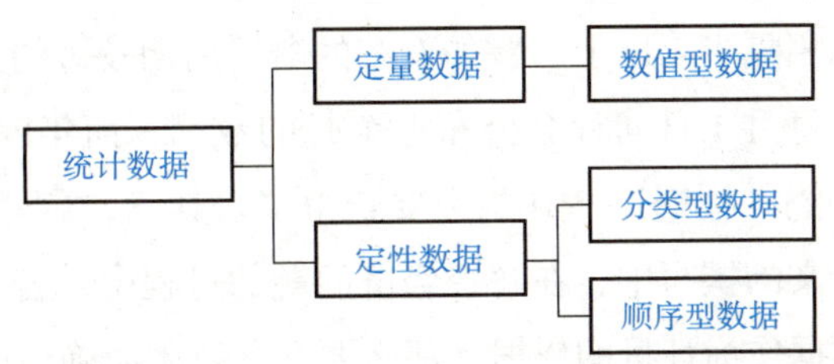

图 1-1 统计数据按照计量尺度分类

1.2.2 从来源方式的角度进行数据分类

根据数据收集方式的不同，可以将数据分为二手数据和一手数据。

1. 二手数据

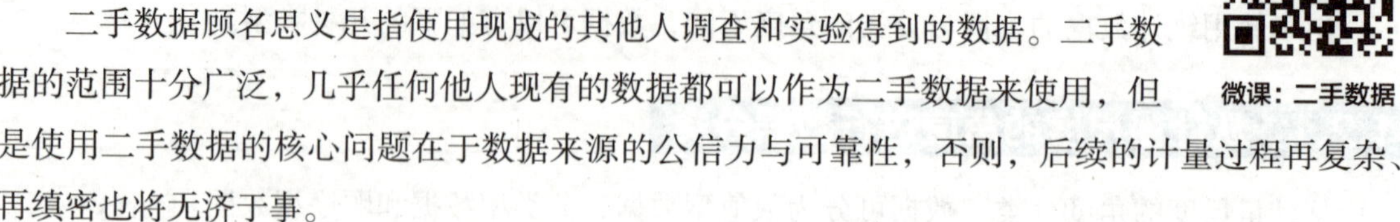

微课：二手数据

二手数据顾名思义是指使用现成的其他人调查和实验得到的数据。二手数据的范围十分广泛，几乎任何他人现有的数据都可以作为二手数据来使用，但是使用二手数据的核心问题在于数据来源的公信力与可靠性，否则，后续的计量过程再复杂、再缜密也将无济于事。

那为什么要使用二手数据而不去自己调查获取一手数据呢？一方面虽然我们可以通过自身调查去获取一手数据，但是往往很多问题的研究是没有必要这样做的。比如说大学里某个学院的某个班级英语四级通过的人数，我们可以直接通过教务处获取而无须再去进行问卷调查，因为教务处存放着全部学生英语四级成绩的数据。第二方面是我们无法通过自身调查去获取一手数据或者调研的成本过高。譬如一些带有涉密性质的数据：航空航天领域、核能领域、政府内部文件等，这些数据是非公开数据，想要获取这些数据需要相关部门的授权才可以。还有一些数据获取成本过高，譬如国家的宏观经济数据。

常见的二手数据的来源主要有：①统计部门和各级政府部门公布的有关资料，如定期发布的统计公报，定期出版的各类统计年鉴，各类经济信息中心、信息咨询机构、专业调查机构、行业协会和联合会提供的市场信息和行业发展的数据情报；②各类专业期刊、报纸、图书所提供的文献资料，图书馆查阅到的相关资料等；③各种会议，如博览会、展销会、交易会及专业性、学术性研讨会上交流的资料；④取自系统内部的资料，例如业务资料，包括与业务经营活动有关的各种单据、记录，经营活动过程中的各种统计报表，各种财务、会计核算和分析资料等。

二手数据的优点有：节省时间、获取速度快且成本低。二手数据有助于规范数据的计量方法与口径，并指明了调查方式，尤其是在一些基本面分析上。区域的宏观数据、分行业的数据以及上市公司的财务报表等都可以通过权威机构的发布渠道获得。

二手数据的获取虽然省时省力，但存在着缺陷。其一，缺乏个性化。因为二手数据的计量是标准化的，为普适性较强的一类数据，所以在通过数据研究问题的过程中，只有那些与二手数据计量口径相符、相关度较高的研究问题才可以直接使用，否则将与研究对象的严谨性相背离。所以，使用二手数据之前需要考虑数据的可用性，统计口径与研究对象是否一致。其二，二手数据的调研与发布一般都存在着时间的滞后性，尤其是一些宏观和产业数据，获取到的时间可能与数据对应的周期相隔半年以上。譬如发布的滞后周期较短的先行指标——采购经理指数（PMI），其发布周期为每月 1 日向社会公布上个月的数据，而年度 GDP 的最终核实数则是在隔年的 1 月份发布，间隔的周期比 PMI 指数要长得多。其三，二手数据的选择必须是具备权威和公信力的数据。在论文的撰写中，在解释经济问题的过程中，若数据分析的篇幅占据核心位置，且需要使用二手数据作为计量的依据，那么要在文章中明确地标注数据的来源。

2. 一手数据

一手数据指的是通过实验或者调查的形式获得的全新数据。一手数据的获取主要应用于理工类等领域的以实验为基础的问题研究。例如某河流上游的水质检测，在不同的时间点获取的或同一时间点相近距离的范围内获取的水样测试数据也可能存在差异，所以必须亲自进行获取实验数据的操作而不能直接采用他人的实验数据。在社会科学研究领域同样可以使用各种方式搜集数据以获取一手数据，比如通过现场调研、问卷、访谈、询问、电话和数据深度挖掘等。一手数据的优点是：针对性、时效性强，具备排他性，准确性高。一手数据的缺点是：时间成本高、经济成本高、在某些领域获取壁垒高。

1.2.3 按照现象与时间的关系进行数据分类

1. 时间序列数据

时间序列数据指的是某一个或几个变量随着时间变化，在不同时间点上搜集到的数据。时间序列数据在金融领域十分常见并占据重要的地位，时间序列数据的自变量是时间，统计量是因变量。例如 2022 年 1 月至 2023 年 11 月中国城镇登记失业率的季度时间序列数据见表 1-1 所列。

表 1-1 2022 年 1 月—2023 年 11 月中国城镇登记失业率

统计时间（月）	城镇登记失业率 %
2023 年 11 月	5
2023 年 10 月	5
2023 年 9 月	5
2023 年 8 月	5.2
2023 年 7 月	5.3
2023 年 6 月	5.2
2023 年 5 月	5.2
2023 年 4 月	5.2
2023 年 3 月	5.3
2023 年 2 月	5.6
2023 年 1 月	5.5
2022 年 12 月	5.5
2022 年 11 月	5.7
2022 年 10 月	5.5
2022 年 9 月	5.5
2022 年 8 月	5.3

续表

统计时间（月）	城镇登记失业率 %
2022 年 7 月	5.4
2022 年 6 月	5.5
2022 年 5 月	5.9
2022 年 4 月	6.1
2022 年 3 月	5.8
2022 年 2 月	5.5
2022 年 1 月	5.3

2. 截面数据

截面数据是指在相同或近似相同的时间点上收集的数据，这类数据通常是在不同的空间获得的，用于描述现象在某一时刻的变化情况。例如五地区 2021 年的地区生产总值指数和分三产业的增加值指数（见表 1-2 所列），时间同是 2021 年，数据根据不同区域、不同指标所统计。

表 1-2　2021 年五地区生产总值指数和分三产业的增加值指数

指标	北京	黑龙江	上海	河南省	陕西省
GDP（上年 =100）	108.5	106.1	108.1	106.3	106.5
第一产业增加值指数（上年 =100）	102.7	106.6	93.5	106.4	106.3
第二产业增加值指数（上年 =100）	123.2	105	109.4	104.1	105.6
第三产业增加值指数（上年 =100）	105.7	106.3	107.6	108.1	107.3

注：本表按不变价格计算。

1.3　总体、样本、参数和统计量

在介绍抽样技术之前，需要先介绍统计学中的一些概念，这些概念包括总体、样本、参数和统计量。

微课：总体、样本、参数和统计量

1.3.1　总体

总体是包含所研究的全部个体的集合，例如，研究在上海证券交易所上市的所有公司的净利润，那么每一个在上海证券交易所上市的公司就是研究个体，而这些企业便构成了一个总体；研究某大学大四学生的英语四级通过人数，那么这个大学的所有大四学生便构成了一个总体，每个大四的学生就是一个个体；国家在定期进行人口普查的过程中，这个国家所有人口就是一个总体，而每一个人就是一个个体。

总体根据其所包含的单位数目是否可数，可以分为有限总体和无限总体。有限总体是指总体的范围能够确定且元素是有限可数的。例如在一批新车型推向市场之前，车场将对所有下线的汽车进行指标测试，那么每一辆汽车就是一个个体，汽车的数量是有限的，所有被测试的汽车构成了一个总体，这个总体是有限总体。无限总体是指总体所包括的元素是无限的、不可数的。例如，在 n 次伯努利试验中，每个实验数据可以看作总体的一个元素，而实验则可以无限地进行下去，因此由实验数据构成的总体就是一个无限总体。

总体分为有限总体和无限总体，主要是为了判别在抽样中每次抽取是否独立。对于无限总体，每次抽取一个单元，并不影响下一次的抽样结果，因此每次抽取可以看作是独立的。对于有限总体，抽取一个单元后，总体元素就会减少一个，前一次的抽样往往会影响第二次的抽样结果，因此每次抽取不是独立的。这些因素会影响到抽样推断的结果。

1.3.2 样本

样本是从总体中抽取一部分个体而组成的集合，构成样本的个体数目称为样本量。例如研究某大学大四学生的英语四级通过人数，抽取 500 人作为研究对象，那么这 500 人组成的一个集合叫做样本，500 叫做样本量。

1.3.3 参数

参数这个词语在日常购买商品时十分常见，尤其是在选购耐用品时。例如，汽车的百公里油耗、手机的屏幕分辨率、滚筒洗衣机的转数等，这些指标都是商品的某些被重点关注的性能特征，这些就是参数。参数是用来描述总体特征的概括性数字度量，是研究者想要了解的总体的某种特征值。这里需要注意的是，参数研究的对象是总体。在金融学中最常用与最重要的参数是总体的期望与总体的方差。

1.3.4 统计量

统计量是用来描述样本特征的概括性数字度量。统计量是根据样本数据计算出来的一个量，虽然可以利用样本做多种多样的计量模型，但是不能脱离研究目的，即最终目标是掌握整体的特征而不是样本，样本数据是为研究总体服务的而不是研究样本本身，所以计算样本统计量时首先要确定总体参数是什么。在理论上，样本可以无限地重复抽取，那么也就是说样本可以有无数个。比如研究某大学大四学生英语四级成绩的通过比例，假设这个学校的大四学生共有 2 000 人，抽取 500 人作为样本，理论上可以抽取无数次来计算样本的比例，估计总体的比例。因为在金融领域中，数据大多是时间序列数据，所以在金融中常见的统计量包括样本的期望和样本方差。

1.4 抽样技术

“总体”内提到，因为主观和客观的因素，通过抽样调查的方式来研究总体成为最常用的非全面调查的研究方法，调查样本的数据，掌握总体的有关信息。从总体抽取样本的方法看，可以分为两类抽样：一是概率抽样，二是非概率抽样。

1.4.1 概率抽样

微课：概率抽样

概率抽样也称随机抽样，是指依据随机原则，按照某种事先设计的程序，从总体中抽取部分单元的抽样方法。概率抽样主要有如下几个特点：

（1）按一定的概率以随机原则抽取样本。以具备这种特征的方式抽取样本，可以完全排除人们的主观因素对个体被选入样本进行的干预。所有的总体中的个体都有一定的概率被选入样本，即每一个个体被抽中到样本中的概率是非 0 的。当然，个体被抽取到的概率可以是全相等的，也可以是不全相等的。

（2）概率抽样中每个个体被抽中的概率是已知的或是可以计算出来的。比如每三日抽取参与核酸检测的业主，业主每一次被抽中的概率就是 30%。这是通过样本统计量对总体参数做推断的基础，若要通过样本对总体做推断，那么核心的要求是推断的准确性与可信度，譬如在 95% 的可信度下估计某学校大四学生英语四级成绩的平均值的范围。

概率抽样的优点在于，由于每个样本个体都是随机抽取的，而且能计算出每个个体的入样概率，所以能得到总体目标变量的估计值，并能计算出每个估计值的抽样误差，从而得到对总体目标量进行推断的可靠程度。从另一方面讲，也可以按照要求的精确度，计算必要的样本个体数目，这些都为调查方案的评估提供了有力的依据。当然，与非概率抽样相比，概率抽样也有一些不足。例如，概率抽样比较复杂，对调查人员的专业技术要求高；调查中需要抽样框，而构建和维护一个高质量的抽样框费用很高；随机抽中的调查单元可能非常分散，调查过程中不能轻易更换样本单元。这增加了调查费用，延长了调查时间。虽然有这些不足，但概率抽样作为统计推断的唯一抽样方式，是非概率抽样无法替代的。

1.4.2 概率抽样的方法

1. 简单随机抽样

简单随机抽样是最基本、最简单的抽样方法，被广泛应用在现实场景中。前面提到的每三日抽取小区中 30% 比例的业主作为本次核酸检测的目标，此处使用了简单随机抽样的方法。简单随机抽样的定义为：从包括总体 N 个单位的抽样框中随机地、一个个地抽取 n 个单位作为样本，每个单位的入样概率是相等的，概率为 $\frac{n}{N}$。在抽取 30% 比例的业主之前，需要本小区所有业主的花名册，如果没有花名册或者花名册人数不准确，那么将无法公平和全面地完成全面抽样核酸检测的目标，在使用此样本数据进行估计总体时便无法得到准确的估计值。此处，业主的“花名册”称为抽样框，类似抽样框有企业名录、商品编号单、学生名册等。抽样框的作用不仅在于提供备选名单以供抽选，它还是计算各个单位入样概率的依据。

这种方法的优点是简单、直观。由于抽选的概率相同，用样本统计量对目标量进行估计及计算估计量误差都比较容易计量。但是简单随机抽样也存在着若干缺陷：在总体量较大且需要抽取的样本量规模一般时，抽样的随机性过强，每个个体被抽取到的概率较低，不好把控被抽进样本的个体分布是否与总体的分布相似；当总体规模较大时，抽样框的构建将成为阻碍问题研究的关键；所抽取的个体较为分散。

2. 分层抽样

分层抽样是分析总体的某种特征、规律或习惯，将总体划分为不同的类或者群体集，然后从每个类或者群体中使用简单随机抽样分别抽取样本。分层抽样有三个必要的条件：每类别中都抽样，各类别中都独立地抽样，各类别的抽样都是简单随机抽样。因为抽样在各类中是独立抽样且互不影响，所以分层抽样保证每一个分类至少可以抽到一个个体，这里保证了具有少数个体的分类也可以被抽取到。考虑一个极端情况，例如总体数为 100 的数据集合中，某一分类中的数据数只有 1 个，那么这个数据在分层抽样法中被抽中的概率是 100%，如果使用简单随机抽样，那么它被抽中的概率仅为 1%。显然分层抽样使这一分类中的数据被抽取到的概率增加了 99 倍，这样就使得样本在总体中的分布更加均匀，而不是向某些类中数据比例较高的数据集中。由于各层的总体方差因层内单元之间差异小，所以其加权平均小于总体方差，而抽样精度与此成正比，故分层抽样可以提高估计精度。

3. 整群抽样

整群抽样是将总体划分为若干群，然后以群为抽样单元，从总体中随机抽取一部分群，对入选的所有单元进行调查的一种抽样方法。例如将在某市的某区中以小区为单位抽取市民调查对街道卫生满意度，将这个区的若干个小区划分为若干个群，对随机抽取的一部分小区中的所有业主进行调查。也就是说，只有被抽取到的小区内的业主才会参与本次的调查，而其他未被抽取到的小区内的业主不参与调查。

整群抽样具有如下优点：

（1）抽样框编制简单。由于抽样框的完整构造时常在现实中出现困难，所以相较于简单随机抽样和分层抽样，只要构造出以整群为最小单位的抽样框就可以了。

（2）有利于高层的管理。由于完整的抽样框的构造容易实现，在使用整群抽样方式进行抽样时，高层级的管理者可以独立完成抽样过程，减少了抽样过程受基层的影响。

（3）调查便利，节省成本。例如使用整群抽样选取以小区为单位的市民进行街道卫生评价时，调查人员只要派出到被抽取到的小区调查便可完成目的，而不需要像简单随机抽样那样去更多的小区去进行调查。整群抽样具备经济规模效应，节省了大量的人力和物力成本。尤其是在某些保密或需要授权的调查中，整群抽样的优势更加明显，因为授权需要复杂的手续和时间，减少被授权的过程的个数将减少相当的人力和物力成本。

4. 系统抽样

将总体中的N个单位按一定顺序排列，在规定的范围内随机抽取一个单位作为初始单位，然后按事先制定好的规则确定其他样本单位，这种抽样方法称为系统抽样。典型的系统抽样是先从数字$1\sim k$中随机抽取一个数字r作为初始单位，以后依次取$r+k$，$r+2k$，…可以把系统抽样看成是将总体内的单位按顺序分成k群，用相同的概率抽取出样本的方法。

1.4.3 非概率抽样

非概率抽样相对于概率抽样而言，指的是抽取样本时不是依据随机原则，而是根据研究目的对数据的要求，采用某种方式从总体中抽出部分单位对其进行调查。非概率抽样相较于概率抽样，介入了很多的人为的经验因素，然而在进行人为干预的抽样过程中个体被抽取的概率几乎无从计量。但是非概率抽样并非一无是处，在社科类的问题研究中存在很多需要先前经验与社会关系等因素影响的重要因素，所以非概率抽样在抽样技术中的地位也很重要。

1. 方便抽样

调查过程中调查员依据方便的原则，自行确定作为样本的单位。例如，在超市、商场甚至学校的食堂门前经常可见厂商拦截路人进行街头调查，让路人试吃或者试用某种新产品，然后让路人进行问卷调查，这是最常见且典型的方便抽样。方便抽样的最大特点是操作简单，调查成本低。但这种抽样方式同样也有缺点。例如，样本单位的确定带有随意性，因为调查员可以任意地选择人员进行调查，所以样本的选择带有很强的主观性。例如，调查时习惯寻找同龄人或者是异性，所以样本的结构很可能与总体的结构相去甚远。因此方便抽样不适用于通过样本对总体进行推断，只适用于对总体的初步认识。

2. 判断抽样

判断抽样是另一种比较方便的抽样方式，是指调查人员根据经验、判断和对调查对象的了解，有目的地选择一些单位作为样本，实施时根据不同的目的分为重点抽样、典型抽样、代表抽样等方式。

3. 滚雪球抽样

滚雪球抽样往往用于对少数群体的调查。在滚雪球抽样中，首先选择一组已知的调查个体，对其实施调查之后，再请其提供另外一些属于研究总体的调查对象，调查员根据所提供的线索，继续进行调查。在实际调查中对少数群体的调查会因样本人数比例较少、调查人对此群体没有联系而如同大海捞针。然而少数群体之间一般都存在非正式或者正式组织，所以，在进行此类调查时可以先从一个或者几个个体开始调查，然后通过其介绍从而增加更多的潜在样本点，这样循环往复就像滚雪球一样，可调查的样本越来越多，形成了滚雪球效应。例如，想要对天文爱好者这个群体的兴趣方向是什么做调查时，由于天文爱好者在人群中的比重较小，所以可以使用滚雪球抽样法进行抽样调查。通过联系各大学的天文爱好者社团、学习天文专业的校友以及天文爱好相关的社会组织，由他们介绍更多的天文爱好者以达到调查所需的样本量。

4. 配额抽样

配额抽样类似于概率抽样中的分层抽样，它先将总体中的所有单位按一定的特征分为若干类，然后在每个类中采用方便抽样或判断抽样的方式选取样本单位。配额抽样和分层抽样的特点相同，为了保证样本的结构与总体的结构相近或相同，配额抽样保证某一特征的个体至少有一个能够进入样本。

1.4.4 概率抽样与非概率抽样的比较

选择使用哪一种抽样方法取决于多种因素，包括研究问题的性质、使用数据要说明的问题以及调查对象的特征、成本、时间限制等。概率抽样与非概率抽样的核心区别为是否可以用样本对总体作推断；概率抽样是依据随机原则抽选样本，而非概率抽样不是依据随机原则抽选样本；概率抽样的样本统计量的分布是确切的，非概率抽样的样本统计量分布是不确切的；概率抽样可以估算误差并且在进行抽样设计时对估算的精度提出要求，估算为满足特定精度要求所需要的样本量，而非概率抽样做不到这一点。非概率抽样可以通过调查者的经验和主观判断影响抽样调查的机动性，达到简便、时效快、成本低的要求。概率抽样对抽样技术的专业水平要求高，对数学、统计学和数据建模等计量类技术的要求较高，其时间成本和经济成本都相对较高。

1.4.5 数据误差

数据误差是指通过调查收集到的数据与研究对象真实结果之间的差异。数据误差有两类，抽样误差和非抽样误差。

（1）抽样误差是指抽样的随机性引起的样本结果与总体真值之间的误差。

（2）非抽样误差是相对抽样误差而言的，是指除抽样误差之外的，由于其他原因引起的样本观察结果与总体真值之间的差异。

数据误差的成因诸多，由抽样随机性引起的数据误差为抽样误差外其余都属于非抽样误差。抽样误差仅存在于概率抽样当中，因为概率抽样是以随机抽样为基础的。非概率抽样不存在抽样误差，因为非概率抽样不是随机抽取的，样本是在主观因素影响下抽取的。而非抽样误差可同时出现在概率抽样和非概率抽样之中。非抽样误差的类型包括抽样框误差、未响应误差、响应误差和调查员误差等。

1. 抽样框误差

在概率抽样中需要根据抽样框抽取样本，如果构造的抽样框数据不准确，那么从中抽取的样本也是有瑕疵的，本应该被抽取到的个体由于抽样框误差而被抽取到的概率可能为0，所以抽样框的数据不准确将会影响到对总体的推断。例如，想要了解某个学校学生的英语四六级的通过率，首先需要准确的学生名单，如果名单老旧或不准确，样本会有漏抽或者多抽的现象，那么使用再复杂的计量模型也无济于事。

2. 未响应误差

未响应误差又称作无回答误差。未响应误差是指由于种种原因，包含在样本中的一部分调查对象未对调查做出反应或回答而造成的误差。在现场调查中，调查对象拒绝回答某些私密问题，比如体重、谈恋爱次数、消费偏好等，都将造成问卷的某一答案空白或缺失；电话调查中，可能由于某一选定的电话号码拨了多次均没有反应，或者接通后被调查对象拒绝回答问题；邮寄问卷调查中，地址写错、调查对象搬家，或者调查对象虽然收到问卷却出现问卷丢失或不愿意回答等，这些情况都可能导致未响应误差。抽样调查中的未响应数据通常称为缺失数据，对缺失值的处理是数据处理的重要环节，不能忽略。通常利用有回答数据和其他辅助信息建立统计模型，对缺失数据用插补等统计方法进行处理，以形成完整的数据集，然后进行统计推断。

3. 响应误差

虽然调查对象提供了回答，但是回答的质量可能与真实情况不符，那么统计的数据也可能是不准确的，不能反映所研究问题的真实情况。响应误差通常包括：理解误差、记忆误差、有意识误差。

（1）理解误差指不同的调查对象对调查问题的理解不同，每个人都按自己的理解回答，大家的标准不一致，由此造成的误差。理解误差主要出现在一些对定性问题的回答上，比如对一款新款茶饮料的品鉴调查，人们通常会回答好喝、还行、一般、难喝。虽然人们可以给出一个真实的回答，但是每个顾客的偏好其实差异很大，有些顾客对苦涩的茶有较大的忍耐度，而有些顾客则认为饮料必须足够甜，所以很有可能出现“甲之蜜糖乙之砒霜”的现象。在实际的问卷调查中，可以使用可量化的或者更加细化的定性可选项作为问卷的备选答案来规避此误差。

（2）记忆误差指调查的问题是关于一段时期内的现象或事实，需要被调查对象回忆，需要回忆的时间间隔越久，回忆的数据就可能越不准确，由此造成的误差。所以，缩短调查所涉及的时间间隔可以减少记忆误差。

（3）有意识误差指当调查的问题比较敏感，调查对象不愿意回答但迫于各种原因又必须回答时，可能会告诉调查员一个不真实的信息，由此造成的误差。产生有意识误差的动因大致有两种，一种是调查问题涉及个人隐私，调查对象不愿意回答，所以造假；另一种是受利益驱动，进行数字造假。减小有意识误差需要提前做好功课，了解哪些内容调查对象可能不愿意回答，了解当地的文化习俗与习惯偏好，同时在话术上做修饰也可以达到一定的效果。

4. 调查员误差

由于调查员的原因而产生的调查误差，也是统计调查中经常出现的统计误差的因素之一。例如，证券执行部门录入数据量很大，录入员粗心输入错误数字的情况有可能发生。调查员误差还可能来自调查中的诱导，例如调查员对本调查的某一回答有倾向性和偏好，在调查中有意或无意地引导回答者导向某个调查员预期的结果，调查员的情绪变化、语气变化、语速变化都可能对被调查者产生某种导向的影响。

小专栏

发布2022年全国各地区早稻产量情况

根据对早稻的实割实测抽样调查推算，2022年全国早稻播种面积、总产量、单位面积产量如下：

（1）全国早稻播种面积4 755.1千公顷（7 132.6万亩），比2021年增加21.0千公顷（31.5万亩），增长0.4%。

（2）全国早稻总产量2 812.3万吨（562.5亿斤），比2021年增加10.6万吨（2.1亿斤），增长0.4%。

（3）全国早稻单位面积产量5 914.3公斤／公顷（394.3公斤／亩），比2021年减少3.8公斤／公顷（0.3公斤／亩），下降0.1%。

2022年各地区早稻产量情况

	播种面积（千公顷）	总产量（万吨）	单位面积产量（公斤／公顷）
全国总计	4755.1	2812.3	5914.3
北　京			
天　津			
河　北			
山　西			
内蒙古			
辽　宁			
吉　林			
黑龙江			
上　海			
江　苏			
浙　江	113.1	70.2	6206.5
安　徽	171.4	101.1	5898.5
福　建	97.4	61.6	6326.9
江　西	1220.1	677.2	5550.2
山　东			
河　南			
湖　北	126.3	75.7	5991.8
湖　南	1212.8	741.3	6112.5
广　东	864.2	520.1	6018.0
广　西	810.7	480.4	5926.7
海　南	112.3	68.1	6063.4

续表

	播种面积（千公顷）	总产量（万吨）	单位面积产量（公斤/公顷）
重　庆			
四　川			
贵　州			
云　南	26.8	16.5	6178.5
西　藏			
陕　西			
甘　肃			
青　海			
宁　夏			
新　疆			

注：

1. 未列出的省（区、市）没有旱稻生产。

2. 此表中部分数据四舍五入，故存在总计与分省合计数不等的情况。

（资料来源：国家统计局，2022-08-26）

1.5　常用统计软件介绍

1.5.1　Microsoft Office Excel

微课：统计软件

1985 年微软公司开发了办公软件 Microsoft Office，其中 Excel 作为重要组件之一，可以对数据进行处理、统计、分析并辅助决策（如图 1-2 所示）。Excel 广泛地应用于管理、统计、财经、金融等有大量公式和函数的领域中，可以计算、分析并管理电子表格中的数据信息，制作数据资料图表等。目前，几乎所有的办公室工作都绕不开使用 Excel 作为高效办公的重要工具，Excel 不仅仅是轻松的制表工具，其强大的计算功能更是在金融、财务、工程中得到了广泛的应用。Excel 同时兼具门槛低、功能强大、软件 bug 少、无广告等特点，这是市面上其他的办公软件和计量软件所无法兼具的。

Office 软件每三年一更新，目前的最新版本为 Office 2021，上一个版本为 Office 2019，Office 每一次更新都嵌入了很多功能和对软件进行优化。

Office 2021 版于 2021 年 10 月 5 日发布。此版本的 Excel 除了提高了函数的运算力与十六进制颜色外，更添加了 Office 365 版本之中可独享的 9 个函数，包括：远胜于 VLOOKUP 查找函数的 XLOOKUP 查找函数、MATCH 函数的升级版 XMATCH、FILTER 函数（根据条件筛选多条记录）、SORT 函数（对表格进行排序）、SORTBY 函数（多条件排序）、UNIQUE 函数（提取唯一值）、SEQUENCE 函数（批量生成序号）、RANDARRAY 函数（批量生成随机数）和 LET 函数（可以定义名称的函数）。

图 1-2　Excel

本书主要介绍 Excel 2021 版本的相关知识及其在金融领域中的应用，后文所有相关的操作介绍和讲解均为此版本。

1.5.2　SPSS

SPSS（社会科学统计软件包）是世界著名的统计分析软件之一（如图 1-3 所示）。20 世纪 60 年代末，美国斯坦福大学的三位研究生研制开发了最早的 SPSS 统计分析软件，并于 1975 年在芝加哥成立了专门研发和经营 SPSS 软件的 SPSS 公司。2009 年 7 月，IBM（国际商业机器公司）斥资 12 亿美元收购了 SPSS 软件公司，从此 SPSS 统计分析软件翻开了新的一页。

图 1-3　SPSS

SPSS 是通过命令行方式完成数据的管理和统计分析工作的，统计分析文字结果和图形结果均以文本字符方式展现。SPSS 适用于初学者、熟练者及精通者。SPSS 提供了数据获取、数据处理、数据分析、结果报告这样一个完整的数据分析过程，非常全面地涵盖了数据分析的整个流程，因此特别适合用于设计调查方案、对数据进行统计分析，以及制作研究报告中的相关图表。SPSS 覆盖了大多数常用的统计模型，为没有编程基础及有专业统计需求的学者提供了很大的便利。此外，SPSS 具有完整的数据输入、处理、统计分析、报表、图表制作等功能，并提供了从简单的统计描述到复杂的多因素统计分析方法，包括：统计描述、非参数估计、相关分析、回归分析、方差分析、多元回归、生存分析、时间序列分析、神经网络、因子分析、聚类分析等。

1.5.3 Python

Python 是一种面向对象的解释型计算机程序设计语言（如图 1-4 所示）。Python 的第一个版本由荷兰人吉多·范罗苏姆（Guido van Rossum）于 1991 年首次公开发行。Python 可以用于 Web 开发（服务器端）、软件开发、数学计算、系统脚本开发。Python 是一种功能强大的通用型语言，它包含一组完善、便于使用的标准库，能够完成许多常见任务。Python 是当下十分流行的编程语言，因其入门较容易且功能强大、兼容性好而迅速在市场上传播。Python 相较于其他的编程语言，其可读性设计与英文有相似之处，类似于英语的简单语法，且其中加入了数学元素，可以使用新的行来完成命令，不像其他的编程语言需要分号或者是括号等符号。Python 语法允许开发人员用比其他编程语言更少的代码行编写程序，且因代码在解释器系统上运行，所以代码可以在编写后立即执行，这意味着原型设计可以非常快。例如下面这个例子，在 JUPYTER（交互式笔记本）中第一行敲入代码（如图 1-5 所示）：

图 1-4 Python

```
In  [1]: 2*"HELLO WORLD"
```

图 1-5 输入

用 Ctrl+Enter 或者 Shift+Enter 就得到下面输出（如图 1-6 所示）：

```
Out[1]: 'HELLO WORLDHELLO WORLD'
```

图 1-6 结果

Python 适用于不同的系统平台且功能丰富，例如：Windows、Mac、Linux 等。可以在服务器上使用 Python 来创建 Web 应用程序，可以与软件一起使用来创建工作流，可以连接到数据库系统，可以读取和修改文件，可用于快速原型设计，也可用于生产就绪的软件开发。而在金融中应用最广泛的是用于处理大数据并执行复杂的数学运算。

Python 的最新主要版本是 Python 3，Python 2 虽然没有更新除安全更新以外的任何东西，但仍然非常受欢迎。Python 可以从多个平台下载、安装和使用，而对于金融专业入门的学习者来说，最方便的平台莫过于 Anaconda（如图 1-7 所示）。Anaconda 程序可在官方网站 https://www.anaconda.com/products/distribution 中下载，这里同时为 Windows、MacOS、Linux 系统版本提供下载。下载并安装后，会有一些基本的模块，比如 NumPy，pandas，matplotlib，IPython，Spyder 等功能。与 Python 一样，Anaconda 也在不断地升级，同时 Python 及各个模块还在不断升级，与时俱进以适应环境的变化。①

① 因为本书并不是基于 Python 的数据分析，这里只做简单的介绍，有兴趣的读者可以查阅专门以 Python 为工具的国内外优秀的统计学或者金融数据分析教材。

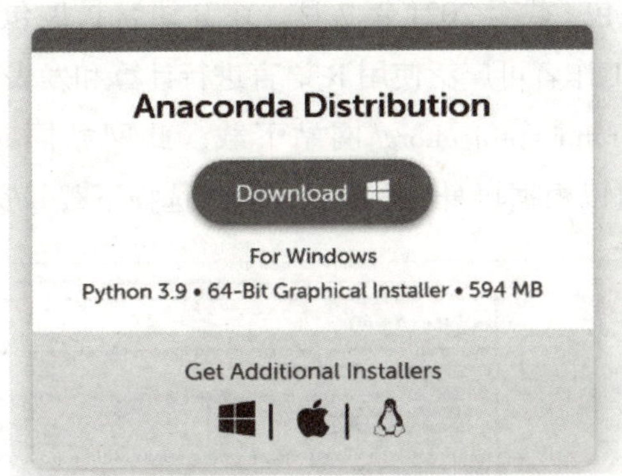

图 1-7 Anaconda

1.5.4 R 语言

R 语言由 Ross Ihaka 和 Robert Gentleman 在新西兰奥克兰大学创建，1993 年首次亮相（如图 1-8 所示）。

图 1-8 R语言

R 语言的核心是解释计算机语言，允许分支和循环以及使用函数的模块化编程。R 语言允许与以 C，C ++，.Net，Python 或 Fortran 语言编写的代码集成以提高效率。R 语言开源且免费，对大学生十分友好，其官方网站和论坛的更新速度也很快。R 语言是擅长做统计分析和数据可视化的一门编程语言，能提供各种各样的数据分析技术，拥有顶尖水准的制图功能，其囊括的统计软件包中的强大的计量模型库是其他编程语言不具备的，所以 R 语言擅长应用于数理统计领域。R 语言的一般特点总结如下：

（1）自由软件，免费、开放的源代码，支持各个主要计算机系统。

（2）完整的程序设计语言，基于函数和对象，可以自定义函数，调入 C，C++，Fortran 编译的代码。

（3）具有完善的数据类型，如向量、矩阵、因子、数据集、一般对象等，支持缺失值，代码像伪代码一样简洁、可读。

（4）强调交互式数据分析，支持复杂算法描述，图形功能强。

（5）实现了经典的、现代的统计方法，如参数和非参数假设检验、线性回归、广义线性回归、非线性回归、可加模型、树回归、混合模型、方差分析、判别分析、聚类分析、时间序列分析等。

（6）R 语言有上万扩展包（截至 2021 年 7 月，在 R 语言扩展包主要分发网站 CRAN 上有一万七千多个），统计科研工作者可广泛使用 R 语言进行计算和发表算法。

R 语言可通过 https://cran.r-project.org/ 网站下载，此网站同时提供了 Windows，Linux，MacOS 版本的下载，学者可以根据自身的操作系统自行选择下载并安装（如图 1-9 所示）。

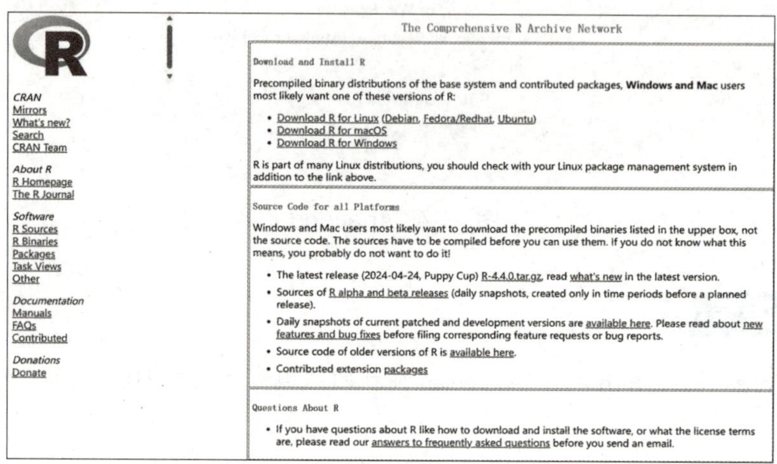

图 1-9　下载 R 语言

1.6　常用数据搜集网站

随着我国金融信息化的不断推进和金融市场的快速发展，银行、证券交易所、证券公司、基金公司、期货交易所、黄金交易所、金融期货交易所等各类金融机构每天都产生大量的金融数据。最近几年，我国互联网金融也得到了长足发展，虽然也走过些许弯路，但是为金融创新与大众创业、万众创新提供了大量的经验。例如第三方支付、众筹融资、大数据金融服务等互联网金融企业每天也产生大量的金融数据，这些金融数据如同一座含有丰富信息和知识宝藏的矿山，等待被发掘。随着大数据、云计算、移动支付、数据科学、智慧金融等概念和技术的普及，人们越来越重视金融数据及其价值。

1.6.1　国外金融数据库

1．Compustat 数据库

Compustat 数据库是美国著名的信用评级公司标准普尔（Standard & Poor's）的产品。数据库收录有全球 100 多个国家中的 5 万多家上市公司及北美地区公司的详细季度和年度财务报表与财务指标的历史数据，其中包括 7 000 多家亚洲的上市公司。它还提供 103 个国家的 24 000 家公司的国际化信息，收录近 20 年上市公司的财务数据；提供北美回溯版，即 400 家公司自 1950 年以来的财务资料；提供约 180 种模板报表及上市或非上市公司财务数据等信息；整合最新或历史性的主要财务数据。利用它提供的 Research Insight 软件可以进行公司及公司财务、行业等分析，制作各种报表及动态图表。Compustat 数据库应用的研究领域包括：资产分析、计量分析、竞争者分析、公司资本结构、财务比率、合并与购并、研究与开发（R & D）、资本及存货投资、股市报酬及资本市场效率等。

（1）标准普尔的网址：http://www.standardandpoors.com/ 。

（2）Compustat 网址：http://www.compustat.com/。

2. CRSP

CRSP（Center for Research in Security Prices，证券价格研究中心）是美国芝加哥大学商研所金融研究中心的产品。CRSP 搜集了市场中最详尽的历史数据，由于它的准确性和权威性，自1960 年以来，即成为学界及商界的主要数据来源。CRSP 收集美国股票和指数数据库的来源主要为 NYSE（纽约证券交易所）、AMEX（美国证券交易所）及 Nasdaq（纳斯达克证券交易所）的上市公司的股票数据，包括每日交易的数据（如股票收盘价等历史数据）、美国企业活动信息（如企业沿革、并购及联盟状况，资本回收，现金流量等基本财务数据）。CRSP 收录年代情况：纽约证券交易指数，其资料始自 1925 年 12 月 31 日；美国证券交易指数，其资料始自 1962 年7 月 2 日；纳斯达克证券交易指数，其月资料始自 1972 年 12 月 29 日，日资料始自 1972 年 12 月 14 日。

网址：http://www.crsp.com/ 或 http://www.crsp.uchicago.edu/。

3. Reuters

Reuters（路透社）是世界前三大多媒体新闻通讯社，有 2 300 多名新闻编译人员，有 197 所分社在 130 个国家运行。Reuters 提供新闻报道和金融数据给报刊、电视台等各式媒体，并向来以迅速、准确享誉国际。另外，Reuters 提供金融产品及服务，如股票价格和外汇汇率，让交易员可以分析金融数据和管理交易风险；同时 Reuters 的系统让客户可以经由互联网完成买卖，通过取代电话或是纽约证券交易所的买卖大厅等人工交易方式，它的电子交易服务串联了金融社群。Reuters 的金融信息服务分为 4 个部分：买卖与交易、研究与资产管理、企业服务和媒体服务，其中超过 90%的收入来自金融服务业务（如对股票、外币汇率以及债券等资讯的分析、处理、发送及其相关产品的开发）。2008 年路透集团与汤姆森合并，更名为汤姆森路透。

网址：http://thomsonreuters.com。

1.6.2 国内金融数据库

1. 同花顺

同花顺公司成立于 2001 年，总部位于杭州未来科技城，是国内第一家互联网金融信息服务业上市公司，是业内唯一一家国家信息化试点工程单位，目前拥有员工约 4 000 人。同花顺长期坚持技术创新，实践“让投资变得更简单”的理念。

作为国内领先的互联网金融信息服务提供商，公司在业内拥有完整的产业链，产品及服务覆盖产业链上下游，主要客户涵盖金融市场的各层次参与主体，包括券商、基金、私募、银行、保险、政府、科研院所、上市公司等机构客户和广大的个人投资者用户。同时，同花顺在现有的业务、技术、用户、数据等基础及优势上，积极探索、开发基于人工智能、大数据、云计算、金融工程、人机交互等前沿技术的产品及应用，形成新的业务模式和增长点。

同花顺十分重视创新与技术研发，每年研发经费投入占公司总收入的 15% 以上，同时积极与国内外知名院校开展产、学、研等合作，建立各类研发平台。同花顺拥有省级高新技术企业研发中心、省级工程技术中心、省级人工智能企业研究院、省级博士后科研工作站等研发平台。经过二十余年的积累，同花顺在技术布局、技术团队、知识产权获得上都处在业内领先地位。同花顺成果优异：2020 年研发的基于安全加固技术的可管、可控、可信网上交易平台获得中国证券期货科学技术奖二等奖；在语音识别领域发表的两篇论文，被国际语音处理顶级会议 INTERSPEECH 2020 收录；阅读理解团队参加机器阅读理解全球权威比赛 SQuAD2.0，获得总排名第三，单模型第一的成绩；自然语言处理团队参加全球对话系统技术领域顶级赛事 DSTC9，获得跨语言对话状态跟踪任务第一名；已累计获得自主研发的软件著作权 315 项、非专利技术 131 项，形成明显的技术领先优势。

近年来，同花顺伴随互联网金融信息服务行业蓬勃发展的机遇，围绕主营业务积极开展创新，取得了较好的业绩。2020 年同花顺营业收入 28.44 亿，增长 63.23%；净利润 17.24 亿，增长 92.05%。

2. 大智慧

上海大智慧股份有限公司（简称“大智慧”）的前身是上海大智慧网络技术有限公司，成立于 2000 年 12 月 14 日，2009 年 12 月整体变更为股份有限公司，于 2011 年 1 月 28 日在上海证券交易所上市，股票简称大智慧，股票代码为 601519。

该公司致力于以软件终端为载体，以互联网为平台，提供及时、专业的金融数据和数据分析，是中国领先的互联网金融信息服务提供商，在行业内具有重要影响力。该公司积极拓展国际市场，以期成为在世界范围内具有影响力的金融信息综合服务提供商。

该公司提供的主要产品有大智慧 365、大智慧策略投资终端、DTS 大智慧策略交易平台、大智慧专业版、大智慧金融终端、大智慧港股通、期货专业版、手机专业版、舆情数据终端 PAD 版、投资家（机构版）、金融工程实验室、大智慧分析家等。该公司产品的日均线上用户数量已超过 1 000 万。

大智慧于 2010 年 8 月收购了香港最大的财经信息公司——阿斯达克网络信息有限公司。阿斯达克网络信息有限公司成立于 2000 年 4 月，曾经是香港和大中华地区内最具权威、增长速度最快的财经信息服务供应商之一。2012 年初，大智慧收购世华财讯及其核心团队。

3.“新华 08”

“新华 08”于 2007 年 9 月 20 日正式运行，是新华社采用先进的信息与通信技术，自主研发的金融信息服务平台，以终端形式为经济管理部门、金融机构和大中型企业参与国内外债券、外汇、股票、黄金、期货和产权交易，提供交易前的信息收集和分析、交易中的订单递交和风险管理、交易后的清算结算和信息反馈服务，是将实时资讯、行情报价、历史数据、研究工具、分析模型和在线交易融为一体的金融信息综合服务系统。该平台日发稿过万条，实现了多媒体发布；将国内股票、债券、外汇、期货、黄金、产权等实时行情整合在一个平台上，并实现同一界面展示；自主研发了 40 个金融模型，精确度超过路透社的系统，可以达到小数点后 8 位；建立了覆盖国内所有地市的价格监测采集网络，并在海外 23 个重点城市设立了价格采集点，成为中国大陆首家进驻华尔街进行金融信息采集的机构。“新华 08”的推出，标志着我国建立了主流、权威、系统的经济、金融信息发布渠道，必将大大提升我国在国际金融领域的话语权与竞争力，对我国金融市场发展具有里程碑式的重要意义。国际金融中心建设不仅仅是股票市场和金融机构，更重要的还要有金融信息的收集、发布，这对上海提高金融中心建设中的软实力极为关键。

4. 万得

万得（Wind 资讯）是中国大陆领先的金融数据、信息和软件服务企业，总部位于上海陆家嘴金融中心。Wind 资讯数据服务（Wind Data feed Service，WDS）可以提供历史参考数据、实时行情数据、历史高频行情数据等，内容包括股票、债券、期货、外汇、基金、指数、权证、宏观行情等多个品种，基本资料、实时行情、报价、财务数据、权益数据、公司行动、高频数据等多种类型，全天候、不间断地为金融机构、政府组织、企业、媒体等提供高质量、低延迟、运行稳定、接口便捷的金融数据服务。

5. 萝卜投研

萝卜投研是由通联数据股份公司打造的智能投研平台。通联数据股份公司是由金融和高科技资深专家发起，中国万向控股有限公司投资成立的一家金融科技公司，其致力于将人工智能、云计算、大数据等信息技术和专业的投资理念相结合，打造国际的金融服务平台。

此公司总部位于中国金融中心上海，并在中国北京、南京、深圳以及美国硅谷等地设有分公司。目前此公司规模约 600 余人，核心团队由国际顶尖金融专家和海内外顶尖院校互联网精英组成。其中，技术研发人员占 80%，近六成硕 / 博学历、超半数为 985 或 211 高校毕业生和海归人员。

通联数据先后获得上海市高新技术企业、证券期货科学技术奖、毕马威中国领先金融科技 50 企业、中国人工智能企业 TOP100、AI 最佳雇主 TOP50、2020 年人力资源管理杰出奖等奖项。

6. 世华财讯

世华财讯是由中国数码信息有限公司（香港交易所上市公司）旗下控股公司——北京世华国际金融信息有限公司管理经营的产品和服务品牌。世华财讯拥有 20 多年的专业财经资讯服务经验，为金融机构、高校、企业及媒体提供财经资讯终端与授权服务。世华财讯提供实时财经数据与行情、全球财经资讯与分析研究，涵盖宏观经济、证券、外汇与商品市场及主要行业。世华财讯的 i-cube 理财双屏终端、a-cube 理财终端产品系列是专业投资者制定跨市场与全球投资决策、行业趋势预测与分析的主要参考工具。2012 年初，世华财讯及其核心团队被大智慧收购。

扩展阅读

汇丰推出基于大数据的跨境电商金融服务计划

汇丰今天宣布携手跨境电商数字 API 平台 Dowsure 豆沙包，在内地和香港同时推出基于数据模型支持的跨境电商融资服务，满足跨境电商中小企业的在岸和离岸融资需求。汇丰由此成为市场上首个在内地和香港两地同步提供该服务的银行，在国际贸易形势复杂多变的大背景下，协助中小企业更好地开拓国际市场。

据介绍，在这一创新的信贷模式下，汇丰通过与作为“亚马逊卖家贷款计划合作伙伴”的 Dowsure（豆沙包）合作，基于该公司提供的跨境电商卖家在亚马逊生态系统中的销售、库存和回款等贸易履约表现数据，运用汇丰开发的贸易履约模型对卖家在全贸易链条中的融资需求进行计算来提供金融支持，从而实现更为快速、精准的审批。这一模式解决了很多中小卖家在传统融资方式中普遍面临的审核时间长、融资难度大的问题。此外，汇丰凭借在内地和香港两地的跨境联动，可以基于同一电商平台生态，为卖家在境内外市场的资金需求提供更为协同和全面的融资方案。

与此同时，汇丰集团旗下的汇丰创投团队宣布对 Dowsure（豆沙包）进行战略投资。Dowsure（豆沙包）作为内地领先的跨境电商数字科技公司，其通过 API 技术和先进的模型及算法，与金融机构合作，为卖家提供快捷、便利、安全的资金解决方案。

（资料来源：《汇丰推出基于大数据的跨境电商金融服务计划》，新华财经，2023-07-24）

课后习题

一、选择题

1. 指出下面的变量哪一个属于数值型变量（　　）。

A. 年龄

B. 性别

C. 企业类型

D. 员工对企业某项改革措施的态度（赞成、中立、反对）

2. 某研究者准备在全市 2 万所学校抽取 2 000 个学生，推断该学校所有学生的年人均消费。这项研究的样本是（　　）。

A. 2 000 个学生　　B. 2 万所学校

C. 2 000 个学生的人均消费　　D. 2 万所学校的人均消费

3. 某研究者准备在全市 2 万所学校抽取 2 000 个学生，推断该学校所有学生的年人均消费。这项研究的总体是（　　）。

A. 2 000 个学生　　B. 2 万所学校

C. 2 000 个学生的人均消费　　D. 2 万所学校的人均消费

4. 一家研究机构从 IT 从业者中随机抽取 5 000 人作为样本进行调查，其中 60% 回答他们的月收入在 4 000 元以上，50% 回答他们的消费支付方式是信用卡。这里的“月收入”是（　　）。

A. 分类变量　　B. 顺序变量

C. 数值型变量　　D. 离散型变量

5. 下列不属于描述统计问题的是（　　）。

A. 根据样本信息对总体进行的推断

B. 了解数据分布的特征

C. 分析感兴趣的总体特征

D. 利用图、表或其他数据汇总工具分析数据

6. 在下列叙述中，采用推断统计方法的是（　　）。

A. 用饼图描述某企业职工的学历构成

B. 从每个班级抽出 10 个学生来估计全校学生的平均数学成绩

C. 一个月上证综指的指数

D. 反映大学生统计学成绩的条形图

7. 只能归于某一有序类别的非数字型数据称为（　　）。

A. 分类数据　　B. 顺序数据

C. 数值型数据　　D. 数值型变量

8. 从含有 n 个元素的总体中，抽取 1 个元素作为样本，使得总体中的每一个元素都有相同的机会（概率）被抽中，这样的抽样方式称为（　　）。

A. 简单随机抽样　　B. 分层抽样

C. 系统抽样　　D. 整群抽样

9. 先将总体各元素按某种顺序排列，并按某种规则确定一个随机起点，然后每隔一定的间隔抽取一个元素，直至抽取 n 个元素形成一个样本。这样的抽样方式称为（　　）。

A. 简单随机抽样　　B. 分层抽样

C. 系统抽样　　D. 整群抽样

10. 二手数据的特点是（　　）。

A. 采集数据的成本低，但搜集比较困难

B. 采集数据的成本低，搜集比较容易

C. 数据缺乏可靠性

D. 不适合自己研究的需要

11. 先将总体划分成若干群，然后以群作为抽样单位从中抽取部分群，再对抽中的各个群中所包含的所有元素进行观察，这样的抽样方式称为（　　）。

A. 简单随机抽样　　B. 分层抽样

C. 系统抽样　　D. 整群抽样

12. 与概率抽样相比，非概率抽样的缺点是（　　）。

A. 样本统计量的分布是确定的

B. 无法使用样本的结果对总体相应的参数进行排断

C. 调查的成本比较高

D. 不适合探索性的研究

13. 如果一个样本因人为故意操纵而出现偏差，这种误差属于（　　）。

A. 抽样误差　　B. 非抽样误差

C. 设计误差　　D. 实验误差

14. 指出下面的陈述中哪一个是错误的（　　）。

A. 抽样误差只存在于概率抽样中

B. 非抽样误差只存在于非概率抽样中

C. 无论是概率抽样还是非概率抽样都存在非抽样误差

D. 在全面调查中也存在非抽样误差

二、简答题

1. 简述抽样误差和非抽样误差。

2. R 语言和 Python 语言在统计应用中的各自优势是什么？

三、数据搜集练习

1. 在国家统计局官网搜集中国以及四川省、河南省、浙江省和辽宁省的 GDP 和人均可支配收入。

2. 在上交所和深交所官网搜集五个不同行业上市公司的年报。

3. 在同花顺官网中搜集上证综指的每日收盘价。

4. 在现有资源下搜集股指期货的每日收盘价与交易量。

第 2 章

数据的预处理与数据可视化

知识目标

1. 了解频数与频数分布。
2. 熟悉二维列联表。

技能目标

1. 能够使用数据验证的 Excel 操作。
2. 能够使用数据排序与筛选的 Excel 操作。
3. 能够使用 Excel 制作数据透视表。
4. 能够制作直方图。
5. 能够使用 Excel 制作条形图、折线图、箱型图。

思政目标

引导学生正确理解新发展理念中关于创新发展的要求以及我国的创新驱动发展战略。

案例引入

2022 年 4 月份工业生产者的价格变动

2022 年 4 月份，全国工业生产者出厂价格同比上涨 8.0%，环比上涨 0.6%；工业生产者购进价格同比上涨 10.8%，环比上涨 1.3%。1—4 月平均，工业生产者出厂价格比上年同期上涨 8.5%，工业生产者购进价格上涨 11.2%。

工业生产者出厂价格中，生产资料价格上涨 10.3%，影响工业生产者出厂价格总水平上涨约 7.78 个百分点。其中，采掘工业价格上涨 38.3%，原材料工业价格上涨 17.4%，加工工业价格上涨 4.8%。生活资料价格上涨 1.0%，影响工业生产者出厂价格总水平上涨约 0.23 个百分点。其中，食品价格上涨 1.6%，衣着价格上涨 0.7%，一般日用品价格上涨 1.8%，耐用消费品价格下降 0.1%。

工业生产者购进价格中，燃料动力类价格上涨 34.8%，有色金属材料及电线类价格上涨 14.2%，化工原料类价格上涨 11.7%，黑色金属材料类价格上涨 4.5%。

（资料来源：国家统计局，2022-05-11）

2.1 数据验证

微课：数据验证

在进行数据输入之前，会发现数据本身呈现某种规律，譬如说银行卡的卡号、身份证号、学号、证券账户等都会是某一固定的长度；再譬如某考试的成绩、驾照扣分、每日摄入卡路里、股票的波动率等一般都出现在一个固定的区间范围。Excel 是以矩阵数表方式所呈现的数据结构，在输入大量数据的过程中，因为误触、疲劳、看错等各种人为因素，经常会出现数据输入错误等现象，无论是保存原有数据或是使用此数据进行数据分析都将造成结果不准确和误差，有时甚至将造成企业或组织的经济损失。Excel 为降低此问题的发生概率提供了一种功能，即数据验证。

数据验证是指通过对数据进行检查和测试，确保其准确性、完整性和一致性的过程。数据验证的目的是确保数据的质量，以便在使用数据时能够获得准确、可靠和一致的结果。在数据验证过程中，常见的操作包括数据清洗、格式化、筛选和分析等。例如，数据清洗可以帮助检测并纠正数据中的错误或缺失项，格式化可以确保数据的一致性，筛选可以删除无用的数据，分析可以帮助发现数据的趋势和模式。

数据验证可以在数据采集、数据转换和数据分析等不同阶段进行。在数据采集阶段，数据验证可以帮助确保数据的准确性和完整性；在数据转换阶段，数据验证可以确保数据的正确转换和整合；在数据分析阶段，数据验证可以确保数据的可靠性和一致性，从而获得准确的分析结果。数据验证是数据管理和分析过程中至关重要的一步，可以帮助保证数据的质量和可靠性，从而为决策提供更好的基础。

【例 2-1】要将 30 个人的银行卡账号保存在 Excel 中。步骤如下：

（1）用鼠标在工作表中选定录入数据的单元格区域 A1:A30。

（2）选择“数据”→“数据验证”，如图 2-1 所示。

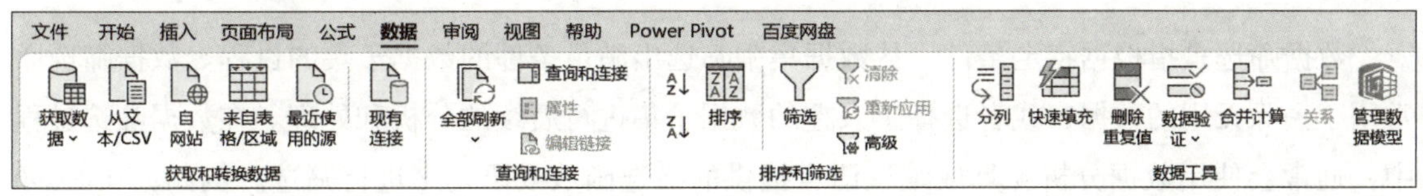

图 2-1　数据验证

（3）在“验证条件”下的“设置”框中选择要录入的数据类型，在“允许”中选择文本长度，因为通常二类借记卡的卡号都是 16 位字符串，所以此处在“数据”中选择“等于”，“长度”为“16”，如图 2-2 所示。

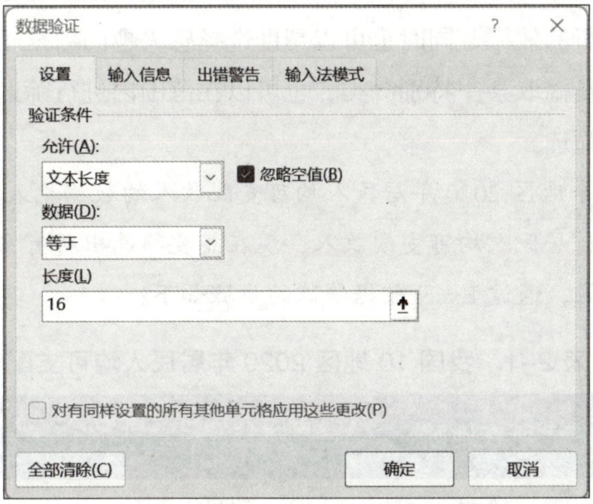

数据验证
设置　输入信息　出错警告　输入法模式
验证条件
允许(A):
文本长度
忽略空值(B)
数据(D):
等于
长度(L)
16
对有同样设置的所有其他单元格应用这些更改(P)
全部清除(C)　确定　取消

图 2-2　验证条件设置

这里需要注意的是，如果长度不符合输入的 16 位字符串，那么软件将提示“此值与此单元格定义的数据验证限制不匹配”，所以当输入的数据出现长度错误时，Excel 将做出提示，如图 2-3 所示。

图 2-3　数据验证输入错误反馈

2.2 数据的筛选

数据筛选是指根据特定条件，从数据集中筛选出满足条件的数据子集的过程。数据筛选通常用于去除无用的数据，或者选择感兴趣的数据子集进行后续的分析和处理。在数据筛选过程中，通常会使用数据分析工具或编程语言提供的筛选函数或语句来进行筛选。例如，在 Excel 中，可以使用筛选功能或自动筛选功能进行数据筛选；在 Python 中，可以使用 Pandas 库提供的查询函数或 DataFrame 的查询方法进行数据筛选。

例如想要选取汽车产业内市盈率大于 15 的企业，在全校所有大学生里筛选大一金融专业 1 班同学的信息，或者某个公司销售部门销售业绩超过 5 千万的数据等。其实，以上这些目标的目的都是想要在一个庞杂的数据库中提取想要的有用数据，数据筛选可以帮助去除无用的数据，提高数据处理和分析的效率，同时也可以帮助选择感兴趣的数据子集进行深入的分析和研究。筛选的功能不仅仅是摘取某一特别分类，也可以在范围内进行筛选，筛选的条件同时也可以进行叠加取交集进行筛选。

【例 2-2】我国 10 个地区 2020 年居民人均可支配收入的数据见表 2-1 所列，分为城镇居民人均可支配收入和农村居民人均可支配收入，现在想要筛选出所有东部地区中城镇人均可支配收入超过 5 万元的地区，通过 Excel 数据筛选的步骤如下：

表 2-1 我国 10 地区 2020 年居民人均可支配收入

地区	所在地区	城镇居民人均可支配收入（元）	农村居民人均可支配收入（元）
北京市	东部	75602	30126
上海市	东部	76437	34911
广东省	东部	50257	20143
辽宁省	东部	40376	17450
江苏省	东部	53102	24198
河南省	中部	34750	16108
四川省	西部	38253	15929
陕西省	西部	37868	13316
新疆维吾尔自治区	西部	34838	14056
西藏自治区	西部	41156	14598

（1）全选整个表格，本表格的行列数较小，若是表格的行列数超过 100 行，那么用鼠标拖曳将十分麻烦，此时可以先点击表格的第一行第一列，然后按住“shift”，鼠标滚轮向下找到最后一行最后一列，点击便可全选中所有单元格数据。然后在“数据”中找到并点击“筛选”，

此时会发现表格中第一行出现向下的“箭头”，点击“箭头”，选择“东部”点击“确定”即可筛选出所需的数据。

（2）想要继续在东部地区当中筛选出城镇人均可支配收入超过5万元的地区，需要点击城镇居民人均可支配收入的“箭头”，从中选择“数字筛选”，筛选条件选择“大于”50000，点击“确定”即可得到东部地区城镇居民人均收入大于5万元的地区数据，如图2-4所示。

图2-4　自定义自动筛选方式

Excel同时提供了多条件的筛选功能，即“高级筛选”，例如想要筛选出城镇居民人均可支配收入大于5万元而农村居民人均可支配收入少于3万元的地区，步骤如下：

（1）首先需要在空白的一行中构造与原数据相同的表头，在实际操作中经常选择与原数据表头在同一列布置，然后在构造的表头下一行输入想要的筛选条件，在城镇居民人均可支配收入和农村居民人均可支配收入下方分别输入“>50000”和“<30000”。

（2）选择“数据”→“高级”，在列表区域输入要筛选的数据区域，在条件区域输入要筛选的区域，出现的界面如图2-5所示。

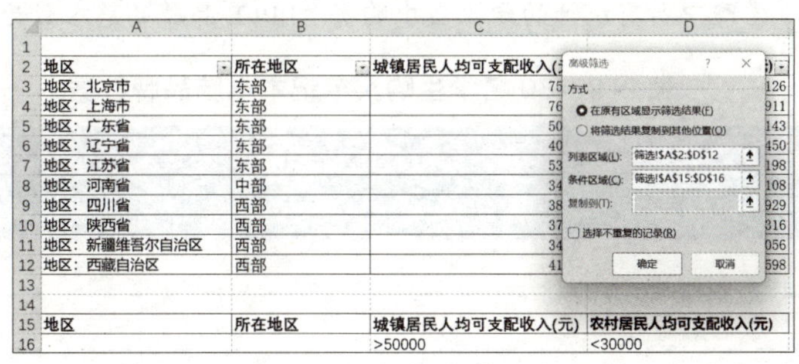

	A	B	C	D
1				
2	地区	所在地区	城镇居民人均可支配收入(	)
3	地区：北京市	东部	75	126
4	地区：上海市	东部	76	911
5	地区：广东省	东部	50	143
6	地区：辽宁省	东部	40	450
7	地区：江苏省	东部	53	198
8	地区：河南省	中部	34	108
9	地区：四川省	西部	38	929
10	地区：陕西省	西部	37	316
11	地区：新疆维吾尔自治区	西部	34	056
12	地区：西藏自治区	西部	41	598
13				
14				
15	地区	所在地区	城镇居民人均可支配收入(元)	农村居民人均可支配收入(元)
16			>50000	<30000

图2-5　高级筛选演示

（3）点击“确定”，得到的结果如图2-6所示，可以得到符合条件的两个省份分别为广东省和江苏省。

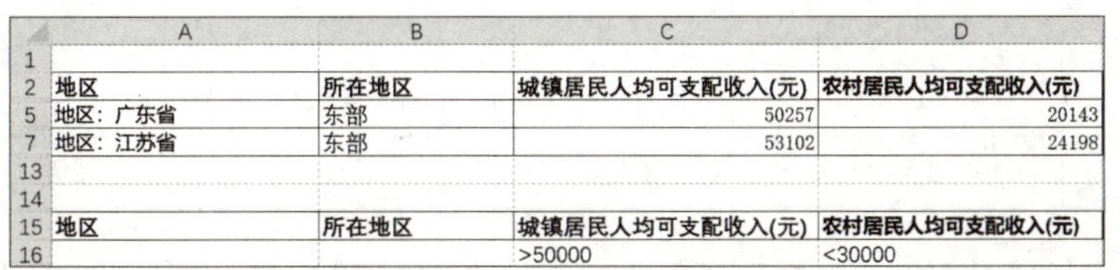

	A	B	C	D
1				
2	地区	所在地区	城镇居民人均可支配收入(元)	农村居民人均可支配收入(元)
5	地区：广东省	东部	50257	20143
7	地区：江苏省	东部	53102	24198
13				
14				
15	地区	所在地区	城镇居民人均可支配收入(元)	农村居民人均可支配收入(元)
16			>50000	<30000

图2-6　筛选结果

2.3 二维列联表

二维列联表是指用来对两个变量之间的关系进行分析的一种数据统计表格。在一个平面中，只要矩阵确定了行数和列数，那么就可以确定这个矩阵中的某个元素的位置，二维列联表就是根据这个道理。它通常由行和列组成，其中行表示一个变量的不同取值，列表示另一个变量的不同取值，表格中的每个单元格则表示这两个变量取值交叉情况下的频数或比例。其涉及两个类别的变量，通常将一个变量的各类别放在"行"的位置，另一个变量的各类别放在"列"的位置，行与列的位置可以互换，可以根据使用者的习惯进行调整，这样的由两类别变量交叉分类形成的频数分布表就叫做列联表，列联表本质是个频数分布表。例如，可以用二维列联表来研究性别和消费支出之间的关系，评估某种疾病和年龄之间的相关性或者评估教育程度和职业之间的关系等。

二维列联表通常包括以下几个重要的指标：

（1）频数：指两个变量在交叉情况下的观测数目。

（2）行比例：指在每一行中，某个变量取特定值的观测频数与该行的总观测频数之比。

（3）列比例：指在每一列中，某个变量取特定值的观测频数与该列的总观测频数之比。

【例 2-3】某一大学四个学院 80 名学生购买笔记本电脑品牌的统计数据见表 2-2 所列，行变量表示的是四个不同的学院，列变量表示的是学生所购买笔记本电脑的 8 个品牌，表中间数值的含义为某学院学生购买某品牌的个数（频数）。例如，文学院学生选择购买 APPLE 品牌的人数为 4 人，四个学院中所有统计的学生当中购买 APPLE 品牌的总人数为 8。

表 2-2 80 名学生购买笔记本电脑品牌数据

计数项：性别	列标签				
行标签	机械学院	建筑学院	文学院	信息学院	总计
APPLE			4	4	8
DELL	5	7	1	2	15
HP	3			7	10
LG	1		3		4
华硕				1	1
华为	1	2	5	4	12
联想	4	7	3	8	22
小米	1	1	5	1	8
总计	15	17	21	27	80

同样地，在进行统计时也同时记录了被统计学生的性别情况，那么也可以将性别作为行标签，品牌作为列标签，见表 2-3 所列。

表 2-3　按性别分类购买品牌数据

计数项：性别	列标签		
行标签	男	女	总计
APPLE	1	7	8
DELL	10	5	15
HP	5	5	10
LG		4	4
华硕	1		1
华为	11	1	12
联想	14	8	22
小米	8		8
总计	50	30	80

2.4　数据透视表

微课：数据透视表

数据透视表是一种用于数据分析和可视化的工具，它能够将大量数据以交叉表的形式呈现出来，同时还能够对数据进行汇总、分组和聚合等操作。通过数据透视表，用户可以快速、简单地了解数据的概况和趋势，同时也可以更深入地挖掘数据中的信息。

数据透视表通常由行、列、值和过滤器四个部分组成，其中行和列用于展示数据的分类信息，值用于展示数据的度量信息，而过滤器则用于限制数据的展示范围。数据透视表还支持对行、列、值进行拖放操作，用户可以随时调整数据的分类和度量方式，以便更好地探索数据中的关系和趋势。

数据透视表的优势包括：

（1）灵活性：数据透视表可以对数据进行多维度的展示和分析，用户可以随时调整数据的分类和度量方式，以便更好地探索数据中的关系和趋势。

（2）可视化：数据透视表可以将数据以表格和图表的形式呈现出来，用户可以直观地了解数据的概况和趋势。

（3）效率性：数据透视表可以在很短的时间内处理大量的数据，并且可以随时根据需要进行调整和更新。

（4）分析迅速：数据透视表支持对数据进行汇总、分组和聚合等操作，可以帮助用户更深入地挖掘数据中的信息。

【例 2-4】同样使用上一小节的例子来说明如何使用 Excel 制作“数据透视表”，具体步骤如下：

（1）全选所有统计数据（包括表头），选择“插入”下的“表格”，点击“表包含标题”，此时会在上方出现“表设计”。此时将发现表格除了颜色外并无实质上的变化。虽然 Excel 提供了直接进行数据透视表制作的功能，但是增加“表格”这一步不仅可以在后续使用透视表功能，还提供了一些排序、筛选、插入切片器等数据处理功能，所以在进行二列表的处理过程中推荐增加“表格”这一功能，然后再进行数据透视。

（2）点击“通过数据透视表汇总”，系统默认是新工作表，如果要将透视表放在现有工作表中，选择“现有工作表”，并在“位置”中点击工作表的任意单元格，不要覆盖数据。点击“确定”，结果如图 2-7 所示。

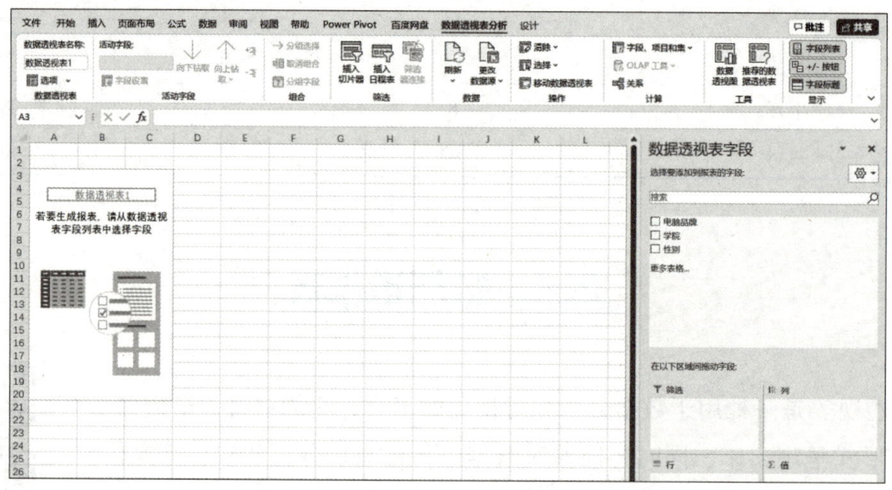

图 2-7　数据透视表

（3）用鼠标右键单击数据透视表，选择“数据透视表选项”，在弹出的对话框中点击“显示”，并选中“经典数据透视表布局”，然后点击“确定”。

（4）将数据透视的“电脑品牌”拖至“行”的位置，将“学院”拖至“列”的位置（行列可以互换），再将要计数的变量“学院”拖至“值字段”位置。如图 2-8 所示，此时生成了各学院购买电脑品牌人数的频数分布表。

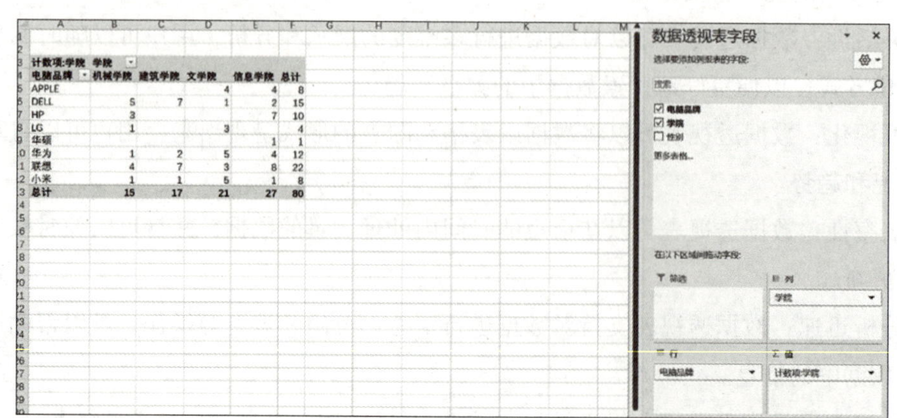

计数项:学院	学院				
电脑品牌	机械学院	建筑学院	文学院	信息学院	总计
APPLE			4	4	8
DELL	5	7	1	2	15
HP	3			7	10
LG	1		3		4
华硕				1	1
华为	1	2	5	4	12
联想	4	7	3	8	22
小米	1	1	5	1	8
总计	15	17	21	27	80

图 2-8　各学院购买电脑品牌人数的频数分布表

数据透视表具备强大的数据处理功能，同时也是重要的软件操作技能，学生可以自己尝试变换不同的行列组合得到不同的频数分布表。

2.5　数据可视化

数据可视化用官方的定义来说就是关于数据视觉表现形式的科学技术研究，视为与视觉传达含义相同的现代概念。在数据分析中就是将数据通过图表、图形等方式将其价值进行呈现。数据可视化是将繁杂的数据通过简易的美术图形凸显出数据想表达和呈现的数据特征，具有由繁至简、通俗易懂、易于传达的优势。数据可视化优势显而易见，在企业管理过程中其使用价值也颇为明显，人们可以从大量的数据中快速获取关键信息，发现数据的规律和趋势，并从中获得有价值的见解。数据可视化有很多种形式，包括线图、柱状图、饼图、散点图、箱型图等，每种形式都适用于不同类型的数据和问题。

数据可视化的优势包括：

(1) 可视化能够使数据更易于理解和分析，减少了人们对数据的解读难度。

(2) 可视化能够展示数据中的规律和趋势，帮助人们发现问题和解决问题。

(3) 可视化能够更好地展示数据的关系，使人们更深入地理解数据中的关联性。

(4) 可视化能够提高数据交流的效率，使人们更容易共享数据和见解。

现在不仅有常用的统计软件可以制作数据可视化图，市面上还有很多数据可视化软件可以深度定制十分精美和复杂的数据可视化图。

本节将介绍常用的数据可视化图形。目前数据可视化图形从朴素的柱状图、饼图等已经扩展到非常多样的图形，学者可以参考其他更专业的可视化的资料继续深入学习。

小专栏

什么是数据可视化?

有人说，数据可视化不就是画图嘛，看不出来研究的价值在哪。我原来也天真地以为，数据可视化就是把数据从冰冷的数字转换成图形，顶多就是色彩丰富一些，看起来更酷炫。

其实不然，一个好的可视化图，能够带给人们的不仅仅是视觉上的冲击，还能够揭示蕴含在数据中的规律和道理。

可视化的意义

可视化的终极目标是洞悉蕴含在数据中的现象和规律，这里面有多重含义：发现、决策、解释、分析、探索和学习。

简明定义是：通过可视表达提高人们完成某些任务的效率。比如，相同统计特征（方差、均值等）的几组数据可视化出来的结果是完全不同的。如下面的图所示：可视化的意义在于，可视化作为人脑的辅助工具，可以替我们保留一部分信息，好记性不如烂笔头。其次，图形化的符号可以将用户的注意力引导到重要的目标。

可视化的目标和作用

传统的可视化可以大致分为探索性可视化和解释性可视化，按照应用来分，可视化有多个目标：有效呈现重要特征，揭示客观规律，辅助理解事物概念和过程，对模拟和测量进行质量监控，提高科研开发效率，促进沟通交流和合作。

从宏观的角度看，可视化的三个功能：信息记录、信息推理和分析、信息传播与协同。

数据可视化分类

数据可视化包含三个分支，科学可视化（Scientific Visualization）和信息可视化（Information Visualization），以及后来演化出的第三个分支：可视分析（Visual Analytics Science and Technology）。

科学可视化面向的是科学和工程领域数据，比如空间坐标和几何信息的三维空间测量数据、计算机仿真数据、医学影像数据，重点探索如何以几何、拓扑和形状特征来呈现数据中蕴含的规律。

信息可视化的处理对象是非结构化、非几何的抽象数据，如金融交易、社交网络和文本数据，其核心挑战是针对大尺度高维复杂数据如何减少视觉混淆对信息的干扰。

近几年来，随着人工智能的兴起，人们逐渐发现有些事情机器能比人做得更好，同时也发现了一些事情需要借助人类 3 亿年的进化本领。所以，将可视化与分析进行结合，产生了一个新的学科：可视分析学。可视分析学被定义为由可视交互界面为基础的分析推理科学，将图形学、数据挖掘、人机交互等技术融合在一起，形成人脑智能和机器智能优势互补和相互提升。

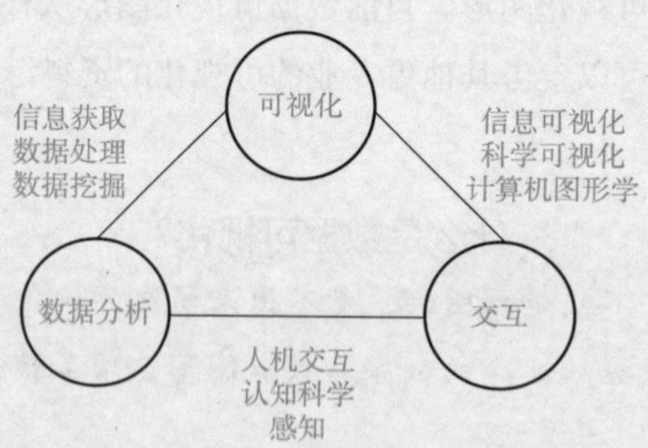

数据可视分析和数据挖掘的相同点是两者的目标都是从数据中获取信息与知识，不同点是手段不同。数据可视分析是将数据以易于感知的图形符号呈现给用户，让用户交互地理解数据。数据挖掘是通过计算机自动或者半自动地获取数据隐藏的知识，并将获取的知识直接给予用户。

也就是说，数据可视化可以看到交互界面，更适合于探索性地分析数据。而数据挖掘面对的是一堆平面的数据，需要像挖煤一样从中发现“金子”。

（资料来源：作者根据相关资料整理）

2.5.1 条形图

条形图是数据可视化最常见的一种图形形式，也经常被称为柱形图。条形图用于展示分类数据取值的频数或频率分布，用宽度相同的条形的高度或长短来表示频数的多少或频率的大小。条形图有单式条形图和复式条形图之分，单式条形图是根据一种分类方式进行绘制的，而复式条形图是根据两个及以上类别变量绘制的条形图。复式条形图即由多个单个的条形组合绘制在一起，每个单个的条形代表了一个变量。

【例 2-5】使用 2.3 节大学生购买电脑品牌数据的例子绘制条形图，单式条形图如图 2-9 所示，复式条形图如图 2-10 所示。单式条形图的每个条形表示的是不同品牌分类的频数分布；而复式条形图展示的是不同学院的学生购买不同品牌笔记本电脑的频数分布。复式条形图也可以制作如图 2-11 所示形式的条形图，它的名字为百分比条形图，其优点是很容易识别不同的类别占比的大小，例如被调查的购买 APPLE 品牌的学生中，信息学院和文学院的比例各占五成。

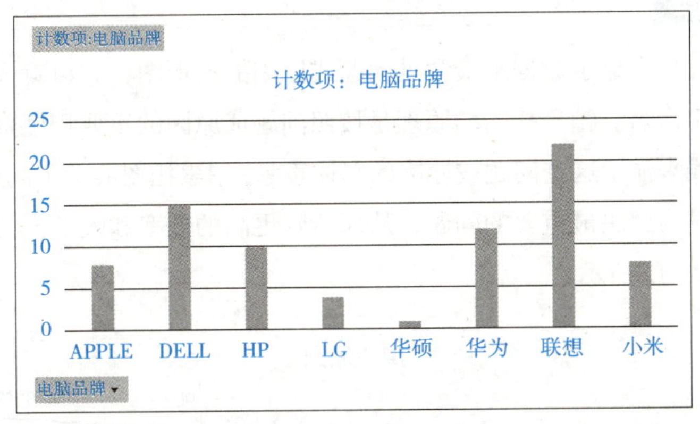

图 2-9 不同品牌分类的频数分布

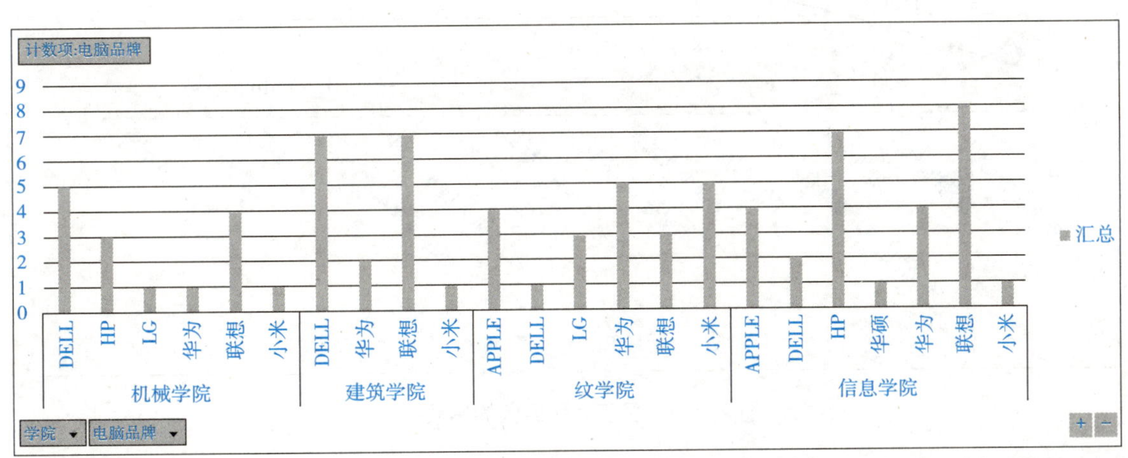

图 2-10 按学院分不同品牌分类的频数分布

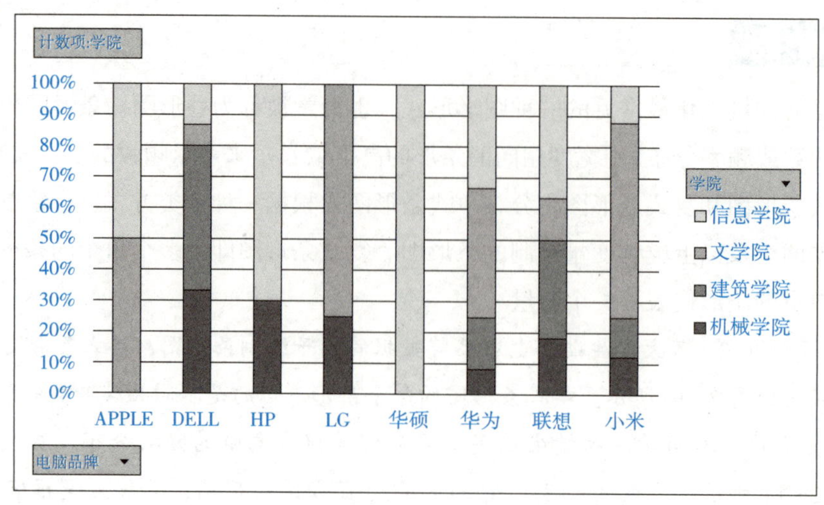

图 2-11　不同品牌分类的频数分布复合表

2.5.2　帕累托图

帕累托图是一种用于显示数据中最常见问题或原因的条形图，它以意大利经济学家维尔弗雷多·帕累托的名字命名。帕累托图的原理是按照问题或原因的重要程度降序排列，并在图表中使用累积百分比线来显示这些问题或原因的总体贡献。帕累托图展示了问题中最重要的因素，使决策者可以集中精力解决最重要的问题，从而达到更高的效率和效益。使用帕累托图分析员工离职原因，如图 2-12 所示。

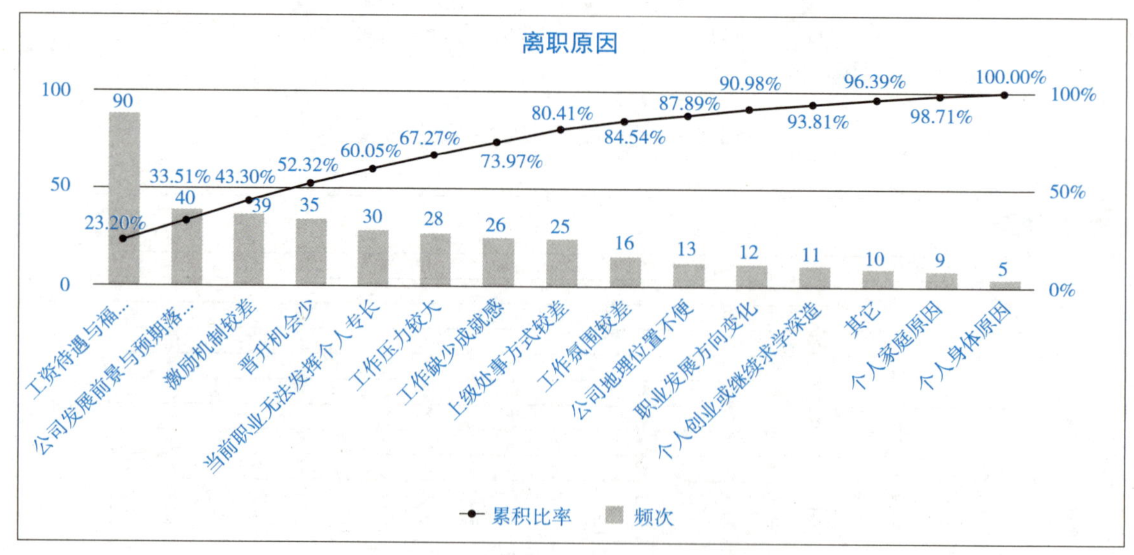

图 2-12　员工离职原因的帕累托图

帕累托图通常用于质量管理和业务分析，但也可用于其他领域，例如流程改进和市场营销。它是一个简单而有效的工具，可以帮助人们更好地理解数据并做出更明智的决策。

2.5.3 瀑布图

瀑布图是一种以图形化的方式展示数据变化情况的图表。它通常用于显示一个总量是如何被分解为一系列组成部分的。瀑布图可以清晰地展示每个组成部分对总量的贡献，以及它们之间的相对大小和方向性。

瀑布图通常由一个起始值（如总收入或总成本）开始，然后按照一系列增量或减量进行展示，每一个增量或减量代表一个组成部分的贡献。每一个增量或减量都以条形的形式呈现，并按照其相对大小和方向性进行着色，负值的条形通常为红色，正值的条形通常为绿色或蓝色。

瀑布图可以帮助人们更好地理解数据的变化情况，尤其是在需要比较各个组成部分的贡献时，它通常用于财务报表、销售报表、市场营销等领域，以及任何需要展示数据变化情况的场合。

【例 2-6】某调研机构调研的东、中、西、东北部观众对某电视台新年节目的满意程度的调查结果见表 2-4 所列。

表 2-4　不同区域观众对某电视台新年节目的满意程度

满意度	东	中	西	东北
满意	100	125	60	80
一般	20	70	80	60
不满意	80	5	60	60
总计	200	200	200	200

通过 Excel 的制表功能可以一键绘制东、中、西、东北部观众满意度瀑布图，如图 2-13 所示。

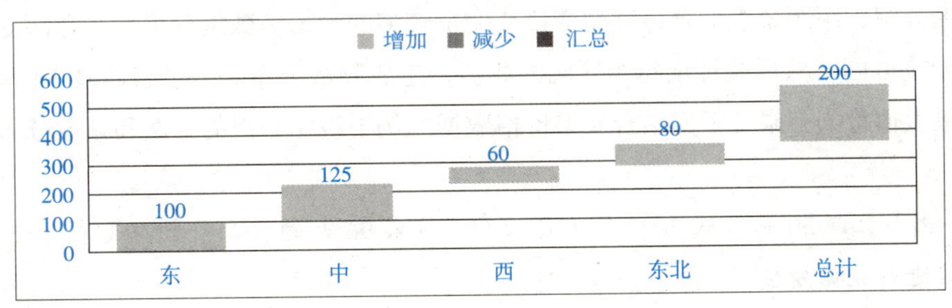

图 2-13　不同区域的观众满意度瀑布图

2.5.4 漏斗图

漏斗图是一种以漏斗形式展示数据流程的图表，它通常用于显示某个过程中不同阶段元素的数量或比例，并突出显示各个阶段之间的转化率。漏斗图最常见的应用场景是用于展示销售流程中的客户转化情况。

漏斗图由一个宽口和一个窄口组成，宽口表示最初的数量或比例，窄口表示最终的数量或比例，中间的漏斗部分则表示不同阶段的数量或比例。每个阶段的数量或比例都以不同的条形形式呈现，并按照其相对大小进行着色。通常情况下，最初的数量或比例是最大的，而最终的数量或比例是最小的，各个阶段之间的转化率也会影响漏斗的形状。

【例 2-7】根据 2.5.3 中的地区满意度调查也可以使用 Excel 制作漏斗图，如图 2-14 所示。

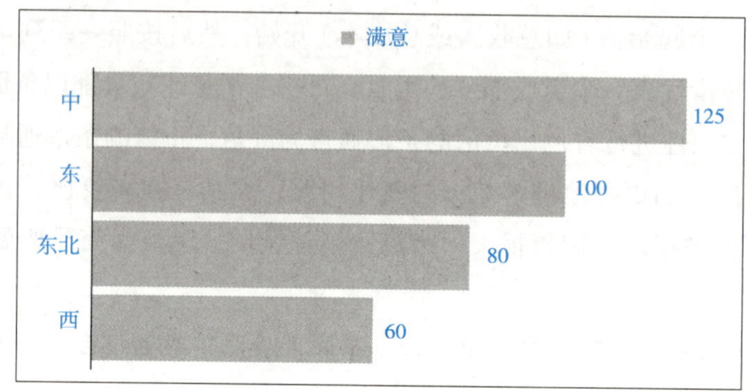

图 2-14　不同区域的观众满意度漏斗图

2.5.5　直方图

微课：直方图

在制作直方图之前，首先需要了解有关数据分组的概念和如何进行数据分组，因为直方图的制作与数据分析分布特征有关，例如大学生英语四级的成绩分布、股票的收益分布、一年中每日最高气温的分布等。数据分组是根据统计研究的需要，将原始数据按照某种标准分成不同的组别，分组后的数据称为分组数据。数据经分组后再计算出各组中数据出现的频数，形成一张频数分布表。数据分组是将数值型数据按照某区间转化为类别数据的一种方式，金融中的经济变量通常使用组距分组的方式进行数据分组，组距分组适合连续型变量或变量较多的数据。数据分组是将全部变量值依次划分为若干个区间，然后统计出每个区间的频数，生成频数分布。一个组的最小值称为下限，一个组的最大值称为上限。下面结合股票价格数据的例子说明分组的方法和频数分布表的编制过程。

【例 2-8】上证 50 指数从 2022 年 1 月初至 5 月末 96 天的收盘价数据见表 2-5 所列，可以尝试对其进行数据分组。

表 2-5　2022 年 1 月—5 月上证 50 收盘价数据

日期	收盘价	日期	收盘价	日期	收盘价	日期	收盘价
2022/1/4	3264.07	2022/2/14	3104	2022/3/18	2913.19	2022/4/25	2683.41
2022/1/5	3254.28	2022/2/15	3119.93	2022/3/21	2892.11	2022/4/26	2681.03
2022/1/6	3210.39	2022/2/16	3136.08	2022/3/22	2900.77	2022/4/27	2734.54
2022/1/7	3223.27	2022/2/17	3139.18	2022/3/23	2916.51	2022/4/28	2769.71
2022/1/10	3236.12	2022/2/18	3162.82	2022/3/24	2903.62	2022/4/29	2805.34

续表

日期	收盘价	日期	收盘价	日期	收盘价	日期	收盘价
2022/1/11	3214.53	2022/2/21	3144.86	2022/3/25	2856.43	2022/5/5	2800.93
2022/1/12	3236.31	2022/2/22	3102.32	2022/3/28	2853.18	2022/5/6	2719.76
2022/1/13	3184.11	2022/2/23	3118.04	2022/3/29	2842.15	2022/5/9	2695.13
2022/1/14	3139.05	2022/2/24	3059.64	2022/3/30	2915.49	2022/5/10	2718.37
2022/1/17	3147.7	2022/2/25	3075.59	2022/3/31	2898.83	2022/5/11	2741.23
2022/1/18	3187.52	2022/2/28	3080.78	2022/4/1	2943.24	2022/5/12	2721.77
2022/1/19	3187.19	2022/3/1	3125.69	2022/4/6	2931.2	2022/5/13	2748.24
2022/1/20	3233.7	2022/3/2	3107.24	2022/4/7	2902.48	2022/5/16	2720.41
2022/1/21	3218.74	2022/3/3	3097.09	2022/4/8	2925.49	2022/5/17	2756.74
2022/1/24	3209.74	2022/3/4	3062.38	2022/4/11	2846.38	2022/5/18	2745.53
2022/1/25	3144.95	2022/3/7	2974.68	2022/4/12	2894.26	2022/5/19	2744.55
2022/1/26	3163.67	2022/3/8	2933.16	2022/4/13	2882.28	2022/5/20	2807.94
2022/1/27	3119.24	2022/3/9	2907.18	2022/4/14	2928.6	2022/5/23	2782.55
2022/1/28	3054.02	2022/3/10	2933.46	2022/4/15	2930.58	2022/5/24	2734.19
2022/2/7	3114.26	2022/3/11	2935.68	2022/4/18	2887.72	2022/5/25	2743.42
2022/2/8	3116.5	2022/3/14	2851.88	2022/4/19	2861.57	2022/5/26	2744.9
2022/2/9	3139.56	2022/3/15	2702.85	2022/4/20	2835.35	2022/5/27	2763.07
2022/2/10	3145.11	2022/3/16	2827.75	2022/4/21	2797.53	2022/5/30	2778.45
2022/2/11	3142.91	2022/3/17	2877.22	2022/4/22	2814.13	2022/5/31	2813.22

分组和编制频数分布表的具体步骤如下：

（1）确定组数。组数的确定与数据宽度（最大值与最小值的差）以及数据个数的多少有关。斯特奇斯经验公式（Sturges）给出了确定组数的一个计量方法，设组数为 G，那么 $G=1+\lg(n)/\lg(2)$。通过公式计算的结果往往是一个非整数，那么可以根据具体的数据实际情况做出适当的调整。一般地，组数选择 [5，15] 之间的一个整数。例如本案例中有 96 个数据，计算 $G=1+\dfrac{\lg(96)}{\lg(2)}=7.58$。因为数据个数较少，所以我们分为 8 组即可。

（2）确定各组的组距。组距可根据全部数据的最大值和最小值及所分的组数来确定组距的适当值，即组距 =（最大值 − 最小值）÷ 组数。本案例数据的最大值为 3264.07，最小值为 2681.03，代入上面的公式：组距 =（3264.07−2681.03）/8=72.88，为了方便，可以选择 70 为组距。

（3）统计出各组的频数，计算落在区间内的数据个数。应注意分组上下限的开闭区间的定义，本案例定义为左闭右开区间，例如第一组的上下限为 2680 和 2750，那么在数学上的表达为（2680，2750]。

（4）利用 Excel 制作直方图。想要利用 Excel 制作直方图首先要制作频数分布表，Excel 在数据的“数据分析”拓展功能包里提供了制作直方图的方法，具体的步骤如下：

①选择“数据”→“数据分析”→“直方图”，单击“确定”。

②在使用直方图功能时需要先构造出区间端点，本数据的最小值为 2681.03，那么将最小端点设为 2680，组距为 70，所以端点值分别为 2680，2750，2820，2890，2960，3030，3100，3170，3240，3310，以此作为“接收区域”。

③在“输入区域”中输入原始数据所在的区域，在“接收区域”中输入上限值所在的区域，在“新工作表组”中输入结果输出的位置，选择“图表输出”，如图 2-15 所示。

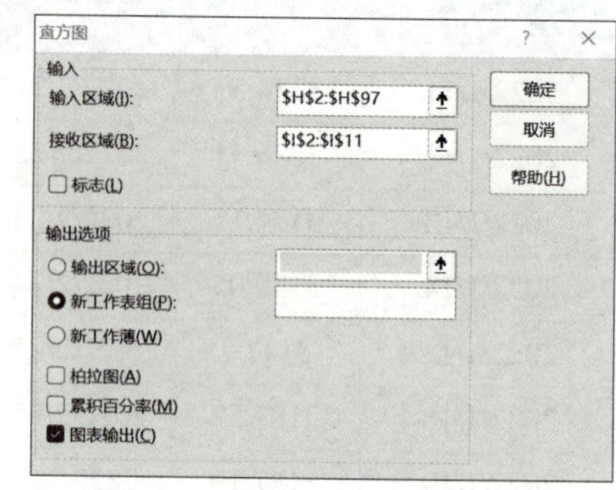

图 2-15　直方图数据分组

④单击“确定”，Excel 将在新的工作表直接输出频数分布表和直方图，如图 2-16 所示。①

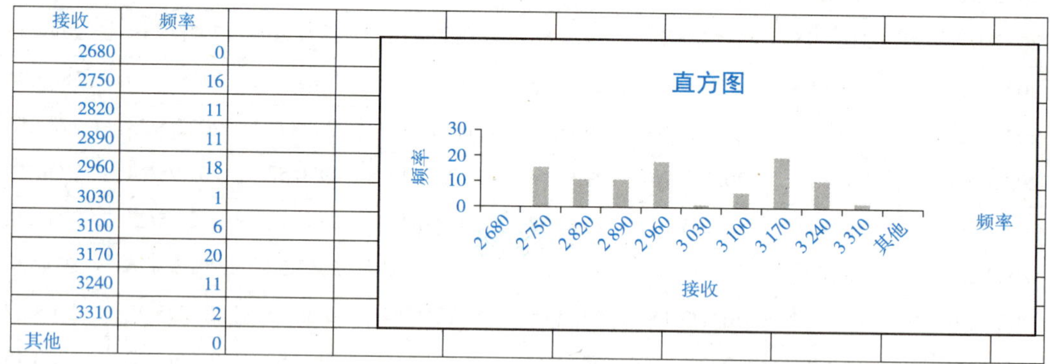

接收	频率
2680	0
2750	16
2820	11
2890	11
2960	18
3030	1
3100	6
3170	20
3240	11
3310	2
其他	0

图 2-16　直方图结果演示

2.5.6　箱型图

箱型图与直方图类似，主要用于展示数值型数据的分布特征，箱型图的形状如图 2-17 所示。

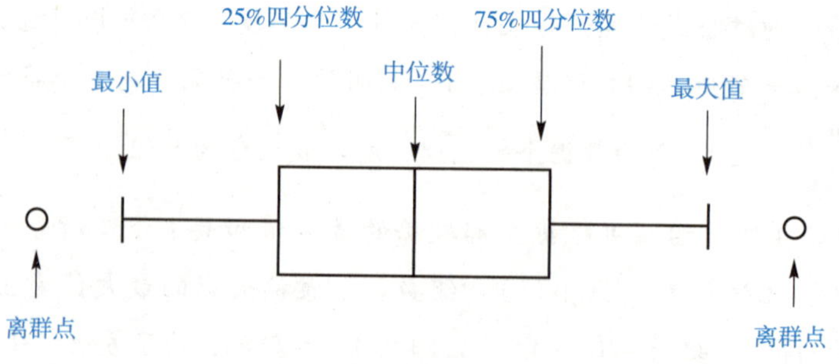

图 2-17　箱型图结构

箱型图的特点是能很直观地看出数据分布对称与否。箱型图分别刻画出从左到右即：最小值、25% 四分位数、中位数、75% 四分位数、最大值以及左右离群值。想要理解离群值的含

① 学者如果会使用 SPSS 统计软件的绘制直方图的功能，则制作直方图更为简便，学者可以自行学习。

义则需先清楚内围栏的含义，内围栏指的计算方法为下限 25% 四分位数 −1.5 倍四分位差，上限 75% 四分位数 +1.5 倍四分位差，用数学符号表达的区间为 $[Q_{25\%}-1.5IQL, Q_{75\%}+1.5IQL]$（$IQL$ 为四分位差）。理解了内围栏的含义，那么就可以定义离群点，离群点就是大于内围栏上限值和小于下限值的数值，一般用一个小圆圈“○”表示。

【例 2-9】2022 年 7 月初到 8 月底，四家银行的日收益率的数据见表 2-6 所列，通过此表可绘制箱型图来分析不同公司在两个月内日收益率的分布特点。

表 2-6　2022 年 7 月初到 8 月底四家银行日收益率

时间	招商银行	平安银行	兴业银行	浦发银行
2022/7/1	−0.01962255	−0.00401338	0	−0.0025
2022/7/4	−0.00800684	0.001339585	−0.0116251	−0.00376176
2022/7/5	−0.00170669	−0.00201005	0.001524003	0.00250941
2022/7/6	−0.02921723	−0.02581665	−0.01586117	−0.01007565
2022/7/7	−0.00125707	−0.00759935	−0.00880607	−0.0038047
2022/7/8	0.001508296	0.00828734	0.004671693	0.00126984
2022/7/11	−0.00933761	−0.00551726	−0.00727654	−0.00126984
2022/7/12	−0.00355601	−0.00277008	0.005721732	0.00506972
2022/7/13	−0.03627341	−0.03170396	−0.03590671	−0.00761425
2022/7/14	−0.03818695	−0.04389878	−0.03278982	−0.00767267
2022/7/15	−0.0451373	−0.00977084	−0.02076976	−0.01552424
2022/7/18	0.021561119	0.011265609	0.009596461	0.01552424
2022/7/19	0.002242782	0.002237972	−0.00281294	0.0025641
2022/7/20	0.003912805	−0.00223797	0	−0.0025641
2022/7/21	−0.01093827	−0.02878987	−0.02221681	−0.06086534
2022/7/22	0.003659399	−0.01549218	0.00974499	0.0027248
2022/7/25	0.007278868	0.000780336	0.003985203	0
2022/7/26	0.013300279	0.006995753	0.016901811	0.00407333
2022/7/27	−0.00773698	−0.00933859	−0.00391828	−0.0054348
2022/7/28	−0.00751779	0.007012105	0.003918281	−0.00136333
2022/7/29	−0.02004301	−0.01564977	−0.00728907	−0.00959569
2022/8/1	−0.0158072	−0.02071787	−0.01245769	−0.00414079
2022/8/2	−0.01782891	−0.01296615	−0.00973383	−0.01252626
2022/8/3	−0.02538586	−0.0189384	−0.01215644	−0.0098523
2022/8/4	0.017986096	0.010748347	0.015602744	0.00282486
2022/8/5	0.018835165	0.012260064	0.009132484	0.00842702
2022/8/8	−0.0114354	−0.00897599	−0.00455582	−0.00420463
2022/8/9	−0.00918389	−0.00657897	−0.00400344	0

续表

时间	招商银行	平安银行	兴业银行	浦发银行
2022/8/10	–0.01348335	–0.00496279	–0.00574714	–0.00422238
2022/8/11	0.03585038	0.023761872	0.028411002	0.01261404
2022/8/12	0.000290994	0.002426204	0.001119821	0.00832182
2022/8/15	–0.01879644	–0.02205071	–0.01749974	–0.00415226
2022/8/16	0.005322307	0.001650165	0.000569314	–0.00277778
2022/8/17	0.009684595	0.02201475	0.018607811	0.01243969
2022/8/18	–0.01530342	–0.01217054	–0.01406493	–0.00966191
2022/8/19	0.003847866	0.025787086	0.008462674	–0.00138793
2022/8/22	–0.00681787	–0.00558438	–0.00224972	0.00415801
2022/8/23	–0.01558785	–0.01288263	–0.00848182	–0.00833338
2022/8/24	–0.007886	0.004850454	–0.00170503	–0.0027933
2022/8/25	0.025553773	0.017586385	0.018038821	0.00696867
2022/8/26	0.00029678	–0.00079271	–0.00111794	0.00277393
2022/8/29	–0.01254122	–0.01518207	–0.05459557	–0.0097426
2022/8/30	0.015208285	0.004819286	–0.00651854	0.00557882
2022/8/31	0.036610713	0.021403909	0.017094433	0.01106512

使用 Excel 绘图功能，框选所有数据，点击“插入”→“插入统计图表”，选择“箱形图”，即可绘制出箱形图。在 Excel 制表过程中可以按照需求添加数据标签，让数值显示更加一目了然。

如图 2–18 所示，可以直观地比较其中位数的位置，以及极差和四分位差。四家银行中招商银行的中位数相对其他三家较低，而其他三家的中位数数值差距不大，四分位差从大到小的顺序为招商银行、平安银行、兴业银行和浦发银行，通过后续的学习也将了解到这与股票的风险有关。在离群值方面，四家银行均存在一个离群点。

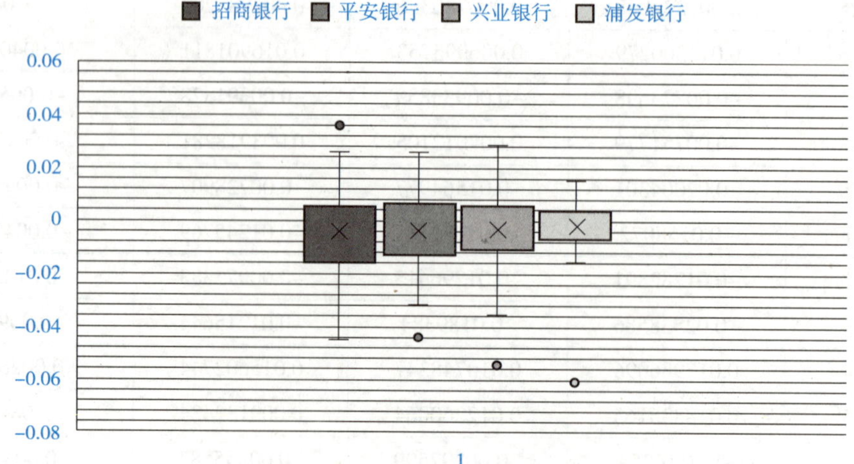

图 2–18　四家银行的箱型图

2.5.7 环形图

环形图是由饼图衍生而来的，虽然外观都是圆形的，但其与饼图又有区别，环形图中间是有“空洞”的而非“实心”，数据的比例是在圆形的弧长上展示的，环形图的优势为可由多个环形套在一起展示数据并比较数据的某种特征的异同点。如图 2-19 所示，每个完整的环形表示的是不同的学院，而每个环形弧长的不同颜色表示的是购买笔记本电脑品牌的频数，弧长越长，购买的数量越多，例如最外环购买最多的电脑品牌为联想品牌。

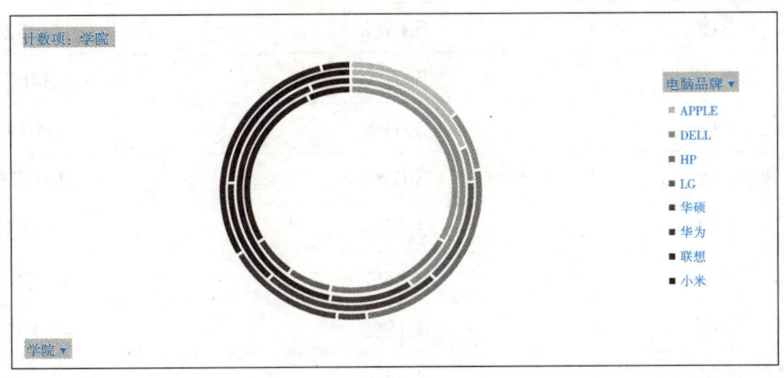

图 2-19　不同学院购买不同品牌电脑的环形图

2.5.8 散点图

散点图是研究变量之间相关关系的一种可视化图形，它是用二维直角平面坐标，展示定量和变量取值随时间变化表现出的趋势来观察变量间的相关关系。设坐标横轴代表变量 x，纵轴代表变量 y，两个变量的坐标轴可以互换，每对数据 (x, y) 在坐标系中用一个点表示，而面板数据上成对数据点在坐标系中形成的点图称为散点图。利用散点图可以观察变量之间是否有关系、有什么样的关系以及关系的大致强度等，大多情况下探究的关系主要为变量间是否存在线性关系。

【例 2-10】我国 2016 年至 2021 年每一季度的城镇登记失业率和通货膨胀率的数据见表 2-7 所列，据此绘制散点图，如图 2-20 所示。

表 2-7　2016 年至 2021 年每一季度的城镇登记失业率和通货膨胀率

季度	城镇登记失业率	通货膨胀率
2016 年第一季度	4.04%	-1.009654575%
2016 年第二季度	4.05%	-0.360248595%
2016 年第三季度	4.04%	1.010113%
2016 年第四季度	4.02%	3.78827275%
2017 年第一季度	3.97%	4.2585723%
2017 年第二季度	3.95%	3.4979087%
2017 年第三季度	3.95%	4.26600315%

续表

季度	城镇登记失业率	通货膨胀率
2017 年第四季度	3.9%	3.3741088%
2018 年第一季度	3.89%	2.57832715%
2018 年第二季度	3.83%	3.276814985%
2018 年第三季度	3.82%	3.036197065%
2018 年第四季度	3.8%	1.380349245%
2019 年第一季度	3.67%	1.338201245%
2019 年第二季度	3.61%	1.340722695%
2019 年第三季度	3.61%	0.9115209%
2019 年第四季度	3.62%	1.97758694%
2020 年第一季度	3.66%	1.3850318%
2020 年第二季度	3.84%	−0.258289065%
2020 年第三季度	4.19%	−0.19126206%
2020 年第四季度	4.24%	−0.1%
2021 年第一季度	3.94%	2.4%
2021 年第二季度	3.86%	4.95%
2021 年第三季度	3.88%	5.7%
2021 年第四季度	3.96%	5%

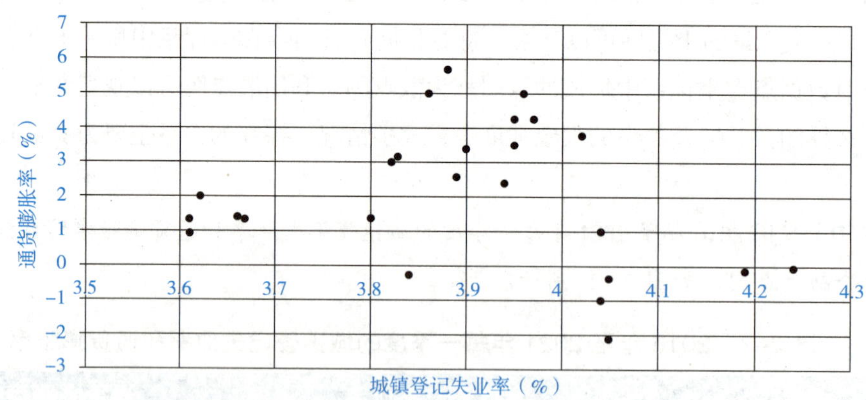

图 2-20　基于城镇登记失业率和通货膨胀率的散点图

从图中可以看出，2016 年年初至 2019 年的城镇登记失业率和通货膨胀率并未存在明显的线性关系，再具体深入分析，寻找两个变量之间的某种近似的函数关系就需要更加专业的建模统计软件。

在进行数据可视化时，需要注意以下几点：

（1）数据可视化要简洁、清晰、易于理解，避免过度设计和装饰。

（2）数据可视化要选择合适的图形和颜色，以便最大限度地展示数据中的规律和趋势。

(3) 数据可视化要考虑受众的需求和背景，选择适合受众的方式进行展示。

(4) 数据可视化要注意数据的准确性和完整性，避免误导受众。

扩展阅读

Power BI 中的 Copilot 简介

Microsoft Power BI 中推出 Microsoft Fabric 和 Copilot。Fabric 是一款端到端、以人为中心的分析产品，能将组织的所有数据和分析汇集在一个地方。它将 Microsoft Power BI、Azure Synapse 和 Azure Data Factory 的精华汇集到一个统一的软件即服务（SaaS）平台中。数据工程师、数据仓库专业人员、数据科学家、数据分析师和业务用户可以在 Fabric 中无缝协作，以在整个组织中培养良好的数据文化。

处于 Copilot 的私人预览中，能将生成式人工智能与用户的数据相结合，帮助每个人更快地发现和分享见解。只需描述用户需要的见解或询问有关数据的问题，Copilot 就会分析并将正确的数据提取到一份令人惊叹的报告中，将数据立即转化为可操作的见解。

Microsoft Fabric 中包含什么？

Fabric 提供六种体验：数据工厂驱动的数据集成体验、Synapse 驱动的数据工程、数据仓库、数据科学以及实时分析体验和商业智能（BI），Power BI 都托管在以数据湖为中心的 SaaS 解决方案上。Fabric 还开发了一种名为 Data Activator 的体验，该体验将通过建立一个检测系统来帮助客户立即对其数据的变化做出反应，该系统将自动向团队发出正确的警报，以便采取行动。

（资料来源：作者根据相关资料整理）

课后习题

1. 绘制以下图形并进行分析。

日期	居民人均消费支出不同类型的指标名称 单位：元					
	医疗保健	教育文化娱乐	交通通信	生活用品及服务	居住	衣着
2012-12-31	838	1262	1451	741	2480	992
2013-12-31	912	1398	1627	806	2999	1027
2014-12-31	1045	1536	1869	890	3201	1099
2015-12-31	1164.545108	1723.106368	2086.87704	951.3605994	3419.231293	1164.09087
2016-12-31	1307.452014	1915.261429	2337.83387	1043.743985	3746.414853	1202.727698
2017-12-31	1451.21255	2086.240377	2498.94036	1120.650608	4106.873864	1237.648108
2018-12-31	1685.199844	2225.726491	2675.41566	1222.682797	4646.594038	1288.935793
2019-12-31	1902.250614	2513.076389	2861.57188	1280.853816	5054.803562	1338.14617
2020-12-31	1843.074814	2032.222556	2761.83425	1259.510012	5215.341851	1238.379686

续表

日期	居民人均消费支出不同类型的指标名称				单位：元	
	医疗保健	教育文化娱乐	交通通信	生活用品及服务	居住	衣着
2021-12-31	2115.1	2598.9	3155.6	1423.2	5641.1	1418.7
2022-12-31	2119.872655	2468.661323	3194.82366	1431.821987	5882.041082	1364.59623

（1）根据 2022 年底的数据，绘制简单条形图、瀑布图、漏斗图和饼图。

（2）根据 2020 和 2021 年，绘制环形图。

（3）根据全部数据绘制各年份消费构成的百分比。

2. 某大学三个专业中随机抽取的 20 名学生的四级成绩如下表：

机械	化工	材料
330	450	660
350	650	350
380	550	384
450	450	560
420	478	540
452	489	450
425	421	430
550	435	480
560	390	360
290	290	390
550	370	410
654	360	425
590	390	410
531	660	411
424	610	510
440	620	480
480	602	490
450	520	450
440	560	630
402	400	510

（1）绘制每个专业分数的直方图。

（2）绘制每个专业分数的箱型图，分析其分布的特征。

第 3 章 描述统计

知识目标

1. 掌握描述数据集中趋势的指标以及计算方法：众数、中位数、均值。

2. 掌握描述数据的离散趋势的指标及计算方法：极差和四分位差、方差和标准差、离散系数。

3. 理解偏度和峰度。

技能目标

1. 能够选择合适的计算指标通过 Excel 计算数据的集中趋势。

2. 能够选择合适的计算方法通过 Excel 计算数据的离散趋势。

3. 能够通过 Excel 计算数据分布的偏度和峰度并判断程度。

思政目标

深化学生对于我国统计学人对于世界统计学发展作出巨大贡献的理解，引导学生坚定文化自信，增强家国情怀。

案例引入

2022 年 1—2 月份全国房地产情况

一、房地产开发投资完成情况

1—2 月份，全国房地产开发投资 14 499 亿元，同比增长 3.7%，其中，住宅投资 10 769 亿元，增长 3.7%。

1—2 月份，房地产开发企业房屋施工面积 784 459 万平方米，同比增长 1.8%，其中，住宅施工面积 553 514 万平方米，增长 2.0%；房屋新开工面积 14 967 万平方米，下降 12.2%，其中，住宅新开工面积 10 836 万平方米，下降 14.9%；房屋竣工面积 12 200 万平方米，下降 9.8%，其中，住宅竣工面积 8 915 万平方米，下降 9.6%。

二、商品房销售和待售情况

2 月末，商品房待售面积 57 026 万平方米，比 2021 年末增加 6 003 万平方米，其中，住宅待售面积增加 5 552 万平方米。

三、房地产开发企业到位资金情况

1—2 月份，房地产开发企业到位资金 25 143 亿元，同比下降 17.7%，其中，国内贷款 4 105 亿元，同比下降 21.1%；利用外资 7 亿元，下降 27.4%；自筹资金 7 757 亿元，下降 6.2%；定金及预收款 8 027 亿元，下降 27.0%；个人按揭贷款 4 124 亿元，下降 16.9%。

1—2 月份，商品房销售面积 15 703 万平方米，同比下降 9.6%，其中，住宅销售面积下降 13.8%；商品房销售额 15 459 亿元，下降 19.3%，其中，住宅销售额下降 22.1%。

四、房地产开发景气指数

2 月份，房地产开发景气指数（简称“国房景气指数”）为 96.93。

（资料来源：国家统计局，2022-03-15）

3.1 描述统计概述

描述统计是指对数据进行统计描述和总结，以便更好地理解数据和发现数据中的规律和趋势。描述统计方法包括以下几种。

（1）集中趋势（中心趋势）：数据分布的中心位置，常见的中心趋势测量方法包括均值、中位数、众数等。

（2）离散趋势：数据分布的散布程度，常见的离散趋势测量方法包括方差、标准差、极差、四分位数等。

（3）分布形态：数据分布的形态特征，常见的分布形态测量方法包括偏态和峰度。

描述统计是数据分析的基础，其用处如下。

(1) 描述数据分布：描述统计可以用来对数据进行描述和总结，帮助用户了解数据的分布情况和统计特征，比如数据的中心趋势、离散程度和分布形态等，从而更好地理解数据的本质。

(2) 发现数据规律：描述统计可以用来发现数据中的规律和趋势，比如数据的异常值、缺失值、趋势变化等，从而帮助用户更好地分析数据、预测趋势和做出决策。

(3) 判断数据质量：描述统计可以用来判断数据的质量，比如是否存在异常值、是否有缺失值、数据是否符合正态分布等，从而帮助用户确定数据的可靠性和可用性。

(4) 比较数据差异：描述统计可以用来比较不同数据集之间的差异和相似性，比如对比两个群体之间的差异、对比不同时间点的数据变化等，帮助用户更好地了解数据的发展趋势和变化规律。

(5) 提供数据决策依据：描述统计可以为决策提供重要的数据依据，比如基于数据分析得出的结论和建议，可以帮助企业和政府制定更加科学和有效的决策。

描述统计可以帮助用户更好地理解数据，发现其中的规律和趋势，并为进一步的数据分析和建模提供基础。

3.2 描述集中趋势

微课：数据的集中趋势

集中趋势是指一组数据向某一中心值靠拢的程度，反映一组数据中心点的位置所在。测度集中趋势的统计量主要有众数、分位数、平均数等。

3.2.1 众数

众数是最为简单的数据集中趋势的度量指标，指一组数据中出现频数最多的数值，用M_o表示。从分布的角度看，众数是一组数据分布的峰值点所对应的数值。一组数据中可能存在众数，也可能不存在众数，如果数据的分布没有明显的峰值，众数可能不存在；如果有两个或多个峰值，也可以有两个或多个众数。众数通常用于分组型数据和数值型数据，较少用于顺序数据。

【例3-1】某大学计算机专业大一新生的生源地的相关数据见表3-1所列，通过下表可以直观地看到某大学计算机专业大一新生的生源地为黑龙江的频数是最大的，所以对于分省生源地的数据中，众数即黑龙江省，因为黑龙江省的学生数是所有数据中占比最高的。

表3-1 生源来源地人数和百分比

省份	人数	百分比
辽宁省	15	20.83%
吉林省	10	13.89%
黑龙江省	22	30.56%

续表

省份	人数	百分比
河北省	3	4.17%
天津市	5	6.94%
河南省	2	2.78%
江苏省	1	1.39%
四川省	6	8.33%
浙江省	3	4.17%
内蒙古自治区	5	6.94%

使用 Excel 函数计算众数。Excel 计算众数的函数为“MODE”，具体步骤如下：

(1) 将光标放在任意空白单元格，然后点击“公式”，点击“插入函数”。

(2) 在“选择类别”中选择“统计”，并在“选择函数”中点击“MODE. SNGL”(若是数组，可以选择“MODE，MULT”)，单击“确定”。

(3) 在“Number1”中选择所要计算中位数的数据区域，然后单击“确定”便可得到结果。

3.2.2 分位数

分位数是主要用来衡量顺序和数值型数据分布特征的指标，不适用于定性变量，分位数需要一组数据从小到大排序后找出某个位置上的数值，可以是 10%、50%、75% 任意位置点上的数据。常用的分位数主要包括中位数和四分位数。

1. 中位数

中位数是一组数据中排在中间位置的数值，也就是把一组数据按照大小顺序排列，处于中间位置的那个数，即排序后 50% 点位上的数据，用 M_e 表示。中位数的计算方法：将数据按大小排列，当数据个数 N 为奇数时，处在 $\frac{N+1}{2}$ 位置上的变量取值大小即为该组数据的中位数；当数据个数 N 为偶数时，处在 $\frac{N}{2}$ 和 $\frac{N+1}{2}$ 位置上的两个变量取值的简单算术平均数即中位数。

设一组数据 x_1，$x_2,\ldots,x_n$ 按从小到大排序后为 $x_{(1)}$，$x_{(2)},\ldots,x_{(n)}$，则中位数就是 $\frac{n+1}{2}$ 位置上的值。计算公式为

$$M_e=\begin{cases} x_{\left(\frac{n+1}{2}\right)}, & n\text{为奇数} \\ \frac{1}{2}\left[x_{\frac{n}{2}}+x_{\left(\frac{n}{2}+1\right)}\right], & \text{n为偶数} \end{cases} \tag{3-1}$$

【例 3-2】某汽车品牌的一个车型一年中每个月的汽车销量见表 3-2 所列，计算此销量的中位数。

表 3-2 一年中每个月的汽车销量

月份	销量（辆）
1 月	35379
2 月	60079
3 月	94978
4 月	119084
5 月	147549
6 月	180802
7 月	212752
8 月	225358
9 月	236019
10 月	255475
11 月	286296
12 月	343418

本例题数据较少，可以手动计算结果，一旦数据量足够大时便需要借助计算机软件或者编程工具进行计算。Excel 计算中位数的函数为“MEDIAN”，具体步骤如下：

（1）将光标放在任意空白单元格，然后点击“公式”，点击“插入函数 $f(x)$”。

（2）在“选择类别”中选择“统计”，并在“选择函数”中点击“MEDIAN”，单击“确定”。

（3）在“Number1”中选择所要计算中位数的数据区域，然后单击“确定”便可得到结果。

中位数代表了一组数据排序以后的中间值，其受离群值或者极端值的影响不敏感，离群值的数值变大或者减小，中位数依旧在离群值的位置，那么其数值依旧不变，所以在使用中位数描述数据的分布时，可以先用 Excel 画出数据分布的箱型图，然后观察数据离群值或者极端值的个数，若数据的极端值多且离群的距离远，那么中位数是一个能够较好代表数据分布的特征值。

2. 四分位数

四分位数是一组数据排序后处于 25% 和 75% 位置上的数据。它用 3 个点将全部数据等分为 4 个部分，其中每部分包含 25% 的数据。通常所说的四分位数是指处在 25% 位置上和 75% 位置上的两个数值。

四分位数与中位数的计算逻辑类似，设 25% 位置上的四分位数记为 $Q_{25\%}$，75% 位置上的四分位数记为 $Q_{75\%}$，Excel 上的四分位数计算公式为

$$Q_{25\%}=\frac{n+3}{4}，\quad Q_{75\%}=\frac{3n+1}{4} \tag{3-2}$$

SPSS 上的四分位数的计算公式为

$$Q_{25\%}=\frac{n+1}{4} \tag{3-3}$$

可以通过 Excel 的“QUARTILE. EXC”函数计算四分位数，若想要计算【例 3-2】中汽车销量的上四分位数和下四分位数，具体步骤如下。

（1）将光标放在任意空白单元格，然后点击“公式”，点击插入函数“$f(x)$”。

（2）在“选择类别”中选择“统计”，并在“选择函数”中点击“QUARTILE. EXC”，单击“确定”。“QUARTILE. EXC”包括两个参数，其中 Array 为输入的数据列，第二个参数可选“1，2，3”。其中 1 代表取下四分位数，2 代表取中位数，3 代表取上四分位数。

可以在任意单元格中计算。得到结果“下四分位数 =QUARTILE. EXC(, 1)= 101004.5”“上四分位数 =QUARTILE. EXC (J8 : J19, 3)= 250611”。

3.2.3 平均数

研究数据的集中趋势时，平均数是最常用的统计计量算法。平均数的概念在各种媒体的文案中最常见，应用最为广泛。平均数即均值，平均数通常用符号 $\bar{x}$ 表示，平均数只适用于数值型数据，对于类别型数据和有序分类数据，平均数不适用。计算平均数时需要考虑数值的单位和精度，否则可能会引起误差。平均数在金融领域主要运用的是简单算数平均数、加权平均数和几何平均数。

1. 简单算数平均数

设一组数据为：$x_1, x_2, \ldots, x_n$（总体数据 x_N），那么：

样本平均数

$$\bar{x} = \frac{x_1 + x_2 + \ldots + x_n}{n} = \frac{\sum_{i=1}^{n} x_i}{n} \tag{3-4}$$

总体平均数

$$\mu = \frac{x_1 + x_2 + \ldots + x_N}{N} = \frac{\sum_{i=1}^{N} x_i}{N} \tag{3-5}$$

样本平均数和总体平均数字母表达上有差异，但是算法上是一致的，所以在使用过程中虽然可以得到正确的数字但是需要注意避免混淆概念。

【例 3-3】某高中某高二班 25 名学生的体重（公斤）数据见表 3-3 所列，若想要求其平均数，在 Excel 中，使用“AVERAGE”函数 =AVERAGE (A1 : E5) 便可以得到简单算数平均数为 68.16。

表 3-3　25 名学生的体重（公斤）

65	70	80	65	55
45	40	100	70	65
66	80	63	80	87
82	73	65	63	55
58	59	70	90	58

2. 加权平均数

统计数据为分组数据时，若想要使用平均来衡量其集中趋势，那么可以使用加权平均数来衡量。加权平均数是指按照各个数据的权重（或重要性）来计算平均数。加权平均数在实际应用中非常常见。例如，在计算 GPA（平均学分绩点）时，不同的课程会有不同的学分和难度，因此需要按照学分和课程难度的权重来计算 GPA；在股票市场中，股票的价格通常是按照成交量的权重来计算加权平均数；在物理学中，加速度的平均值也是通过按照不同质量的物体的重量来计算的。通常情况下，加权平均数的计算方法如下：

（1）计算各组的组中值 $M_1, M_2, \ldots, M_k$，组中值是每组的中间数，即一组数据分组后，处于该组中间位置的数值。

（2）计算相应的频数 $f_1, f_2, \ldots, f_k$。

（3）则样本加权平均

$$\bar{x} = \frac{M_1 f_1 + M_2 f_2 + \ldots + M_k f_k}{f_1 + f_2 + \ldots + f_k} = \frac{\sum_{i=1}^{k} M_i f_i}{n} \tag{3-6}$$

总体加权平均

$$\mu = \frac{M_1 f_1 + M_2 f_2 + \ldots + M_k f_k}{f_1 + f_2 + \ldots + f_k} = \frac{\sum_{i=1}^{k} M_i f_i}{N} \tag{3-7}$$

【例 3-4】某汽车 4S 店 45 名营销经理的月汽车销售分布数据见表 3-4 所列，可以看到销售量为分组数据，求销售量的总体平均数。

表 3-4　45 名营销经理的月汽车销售分布数据

销售量（台）	人数
0~10	3
10~20	15
20~30	18
30~40	7
40~50	2

解：（1）首先需要得到每组的组中值 M_i，见表 3-5 所列。

表 3-5　计算组中值

销售量（台）	人数	组中值
0~10	3	5
10~20	15	15
20~30	18	25
30~40	7	35
40~50	2	45

（2）计算 $M_i f_i$，见表 3-6 所列。

表 3-6 计算组中值 × 人数

销售量（台）	人数	组中值	组中值 × 人数
0~10	3	5	15
10~20	15	15	225
20~30	18	25	450
30~40	7	35	245
40~50	2	45	90

（3）求均值 $\bar{x}$。根据加权平均数公式得 $\bar{x}$ =22.78。

需要注意的是，在计算加权平均数时，需要保证数据点的权重之和等于 1 或 100%，否则会影响计算结果的准确性。同时，在使用加权平均数进行数据分析时，也需要对数据的权重进行充分的理解和考虑，以避免权重设置不当而引起误差。

3. 几何平均数

几何平均数在金融领域应用也十分广泛，尤其在计算平均利率或者平均收益率时。几何平均数是 n 个变量值乘积的 n 次方根，一般用 G 表示。几何平均数在统计学中经常被用来描述指数增长或衰减的趋势，比如用来计算股票的年化收益率、计算物种群体的增长率等。此外，几何平均数也可以用来计算不同数量级的变量的比例，比如收入、成本等。计算公式为

$$G=\sqrt[n]{x_1 x_2 \cdots x_n}=\sqrt[n]{\prod_{i=1}^{n} x_i} \tag{3-8}$$

【例 3-5】若某债券的 2015—2020 年 5 年的持有期收益率为 3.85%，3.50%，4.51%，2.85%，4.22%。计算其投资者在这 5 年期间的平均收益率。

解：$G=\sqrt[5]{(1+3.85\%)(1+3.50\%)(1+4.51\%)(1+2.85\%)(1+4.22\%)}-1=3.78\%$

小专栏

上班族每天平均睡 7.5 小时，你被平均了吗？

2022 年 3 月 19 日在北京发布的一份调查报告显示，中国上班族每天的平均睡眠时长为 7.5 小时，25% 的人群睡眠时间不足 6 小时，玩手机已成为影响睡眠质量的“罪魁祸首”。

这份报告由中国医师协会睡眠医学专业委员会发布，数据来源为 2021 年 50 万条睡眠数据及 1 833 份有效问卷，样本年龄覆盖 31 个省份 18 岁以上的上班族。

——上班族每天平均睡 7.5 小时

中国医师协会睡眠医学专业委员会主任委员叶京英介绍，这份调查显示，受访上班族平均睡眠时长 7.5 小时，睡眠时间可以达到 8 小时以上的只有 22%，6~8 小时约计

53%，不足 6 小时的有 25%。数据显示 35 岁以上的上班族睡眠时间随年龄增长逐渐减少。

——北上广深上班族最能熬夜，四川上班族起床最晚

这份调查显示，最能熬夜的城市包括北京、上海、深圳及广州；睡眠最晚的是广东省，平均睡觉时间是 23: 55；睡眠最早的省份是山东省，平均睡觉时间是 22: 58；起床最早的省份是山东省，平均起床时间为 6: 58；起床最晚的省份是四川省，平均起床时间为 7: 50。

——47% 上班族反映睡眠质量不佳

数据显示，47% 上班族反映睡眠质量不佳，仅有 30.6% 上班族深度睡眠时间达标。此外，问卷表明 25% 的人群每天夜间打呼噜，有潜在睡眠呼吸暂停风险；睡眠质量不好的上班族中，51.6% 表现为记忆力下降，47.8% 表现为注意力不集中。睡眠时间小于 6 小时人群中，25.5% 存在超重，睡眠时间低于 6 小时上班族中，45% 的人面部肌肤出现问题。

——这些行业从业人员最缺觉

调查还列举出受睡眠困扰的十大行业：教培从事者、销售人员、服务人员、互联网行业、建筑工人等体力劳动者、医务人员、公务员、金融从业者、创业者、企业管理者。此外，调查显示，有孩子的上班族，睡眠时长明显低于无孩上班族。

（资料来源：《上班族每天平均睡 7.5 小时，你被平均了吗?》，中国新闻社，2022-03-20）

3.3　描述离散趋势

微课：数据的离散趋势

数据的离散趋势也称为数据的离散度，与集中趋势正好相反，研究数据的离散趋势的指标主要包括极差、四分位差、方差、标准差和离散系数。

3.3.1　极差和四分位差

极差是最简单的描述数据离散程度的指标，是数据中最大值与最小值的差值。极差通常用 R 表示，计算公式为

$$R = MAX - MIN \tag{3-9}$$

例如，某 4S 店汽车保险员月签单数最多为 54 单，最少为 23 单，那么本 4S 店车险签单的极差 R = 54−23=31。

3.2 节中已经介绍过四分位数的概念，四分位差类似极差的计算，即上下四分位数的差值。极差描述的是全距的差距，四分位数描述的是半距的差值。一般来说，数据的离群值一般多出现在数据的两端，若某数据两端的离群值很偏，而数据总体向某趋势集中，那么使用极差将不能很好地描述其离散趋势。所以，四分位差可以规避因端点值偏离的现象。四分位差用 Q_d 表

示，其计算公式为

$$Q_d = Q_{75\%} - Q_{25\%} \tag{3-10}$$

四分位差虽然较极差更具优势，但是其只依赖于两个变量，实际运用中仅作为辅助使用。

3.3.2 方差和标准差

方差和标准差是衡量数据离散程度应用最广泛的指标，在金融领域，方差作为金融风险的计量指标，是十分重要的计量工具。

根据总体数据计算的，称为总体方差和总体标准差，根据样本数据计算，称为样本方差和样本标准差。设总体方差为 σ^2，总体标准差为 σ。

对于未分组的数据，总体方差和总体标准差的计算公式分别是

$$\sigma^2 = \frac{\sum_{i=1}^{N}(x_i - \mu)^2}{N} \tag{3-11}$$

$$\sigma = \sqrt{\frac{\sum_{i=1}^{N}(x_i - \mu)^2}{N}} \tag{3-12}$$

样本方差和样本标准差在对各个离差平方平均时用样本数据个数或总频数减 1，称为自由度，去除总离差平方和。设样本方差为 s^2，标准差为 s。对于未分组的数据，方差和标准差的计算公式为

$$s^2 = \frac{\sum_{i=1}^{n}(x_i - \bar{x})^2}{n-1} \tag{3-13}$$

$$s = \sqrt{\frac{\sum_{i=1}^{n}(x_i - \bar{x})^2}{n-1}} \tag{3-14}$$

这里要注意的是，方差是没有单位的，而标准差是有单位的，其单位与原始数据单位一致。例如原始数据的单位为摄氏度，那么其数据的标准差的单位同样为摄氏度。

方差和标准差的计算过程较为复杂，尤其是在数据较多时计算量更为繁杂，所以实际当中使用统计进行处理，使用 Excel 的“VAR. P”函数计算总体方差，使用“VAR. S”函数计算样本方差，使用“TDEV. P”函数计算总体标准差，使用“STDEV. S”函数计算样本标准差。

【例 3-6】2022 年每周统计的 CCPI 总指数见表 3-7 所列，计算其方差和标准差。

解：计算 2022 年全年 CCPI 指数的方差和标准差分别使用样本的计算公式得

$$s^2 = 72.82;$$

$$s = 8.53。$$

表 3-7 2022 年每周统计的 CCPI 总指数

时间	大宗商品价格指数（CCPI）总指数	时间	大宗商品价格指数（CCPI）总指数
2022-01-07	182.36	2022-02-25	195.02
2022-01-14	183.37	2022-03-04	204.15
2022-01-21	188.72	2022-03-11	210.32
2022-01-28	192.28	2022-03-18	203.05
2022-02-11	195.13	2022-03-25	209.92
2022-02-18	193.44	2022-04-01	208.72
2022-04-08	205.51	2022-09-09	192.84
2022-04-15	205.95	2022-09-16	192.68
2022-04-22	209.9	2022-09-23	191.79
2022-04-29	208.47	2022-09-30	189.42
2022-05-06	211.16	2022-10-14	196.67
2022-05-13	207.87	2022-10-21	195.92
2022-05-20	209.17	2022-10-28	195.54
2022-05-27	209.84	2022-11-04	196.29
2022-06-03	212.64	2022-11-11	196.38
2022-06-10	214.17	2022-11-18	195
2022-06-17	211.11	2022-11-25	191.08
2022-06-24	203.37	2022-12-02	190.83
2022-07-01	207.11	2022-12-09	188.94
2022-07-08	205.3	2022-12-16	187.51
2022-07-15	196.74	2022-12-23	185.93
2022-07-22	197.71	2022-12-30	187.56
2022-07-29	199.3		
2022-08-05	196.99		
2022-08-12	196.52		
2022-08-19	193.47		
2022-08-26	196.13		
2022-09-02	194.33		

（数据来源：《中国统计年鉴》）

3.3.3 离散系数

计算出数据的均值和方差以后，便得到了数据的集中和离散趋势。均值的数值表达了数据向某一个数靠拢的程度，但不同含义的数据比较通常没有任何意义；方差表达了数据的离散度，方差大，离散度大，方差小，离散度小。离散度是具备可比性的，但是标准差是有单位的，单位相同时，只有当均值也相同，不同数据组之间的标准差才具备可比性；单位不同时，均值相同也不能比较。因此，为了可以比较不同数据之间的离散度，统计学家引入了离散系数，或者变异系数，记为 CV，计算公式为

$$CV = \frac{s}{\bar{x}} \tag{3-15}$$

使用离散系数比较数据离散度的条件：

（1）当多组数据的单位不同时。

（2）当多组数据单位相同但是均值不同时。

【例 3-7】2022 年每周统计的能源类 CCPI 总指数见表 3-8 所列，分别观察他们的均值和标准差，$\bar{x}_{总} = 198.67$，$\bar{x}_{能源} = 177.68$，$s_{总} = 8.53$，$s_{能源} = 16.22$。其离散系数计算分别如下：

$$CV_{总} = 8.53/198.67 = 0.043;$$

$$CV_{能源} = 16.22/177.68 = 0.091。$$

那么，能源的现货波动明显比总体的现货波动要剧烈。

表 3-8　2022 年每周统计的能源类 CCPI 总指数

时间	大宗商品价格指数（CCPI）总指数	大宗商品价格指数（CCPI）能源类
2022-01-07	182.36	146.98
2022-01-14	183.37	149.18
2022-01-21	188.72	158.73
2022-01-28	192.28	165.4
2022-02-11	195.13	168.54
2022-02-18	193.44	169.72
2022-02-25	195.02	173.96
2022-03-04	204.15	188.05
2022-03-11	210.32	203.28
2022-03-18	203.05	187.22
2022-03-25	209.92	199.77
2022-04-01	208.72	194.97
2022-04-08	205.51	189.32
2022-04-15	205.95	189.51
2022-04-22	209.9	195.01
2022-04-29	208.47	192.28
2022-05-06	211.16	197.66
2022-05-13	207.87	193.31

续表

时间	大宗商品价格指数（CCPI）总指数	大宗商品价格指数（CCPI）能源类
2022-05-20	209.17	195.44
2022-05-27	209.84	197.2
2022-06-03	212.64	201.73
2022-06-10	214.17	205.36
2022-06-17	211.11	204.13
2022-06-24	203.37	192.7
2022-07-01	207.11	197.52
2022-07-08	205.3	192.18
2022-07-15	196.74	182.57
2022-07-22	197.71	182.57
2022-07-29	199.3	182.21
2022-08-05	196.99	176.93
2022-08-12	196.52	173.92
2022-08-19	193.47	170.09
2022-08-26	196.13	172.3
2022-09-02	194.33	172.13
2022-09-09	192.84	165.76
2022-09-16	192.68	165.6
2022-09-23	191.79	163.94
2022-09-30	189.42	160.01
2022-10-14	196.67	170.57
2022-10-21	195.92	168.35
2022-10-28	195.54	170.71
2022-11-04	196.29	172.59
2022-11-11	196.38	171.9
2022-11-18	195	167.6
2022-11-25	191.08	161.4
2022-12-02	190.83	159.95
2022-12-09	188.94	155.47
2022-12-16	187.51	154.38
2022-12-23	185.93	155.15
2022-12-30	187.56	158.72

（数据来源：《中国统计年鉴》）

3.4 偏度和峰度

微课：偏度和峰度

正态分布在金融学上有着十分重要的地位，在期权定价 BSM 模型中便假设金融数据的正态性，正态分布的两个参数为均值和方差。然而，正态分布是一种较为理想化的分布，其分布是对称的，但实际中数据分布并不一定是对称的，所以统计学家引入了偏度和峰度两个指标来衡量数据在二维空间的分布状态。偏度用来衡量数据的左右偏斜程度，峰度用来衡量数据的高矮、尖峰或者扁平。

3.4.1 偏度

偏度是指一组数据分布的不对称程度，它反映了数据分布在平均值两侧的相对偏离程度。如果一组数据分布在左侧比右侧更加密集，那么偏度为负；如果右侧比左侧更加密集，那么偏度为正；如果左右两侧密集程度相等，那么偏度为零。

衡量偏斜程度的指标称为偏态系数，用 SK 表示，计算公式为

$$SK=\frac{n\sum\left(x_i-\bar{x}\right)^3}{(n-1)(n-2)s^3} \tag{3-16}$$

可以通过偏态系数来判断数据的对称程度，使用方法如下：

(1) 偏态系数 =0，对称分布。

(2) 偏态系数 > 0，右偏分布。

(3) 偏态系数 < 0，左偏分布。

(4) 偏态系数 > 1 或 < −1，高度偏态分布；偏态系数在 0.5~1 或 −1~−0.5 之间，中等偏态分布；偏态系数越接近 0，偏斜程度就越低。

图形右偏、对称和左偏的图形分布情况如图 3−1 所示。需要注意的是，数据的左右偏与其分布的波峰位置正好相反，也就是说，右偏的数据具有右拖尾的形态，左偏的数据具有左拖尾的形态。已知对称数据的中位数、均值和众数是同一个数，那么对于不对称呢？从图 3−1 中可以看出，众数的位置在波峰的位置，平均数的特征容易受到极端值的影响。所以，对于左偏的数据而言，左拖尾必然造成平均数向左偏移，中位数在中间，所以他们三者的关系为：$\bar{x}<M_e<M_o$；对于右偏的数据而言，他们三者的关系为：$\bar{x}>M_e>M_o$。

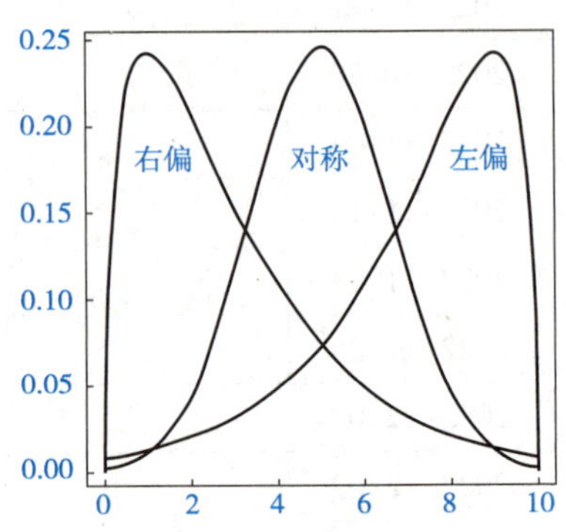

图 3−1 数据的分布类型

3.4.2 峰度

峰态是指数据分布峰值的高低，即数据分布的扁平程度，测量一组数据分布峰值高低的统计量称为峰态系数，记作 K。计算峰态系数的公式为

$$K=\frac{n(n+1)\sum(x_i-\bar{x})^4-3[\sum(x_i-\bar{x})^2]^2(n-1)}{(n-1)(n-2)(n-3)s^4} \tag{3-17}$$

峰度通常是与标准正态分布相比较而言的，标准正态分布[①]的峰度系数为 0，当 $K>0$ 时，称为尖峰分布，数据分布的峰值比标准正态分布高，数据相对集中；当 $K<0$ 时，为扁平分布，数据分布的峰值比标准正态分布低，数据相对分散。

期望相同、方差不同时的正态分布图像如图 3-2 所示，可以看出，在期望相同的 3 组正态分布数据中，图像因为方差的不同而呈现不同的峰度。

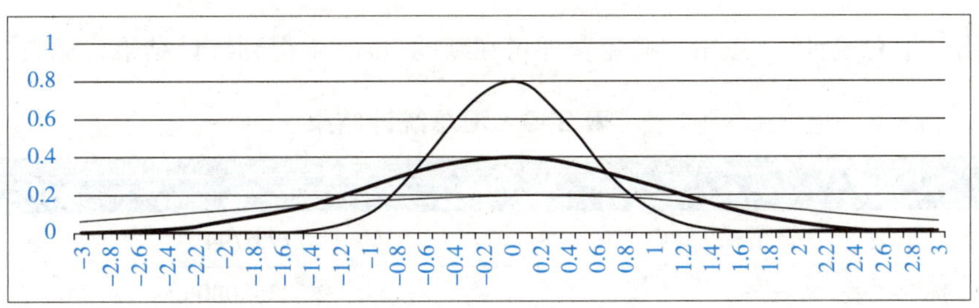

图 3-2　期望相同、方差不同时的正态分布图像

【例 3-8】沿用【例 3-7】的数据，求能源类 CCPI 指数的数据偏度和峰度指标。

解：Excel 提供了计算偏度和峰度的统计函数，偏度函数为“SKEW”，峰度函数为“KURT”。可以求出 $SK=0.051$，$K=-1.163$。那么，从偏度和峰度的数据可知，2022 年能源类 CCPI 指数稍微右偏扁平分布，几乎是对称的。

3.5　Excel 中描述统计的指标

计算数据的集中趋势或者离散趋势可以归结为对数据的描述统计，Excel 提供了较为简便的直接计算常用的所有描述统计的指标。具体方法如下：

（1）选择“数据”→“数据分析”，如图 3-3 所示。

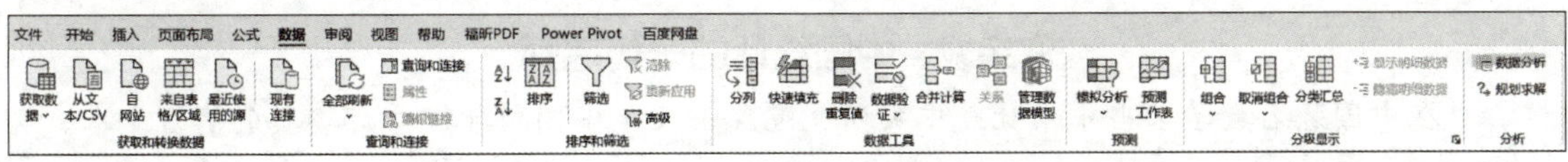

图 3-3　“数据分析”选项

① 标准正态分布下一章将具体介绍。

（2）选择“描述统计”，点击“确定”，如图 3-4 所示。弹出参数输入界面，如图 3-5 所示。

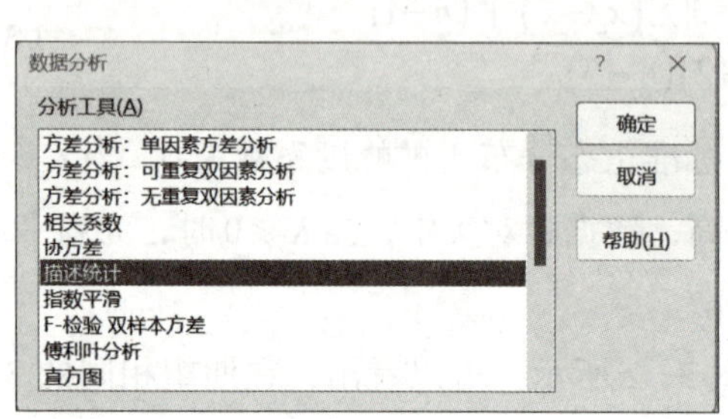

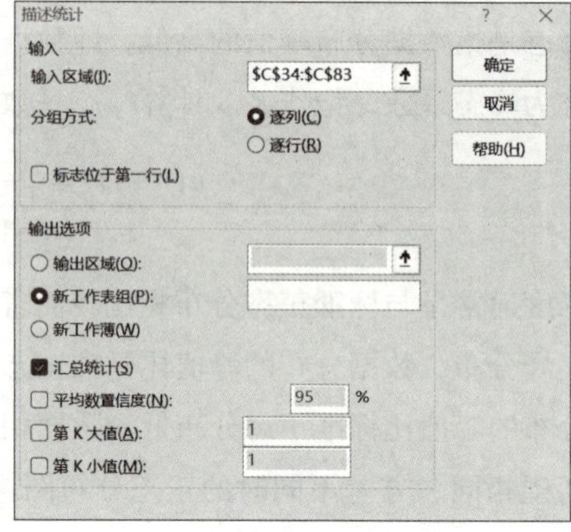

图 3-4　选择“描述统计”　　　图 3-5　参数输入界面

（3）点击“汇总统计”，点击“确定”即可在新的 sheet 中得到统计结果，见表 3-9 所列。

表 3-9　汇总统计结果

列 1	
平均	177.6794
标准误差	2.293550806
中位数	173.255
众数	182.57
标准差	16.21785328
方差	263.0187649
峰度	-1.16336478
偏度	0.051143367
区域	58.38
最小值	146.98
最大值	205.36
求和	8883.97
观测数	50

扩展阅读

许宝騄：中国统计的一代宗师

在中国著名数学家当中，既是中央研究院院士又是中国科学院学部委员的有 3 个人，他们分别是华罗庚、苏步青和许宝騄，华罗庚和苏步青可谓是大名鼎鼎且家喻户晓，而许宝騄却鲜为人知，那么许宝騄究竟是怎样一位数学家？让我们一起去认识和了解一下吧。

著名数学家许宝騄开创了中国概率论、数理统计领域的教学和研究工作，尤其在参数估计理论、奈曼－皮尔逊理论、多元分析、极限理论等数学领域取得了卓越成就，是多元统计分析学科的开拓者之一，也是中国概率统计领域最主要奠基人之一。

许宝騄（1910—1970），字闲若，浙江杭州人，1910年9月1日出生于北京。许宝騄曾参加了赴英首届庚款留学生考试，考试通过且被录取，却因体检时体重不足40千克而落选，不得不到北平西山疗养一年，其后被北京大学数学系聘为助教，给当时正在北京大学担任访问学者的美国数学家奥斯古德教授当助教。

许宝騄与数学大师奥斯古德教授朝夕相处，协助奥斯古德教授工作了两年，深受奥斯古德的教诲和指导，熟练地掌握了矩阵的工具，尤其是精通分块演算技巧，在分析和代数两个领域打下了坚实的基础，这段经历对其一生都产生了深远的影响。

1936年，许宝騄再次考取了庚款留英官费生，前往伦敦大学统计系学习数理统计，在系主任伊根·皮尔逊教授的指导下攻读博士学位。当时的校方规定，在数理统计方向要取得哲学博士学位，必须寻找一个新的统计量，编制一张统计量的临界值表，而许宝騄因成绩优异且研究工作突出，第一个被破格用统计实习的口试来代替。

许宝騄于1938年发表了3篇颇有价值的学术论文。许宝騄仅用两年时间就获得了博士学位，充分说明了他在数学领域内具有一定的天赋和才华，当时统计系主任奈曼教授受聘去美国加州大学伯克利分校讲学时，特别推荐将许宝騄提升为讲师，并让许宝騄接替他的教学任务，由此也可见许宝騄在数学领域的能力。

1939年和1940年，许宝騄又连续发表了数篇学术论文，其中有两篇论文在数理统计学科领域具有重大贡献，为多元统计分析和内曼·皮尔逊理论奠基了基础，许宝騄也因此获得了科学博士学位。奈曼教授常说许宝騄是他最杰出的学生之一。

许宝騄于1940年回到正在遭受战争创伤的祖国，他决心以自己的方式报效正处于危难之中的国家。他辗转来到云南昆明出任西南联大数学系教授，其与华罗庚、陈省身在当时被称为西南联大数学系“三杰”，钟开莱、王寿仁、徐利治等著名数学家均是他的学生。

1945年秋，许宝騄应美国加州大学伯克利分校和哥伦比亚大学的联合邀请，担任这两所世界一流大学的访问教授。他在这两所学校各讲授了一个学期的课，并在第一届伯克利概率统计讨论会期间，结识了不少国际上统计方面的专家。

1946年秋，许宝騄的好友霍太林教授拟在美国北卡罗来纳大学创办统计系，特邀许宝騄前往担任副教授，许宝騄遂在北卡罗来纳大学任教一年，协助霍太林教授创办了统计系，此后不久谢绝美国诸所大学和同事的热情挽留，于1947年返回中国，并一直在北京大学数学系担任教授，从事教学和数学研究工作。

1948年4月，许宝騄被推选为中央研究院首届院士，数学领域当选院士的只有5人，而且公布的排名顺序如下：姜立夫、许宝騄、陈省身、华罗庚和苏步青，由此可见许宝騄当年在中国数学领域的地位和影响力。

许宝騄自幼体质羸弱，由于终身未婚，没有人照顾他的饮食起居，故其身体状况极差，176 厘米的身高，体重却只有 70 多斤，他从美国回来不久，就发现自己染上了肺结核病，但他依然长期带病坚持工作，教学和科研也一直未间断，在矩阵论、概率论和数理统计方面发表了 10 余篇学术论文。

1955 年 6 月，许宝騄当选中国科学院数理部学部委员，这是中华人民共和国首次评选出的相当于院士的学部委员，共计 233 人，其中数理学部当选了 30 人，许宝騄之所以能够当选，是中国科学院对其政治和学术两个方面的充分肯定。

北京大学于 1956 年成立了全国第一个概率论与数理统计教研室，许宝騄一直是这个教研室的主任，同年 9 月国务院高教部在评定高校教授级别时，许宝騄被评定为一级教授，当时全国高校中仅有 118 人被评为一级教授。

1963 年，许宝騄的肺部已经出现空洞，而且其自身携带的结核菌已经具有抗药性，北京大学数学系多次安排他休养，都被他婉言谢绝。他带病坚持工作，把自己的全部精力都献给了数学领域，是一个完全把自己的生命都托付给数学王国的数学家。

1970 年 12 月 18 日清晨，刚刚度过花甲之年的许宝騄，孤独而凄凉地病死在北京大学勺园佟府简陋住所之内，他床边的茶几上还放着一支脱帽的派克牌旧金笔和一些未完成的数学手稿。

许宝騄一生痴迷于数学，其出身优越，壮岁留洋，受教名师，桃李天下，是一位具有献身科学精神的天才数学家，在国际概率和统计领域具有很高的知名度和影响力。在美国斯坦福大学统计系的走廊上，许宝騄的肖像照片是与世界上许多著名统计学家们并列在一起的。

（资料来源：作者根据相关资料整理）

课后习题

一、选择题

1. 非众数组的频数占总频数的比例称为（　　）。

A. 异众比率　　B. 离散系数　　C. 平均差　　D. 标准差

2. 四分位差是（　　）。

A. 上四分位数减下四分位数的结果　　B. 下四分位数减上四分位数的结果

C. 下四分位数加上四分位数　　D. 下四分位数与上四分位数的中间值

3. 下列关于众数的叙述，不正确的是（　　）。

A. 一组数据可能存在多个众数　　B. 众数主要适用于分类数据

C. 一组数据的众数是唯一的　　D. 众数不受极端值的影响

4. 一组数据的最大值与最小值之差称为（　　）。

A. 平均差　　B. 标准差　　C. 极差　　D. 四分位差

5. 比较两组数据的离散程度最适合的统计量是（　　）。

A. 极差　　B. 平均值　　C. 标准差　　D. 离散系数

6. 偏态系数测度了数据分布的非对称性程度。如果一组数据的分布是对称的，则偏态系数（　　）。

A. 等于 0　　B. 等于 1　　C. 大于 1　　D. 大于 1

7. 如果一组数据分布的偏态系数在 0.5~1 或 −1~−0.5 之间，则表明该组数据属于（　　）。

A. 对称分布　　B. 中等偏态分布　　C. 高度偏态分布　　D. 轻微偏态分布

8. 峰态通常是与标准正态分布相比较而言的，如果一组数据服从标准正态分布，则峰态系数的值（　　）。

A. 等于 0　　B. 大于 0　　C. 小于 0　　D. 等于 1

9. 如果静态系数 $k>0$，表明该组数据是（　　）。

A. 尖峰分布　　B. 扁平分布　　C. 左偏分布　　D. 右偏分布

10. 对于右偏分布，平均数、中位数和众数之间的关系是（　　）。

A. 平均数 > 中位数 > 众数　　B. 中位数 > 平均数 > 众数

C. 众数 > 中位数 > 平均数　　D. 众数 > 平均数 > 中位数

二、简答题

1. 简述众数、中位数、均值的特点与关系。

2. 离散系数如何使用？

3. 简述样本方差和总体方差的区别与联系。

第 4 章
概率基础

知识目标

1. 了解概率基础相关概念。
2. 掌握一些常用的数据的分布。

技能目标

1. 能够计算简单的概率值。
2. 能够利用 Excel 工具构建正态分布。

思政目标

能够运用辩证思维、战略思维来预判事物的发展趋势，从而把握工作的规律性。正确认识到发展从来都是各种矛盾相互交织、相互作用的综合结果。

案例引入

小概率事件——量变与质变

在概率论中，把概率接近于 0（即在大量重复试验中出现的频率非常低）的事件称为小概率事件。小概率事件在一次试验中是几乎不可能发生的，但在多次重复试验中是必然发生的，我们称这个原理为小概率事件原理。小概率事件原理是概率论中具有实际应用意义的基本理论。假定一件事的成功率是 1%，那么反复尝试 100 次，至少成功 1 次的概率大约是多少？成功率是 1%，意味着失败率是 99%。按照反复尝试 100 次来计算，失败率就是 99% 的 100 次方，约等于 37%，那么成功率应该是 100% 减去 37%，即 63%。一件成功率为 1% 的事倘若反复尝试 100 次，成功率竟然由 1% 奇迹般上升到 63%，这充分说明了一个道理——奇迹就在坚持中，也再次印证了“锲而舍之，朽木不折；锲而不舍，金石可镂”这句至理名言。

（资料来源：作者根据相关资料整理）

4.1 离散型随机变量及其分布

4.1.1 随机变量的定义

1. 随机变量及其分布函数

随机变量分为离散型随机变量与非离散型随机变量两种，随机变量的函数仍为随机变量。有些随机变量，它可能取到的全部不相同的值是有限个或可列无限个，也可以说概率 1 以一定的规律分布在各个可能值上。这种随机变量称为离散型随机变量。

【例 4-1】E_1：记录银行窗口办理业务客户的数量。

$\Omega_1=\{0, 1, 2, 3, \cdots\cdots\}$。

E_2：投掷一个骰子，出现的点数。

$\Omega_2=\{1, 2, 3, 4, 5, 6\}$。

E_3：持有某基金的天数。

$\Omega_3=\{t|t \geqslant 0\}$。

E_4：在土地里种下一粒种子。

$\Omega_4=\{$ 发芽，不发芽 $\}$。

E_5：在工厂生产的零件中任取一件。

$\Omega_5=\{$ 正品，次品 $\}$。

随机试验的结果虽然不是数量，但是可以将它数量化。例如在样本空间上定义一个集合函数

$$X=X(\omega), \quad \omega \in \Omega$$

$$X = X(\omega) = \begin{cases} 0, & \omega = \text{不发芽} \\ 1, & \omega = \text{发芽} \end{cases}$$

$$X = X(\omega) = \begin{cases} -1, & \omega = \text{次品} \\ 1, & \omega = \text{正品} \end{cases}$$

由于试验的结果是随机的，因而 $X = X(\omega)$ 的取值也是随机的，所以将 $X = X(\omega)$ 称为随机变量。

在随机试验 E 中，Ω 是对应的样本空间，如果对 Ω 中的每一个样本点 ω，有唯一一个实数 $X(\omega)$ 与它对应，那么就把这个定义域为 Ω 的单值实值函数 $X = X(\omega)$ 称为（一维）随机变量。

随机变量一般用大写字母 X，Y，Z 表示，引进随机变量后，随机事件及其概率可以通过随机变量来表达。

如果一个随机变量仅可能取有限或可列无限个值，则称其为离散型随机变量；而连续型随机变量则是可以取某一个区间或整个实数轴上的任意一个值。

2. 随机变量的直观解释

随机变量 X 是样本点的函数，这个函数的自变量是样本点，可以是数，也可以不是数，定义域是样本空间，而因变量必须是实数。这个函数可以让不同的样本点对应不同的实数，也可以让多个样本点对应一个实数。

4.1.2　离散型随机变量的概率分布

有些随机变量，它全部可能取到的值是有限个或可列无限多个，这种随机变量被称为离散型随机变量。例如，掷骰子游戏中，骰子点数可能的取值为 1、2、3、4、5、6 六个值，并且每一次掷骰子每个点数出现的概率为 1/6。离散型随机变量的数学表达式为

$$\Omega_x = \{x_1, x_2, \ldots, x_n \ldots\} \text{ 且 } P(X = x_i) = p_i \tag{4-1}$$

其中 p_i 满足：

（1）非负性　$\sum_{i=1}^{\infty} p_i = 1$；

（2）规范性　$p_i \geqslant 0 (i = 1, 2 \ldots)$，

那么称表达式 $P(X = x_i) = p_i$，$i = 1, 2 \ldots$ 为随机变量 X 的分布律。

换句话说，如果一个随机变量只可能取有限个值或可列无限个值，那么称这个随机变量为（一维）离散型随机变量。

一维离散型随机变量的分布律可表示为

X	x_1	x_2	…	x_n	…
概率	p_1	p_2	…	p_n	…

【例 4-2】

设随机变量X的分布律如下：

X	-1	-2	-3
概率	0.2	0.4	0.4

求：（1）$P(X\leqslant -0.7)$；

（2）X的分布函数$F(x)$。

解：（1）$P(X\leqslant -0.7)=P(X=-1)=0.2$；

（2）X的分布函数$F(x)$求解过程同例 1，可得

$$f(x)=\begin{cases}0, & x<-1,\\ 0.2, & -1\leqslant x<0,\\ 0.6, & 0\leqslant x<2,\\ 1,x & \geqslant 2.\end{cases}$$

4.1.3 期望值与方差

随机变量X是一个映射，把随机试验的结果与实数建立起一一对应的关系。而期望与方差是随机变量的两个重要的数字特征。

期望是度量一个随机变量取值的集中位置或平均水平的最基本的数字特征。概率是频率随样本趋于无穷的极限，期望是平均数随样本趋于无穷的极限。

方差用来度量随机变量和其数学期望（即均值）之间的偏离程度，表示随机变量取值的分散性的一个数字特征。方差越大，说明随机变量的取值分布越不均匀，变化性越强；方差越小，说明随机变量的取值越趋近于均值，即期望值。

协方差用于衡量两个随机变量的联合变化程度，反映两个变量变化时是同向还是反向。而方差是协方差的一种特殊情况，即变量与自身的协方差。

相关系数是消除了两个变量量纲影响、标准化后的特殊协方差。

1. 离散随机变量

（1）期望

$$E(X)=\sum_{i=1}^{\infty}x_i p_i \tag{4-2}$$

（2）方差

$$D(X)=\sum_{i=1}^{\infty}\left[x_i-E(X)\right]^2 p_i \tag{4-3}$$

2. 连续型随机变量特征值的计算方法

（1）期望

$$E(X)=\int_{-\infty}^{+\infty}xf(x)\mathrm{d}x=\mu \tag{4-4}$$

（2）方差

$$D(X)=\int_{-\infty}^{+\infty}[x-E(X)]^2 f(x)\mathrm{d}x \tag{4-5}$$

（3）协方差

$$Cov(X,\ Y)=E\left[X-E(X)\right]E\left[Y-E(Y)\right] \tag{4-6}$$

（4）相关系数

$$\rho_{XY}=\frac{Cov(X,Y)}{\sqrt{D(X)}\sqrt{D(Y)}} \tag{4-7}$$

（5）期望收益率计算公式

HPR =（期末价格 － 期初价格 ＋ 现金股息）/ 期初价格　　（4-8）

【例 4-3】A 股票过去三年的收益率为 3%、5%、4%，B 股票在下一年有 30% 的概率收益率为 10%，40% 的概率收益率为 5%，另 30% 的概率收益率为 8%。计算 A、B 两只股票下一年的预期收益率。

解：

A 股票的预期收益率 $=\frac{3\%+5\%+4\%}{3}=4\%$，

B 股票的预期收益率 =10%×30%+5%×40%+8%×30%=7.4%。

【例 4-4】股票近 5 个交易日价格为 43，45，44，42，41，求该阶段股票价格的方差。

解：平均数 =（43+45+44+42+41）/5=43

S^2 =【（43−43）^2+（45−43）^2+（44−43）^2+（42−43）^2+（41−43）^2】/5

=（0+4+1+1+4）/5

=2

投资组合的方差是投资组合中每种资产的风险的综合衡量，反映了投资组合中所有资产的波动程度，以及投资组合中各资产间的相关性。协方差是投资组合中每种资产之间的相互影响，反映了投资组合中各资产之间的相关性。

方差可以用来衡量一组数据的离散程度，即一组数据中各个数据与其平均值之间的差异。它可以帮助人们更好地理解数据的分布情况，有助于人们对数据进行更准确的分析。

3. 方差的应用

（1）可以用来比较不同样本的差异程度，从而分析样本之间的差异。

（2）可以用来衡量某一组数据的精确度，从而分析数据的可靠程度。

（3）可以用来衡量分类变量的数据分布，从而了解不同分类变量之间的差异。

（4）可以用来衡量数据的异常程度，从而分析数据中是否存在异常值。

（5）可以用来衡量某一变量的变化程度，从而分析变量的变化趋势。

（6）可以用来衡量数据的集中趋势，从而分析数据的变化趋势。

（7）可以用来衡量数据的聚集程度，从而分析数据的聚集趋势。

（8）可以用来衡量因变量和自变量之间的关系，从而分析因变量与自变量之间的关系。

【例 4-5】某两只股票近三个月价格为 $X_i=1.1$，1.9，3，$Y_i=5.0$，10.4，14.6，求该投资组合协方差。

解：$E(X)=(1.1+1.9+3)/3=2$

$E(Y)=(5.0+10.4+14.6)/3=10$

$E(XY)=(1.1\times5.0+1.9\times10.4+3\times14.6)/3=23.02$

$Cov(X, Y)=E(XY)-E(X)E(Y)=23.02-2\times10=3.02$

4. 协方差的应用

协方差可以用来衡量两个变量之间的线性相关性，如果两个变量之间有正相关，那么协方差的值会大于零；如果两个变量之间有负相关，那么协方差的值会小于零；如果两个变量之间没有相关性，那么协方差的值会等于零。

协方差可以用来计算风险，因为风险的增加是多个因素共同作用的结果，而协方差可以帮助人们理解不同因素之间的相关性，以帮助人们更好地评估风险的可能性。

此外，协方差还可以用来确定投资组合的最佳组合，因为协方差可以帮助人们了解不同投资之间的相关性，从而帮助人们确定投资组合中最佳的资产配置。

4.1.4 二项分布

设随机试验 E，只关心某个事件 A 发生与否，此时试验的结果可以看成两种：A 发生或者 $\bar{A}$ 不发生。那么称这个试验为伯努利试验。

在 n 重伯努利试验中，若以 X 表示事件 A 在 n 次试验中出现的次数。

则 X 的取值为 0, 1, 2, …，n，相应的概率为

$$P(X=K)=C_n^k p^k(1-p)^{n-k}, (k=0,1,2,\dots, n) \tag{4-9}$$

分布律为

X	0	1	…	k	…	n
P	$(1-p)^n$	$C_n^1 p(1-p)^{n-1}$	…	$C_n^k p^k(1-p)^{n-k}$	…	p^n

其中 p 为事件 A 发生的概率，则称 X 服从参数为 n，p 的二项分布，记成

$$X\sim B(n, p)$$

在概率论中，二项分布是一个重要的分布，在许多独立重复试验中，都具有二项分布的形式。

若二项分布 $X\sim B(n, p)$ 中取 $n=1$，相应的分布律为

X	0	1
P	$1-p$	p

即随机变量X的取值为 0，1，相应的概率记为

$$P(X=1)=p,\ P(X=0)=1-p,(0<p<1)$$

则二项分布又称服从 0−1 分布（或两点分布）。

【例 4−6】某人对目标股票复购 5 次，每次成交上涨的概率为 0.8，求（1）此人的目标股票成交后 3 次上涨的概率；（2）此人的目标股票至少上涨 2 次的概率。

解：设X表示目标股票 5 次复购上涨次数，则$X\sim B(5,0.8)$，

$$P(X=3)=C_5^3\times0.8\times0.2^2=0.2048$$

$$P(X\geqslant2)=1-(P<2)=0.99328$$

【例 4−7】某金融科技公司研发量化投资模型，经过回测后，下跌概率仅为 2%，若从中有重复随机抽取 10 只股票进行回测，试计算这 10 只股票中：

（1）没有下跌的概率是多少？

（2）恰好有 1 次下跌的概率是多少？

（3）有 3 次以下下跌的概率是多少？

解：根据题意，每抽取一次回测相当于一次试验，由于感兴趣的是“下跌”的次数，因此将“下跌”定义为“成功”，下跌概率即为“成功”的概率p。股票池随机抽取，故每次试验都是相互独立的，并且下跌率在每次试验中保持不变，这就是n次伯努利试验。因此，在按照上述方式抽取的 10 只股票回测中下跌数X服从二项分布$B(10,0.02)$。

使用 Excel 中的【BINOM. DIST】函数可以分别计算得到：

（1）$P(X=0)=p(0)=0.817073$

（2）$P(X=1)=p(1)=0.16675$

（3）$P(X<3)=p(0)+p(1)+p(2)=0.999136$

4.1.5 泊松分布

泊松分布是 1837 年由法国数学家泊松首次提出的，设随机变量X的分布律为

$$P=\{X=k\}=\sum_{k=0}^{\infty}\frac{\lambda^k}{k!}e^{-\lambda},\quad k=0,1,2,\ldots \tag{4-10}$$

微课：泊松分布

则称X服从参数为 λ 的泊松分布，记为$X\sim P(\lambda)$，由无穷级数可知

$$\sum_{k=0}^{\infty}\frac{\lambda^k}{k!}e^{-\lambda}=1$$

泊松分布也是一种常用的离散型分布，它常常与计数过程相联系，例如某一时段内某网站的点击量，早高峰时间段内驶入高架道路的车辆数，一本书上印刷错误的字数。

【例 4−8】某纺织厂有 80 台纺织机，每台机器工作相互独立，若每台机器出故障的概率均为 0.01，现有两种方案配备维修人员。方案一：配备 4 名维修工，每人分别负责 20 台机器；

方案二：配备 3 名维修工，3 人一起负责 80 台机器。试比较两种方案下机器发生故障时需要等待的概率，以便做出决策。

解：用 X 表示同一时间机器发生故障的台数，则第一种方案 $X \sim B(20,0.01)$。第一种方案下，每个人负责的 20 台机器中如果超过 1 台发生故障就需要等待，利用泊松分布近似代替二项分布，可得机器发生故障时需要等待的概率为 0.0175。第二种方案 $X \sim B(80,0.01)$，这种方案 3 个人一起负责 80 台机器，则 80 台机器中超过 3 台发生故障就需要等待，泊松分布近似代替二项分布，则机器发生故障需要等待的概率为 $P(X>3) \approx 0.0091$。可见第二种方案下，虽然配备的人员少，但由于团结协作，发生故障后需要等待的概率反倒低一些。俗话说"一根筷子容易断，一把筷子难折断""众人划桨大浪高"，个人的力量是有限的，只有个人投入到集体团队中，通过高效沟通、良好协作，才能激发出无限力量，实现自身价值。

【例 4-9】已知一购物网站每周销售基金产品的数量 X 服从参数为 6 的泊松分布。假定上周没有库存，且本周不再进货，问：每周至少预备多少种基金产品才能保证该周不脱销的概率不小于 0.9？

解：根据题意，$P(X \leqslant n) \geqslant 0.9$ 且 $P(X \leqslant n-1) < 0.9$，解得 $P(X \leqslant 8)$ =0.847237，$P(X \leqslant 9)$ = 0.916076，所以周初预备 9 种基金产品时，能满足 90% 的顾客需求而不脱销。

在 n 重伯努利试验中，记 A 事件在一次试验中发生的概率为 p_n，当 $n \to +\infty$ 时，有

$$np \to \lambda$$

对于任意一个非负整数 k，有

$$\lim_{n \to +\infty} C_n^k p_n^k (1-p)^{n-k} = \frac{\lambda^k}{k!} e^{-\lambda}$$

根据泊松定理可知：二项概率可以用泊松分布的概率值来近似。

【例 4-10】设某保险公司的某人寿保险险种有 1000 人投保，每个投保人在一年内死亡的概率为 0.005，且每个人在一年内是否死亡是相互独立的，试求在未来一年内这 1000 个投保人中死亡人数不超过 10 人的概率。

解：记 X 为未来一年内这 1000 个投保人中死亡人数，则有 $X \sim B(1000,0.005)$，此时可近似看作参数为 5 的泊松分布，则

$$P(X \leqslant 10) = \sum_{k=0}^{10} C_{1000}^k 0.005^k \times 0.995^{1000-k} \approx 0.986$$

【例 4-11】假设位于核心地段的银行网点，下午时段平均每小时有 48 位客户前来办理业务，试计算每 10 分钟内至少有 3 位客户办理业务的概率是多少？

解：根据题意，由于感兴趣的是"每 10 分钟内"前来办理业务的客户，因此将"单位时间"定义为 10 分钟。平均每小时有 48 位客户办理业务，那么单位时间到店消费的平均人数为 48÷60×10=8（位）。理论上可以假设，下午时段单位时间办理业务的平均人数保持不变，并且不同时间段内办理业务人数相互之间是独立的，因此，每 10 分钟内办理业务的人数 X 服从泊松分布 $P(8)$。

使用 Excel 中的【POISSON. DIST】函数可以计算得到

$$P(X \geqslant 3)=1-p(0)-p(1)-p(2)=0.986246$$

小专栏

泊松定理与概率

1806 年 6 月 24 日法国政府颁布法令，容忍巴黎开设赌场，并将赌场收益用于军队建设。当时最受欢迎的赌场游戏叫作“三十四十”，也被称为“红色黑色”。每年赌徒仅在这项游戏上的花费就超过 2.3 亿法郎。泊松敏锐地注意到了这一社会现象并把赌场中的游戏规则转换为概率问题并成功完成其推导过程。赌场优势（house advantage）是泊松接触到的第一个概率问题。他起步虽晚 ，但擅于从生活实际出发，选取普及性最广的数学问题进行研究。事实上，泊松在概率论领域的贡献除了著名的泊松分布外主要分为三个部分：出生统计与泊松推理理论、拉普拉斯定理与误差理论、大数定律与判断概率。

男女出生比例问题是泊松入职经度局接手的第一项统计研究，泊松作为一名数学家主要负责监管人口数据的统计工作。当时人们已经意识到，男孩和女孩每年的出生比例相对稳定，男孩的数量相对较高。人们还知道这种相对稳定的比例与抛硬币时观察到的正面与反面的比例非常相似。因此，泊松的研究重点随即转向男女比例的精确变化以及判断年份或国家之间观测偏差是否在理论范围内。在泊松之前，这些问题曾被多个学者讨论并研究。1780 年，拉普拉斯首先采用贝叶斯方法（Bayes method）进行推导，但以失败告终。1786 年，泊松用拉普拉斯方法（Laplace method）求出了包含大指数因子的积分，并得出结论：①男孩出生概率伦敦大于巴黎；②那不勒斯王国也是如此，但程度较轻；③一个多世纪以来 ，每年出生的男孩都比女孩多。1816 年，在统计上突出贡献仅次于泊松的数学家托德亨特（Todhunter）提出了“反伯努利法（inverse-Bernoullimethod）”，这种方法一经提出即被官方正式使用。而泊松则在前人的研究基础上不仅给出了这种非贝叶斯方法的渐近证明，还在拉普拉斯的基础上针对人口学特征进一步细化分析。他总结出以下结论：①男女出生比率为 16∶15，而不是以前认为的 22∶21；②男女出生性别比在法国南部和在整个法国几乎是一样的，不受气候变化的影响；③非法生育的比值约为 21∶20，远低于合法生育的比值。泊松并没有因为提出更完善的推导方法、得到更为精细的结论而发起学术斗争。相反，他一直在执着地挖掘和完善概率论的相关问题。他认为我们永远无法获得真理，但可以积累部分真理来尽量接近真理。

［资料来源：夏元睿，吴俊，叶冬青 . 泊松分布与概率论的发展——西蒙 · 丹尼尔 · 泊松 [J]. 中华疾病控制杂志，2019，23（7）：881-884，有改动］

4.2 连续型随机变量及其分布

4.2.1 概率密度和分布函数

1. 连续型随机变量的定义

给定一个连续型的随机变量X，如果存在一个定义域为$(-\infty,+\infty)$的非负实值函数$f(x)$，则X的分布函数$F(x)$可以表示为

$$F(x)=\int_{-\infty}^{x} f(t)\mathrm{d}t, \qquad -\infty < x < +\infty \tag{4-11}$$

那么称$f(x)$为连续型随机变量X的概率密度函数。

概率密度函数满足下面两个条件

$$f(x)\geqslant 0,\ -\infty < x < +\infty$$

$$\int_{-\infty}^{+\infty} f(x)\mathrm{d}x = 1$$

对照一下离散型随机变量的分布律所满足的两个条件

$$p_i \geqslant 0, \sum_i p_i = 1$$

$$\int_{-\infty}^{+\infty} f(x)\mathrm{d}x = F(+\infty) = 1$$

这两个条件同样刻画了密度函数的特征性质，即如果有实值函数具备这两条性质，那么它必定是某个连续型随机变量的概率密度函数。

分布函数和概率密度函数的关系如图 4-1 所示，在几何上体现为

$$F(x)=\int_{-\infty}^{x} f(t)\mathrm{d}t, \qquad -\infty < x < +\infty \tag{4-12}$$

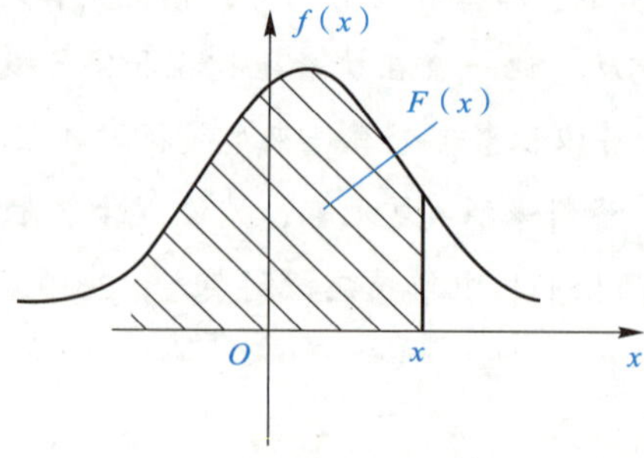

图 4-1　分布函数的图解

2. 连续型随机变量的性质

设 X 是任意连续型随机变量，且 $F(x)$ 与 $f(x)$ 分别是它的分布函数与概率密度函数，则有

$$f(x) \geqslant 0 \tag{4-13}$$

若 $f(x)$ 在点 x 处连续，则有

$$F'(x) = f(x) \tag{4-14}$$

对任意常数 $c(-\infty < c < +\infty)$，则有

$$P(X = c) = 0 \tag{4-15}$$

结合前面内容可知

$$P(a \leqslant X \leqslant b) = P(a < X < b) = P(a \leqslant X < b) = P(a < X \leqslant b) = \int_a^b f(x)\mathrm{d}x \tag{4-16}$$

$$\int_{-\infty}^{+\infty} f(x)\mathrm{d}x = 1 \tag{4-17}$$

【例 4-12】设随机变量 X 的概率密度函数为

$$f(x) = \begin{cases} 3x^2, & 0 < x < 1, \\ 0, & 其他, \end{cases}$$

求：（1）$P(|X| < 0.5)$；

（2）X 的分布函数 $F(x)$。

解：（1）$P(|X| < 0.5) = \int_{-0.5}^{+0.5} f(x)\mathrm{d}x = 0\int_{-0.5}^{0.5} 3x^2\mathrm{d}x = 0.125$

（2）

$$F(x) = \begin{cases} 0, & x < 0 \\ \int_0^x 3t^2\mathrm{d}t, & 0 \leqslant x < 1 \\ \int_0^1 3x^2\mathrm{d}x, & x \geqslant 1 \end{cases}$$

$$= \begin{cases} 0, & x < 0 \\ x^3, & 0 \leqslant x < 1 \\ 1, & x \geqslant 1 \end{cases}$$

X 的函数分布如图 4-2 所示。

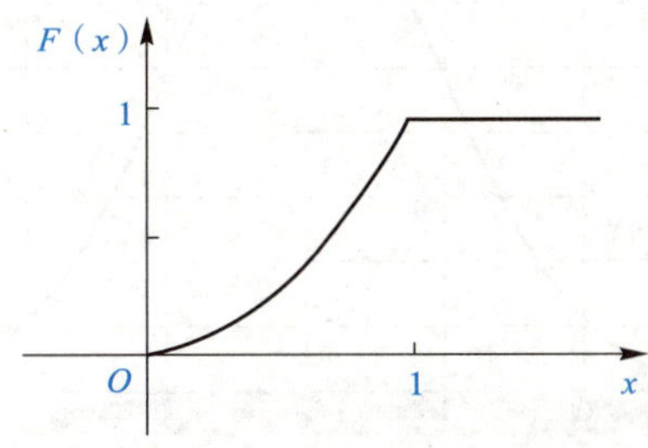

图 4-2 X 的分布函数图

4.2.2 正态分布

微课：正态分布

正态分布也叫常态分布高斯分布，是连续随机变量概率分布的一种，自然界中，人类社会、心理和教育中的大量现象均服从正态分布。正态分布离不开偶然与必然。偶然性是指客观事物发生联系和发展过程中的一种可能性趋势，必然性是指客观事物发生联系和发展过程中一种不可避免的趋向，必然性产生于事物的内部、本质。科学探索的任务是要透过大量的偶然性揭示其中的必然性，使认识运动实现由现象到本质、由个别到一般、由经验到理论的过渡。根据中心极限定理，如果一个事物受到多种因素的影响，不管每个因素本身服从什么分布，它们相加后结果的平均值就是正态分布。

正态分布有极其广泛的实际应用背景，生产与科学实验中很多随机变量的概率分布都可以近似地用正态分布来描述。一般来说，如果一个量是许多微小的独立随机因素影响的结果，那么就可以认为这个量服从正态分布。譬如，人的身高既有先天因素（基因），也有后天因素（营养）。每一种因素对身高的影响都是一个统计量，不管这些统计量本身是什么分布，它们和的平均值都符合正态分布。许多事物都会受到多种因素的影响，这导致了这些事物都近似服从正态分布。

正态分布是概率论中最重要的分布，也是自然界最常见的一种分布。在数学、物理及工程等领域都非常重要，在统计学的许多方面有着重大的影响力。

设随机变量 X 的概率密度函数为

$$f(x)=\frac{1}{\sqrt{2\pi}\sigma}\mathrm{e}^{-\frac{1}{2\sigma^2}(x-\mu)^2}, \quad -\infty<x<+\infty \tag{4-18}$$

其中 μ，σ（$\sigma>0$）为常数，则称 X 服从参数为 μ，σ 的正态分布或者高斯分布，即为 $X\sim N\left(\mu,\sigma^2\right)$，其中 μ 为随机变量 X 的均值，σ 为随机变量 x 的标准差。正态分布的密度函数曲线图像如图 4-3 所示。

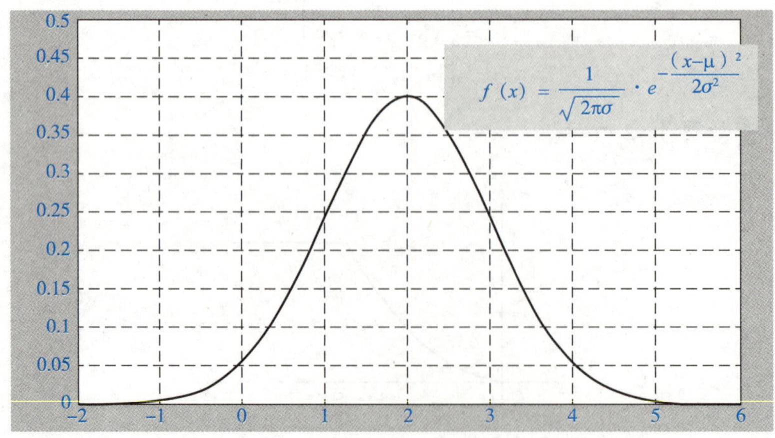

图 4-3　正态分布函数图像

如图 4-4 所示，正态分布概率密度函数$f(x)$的图形关于$x=\mu$对称，$f(x)$在$x=\mu$处取得最大值$f(x)=\frac{1}{\sqrt{2\pi}\sigma}$，当$|x|\to\infty$时，$f(x)\to 0$。

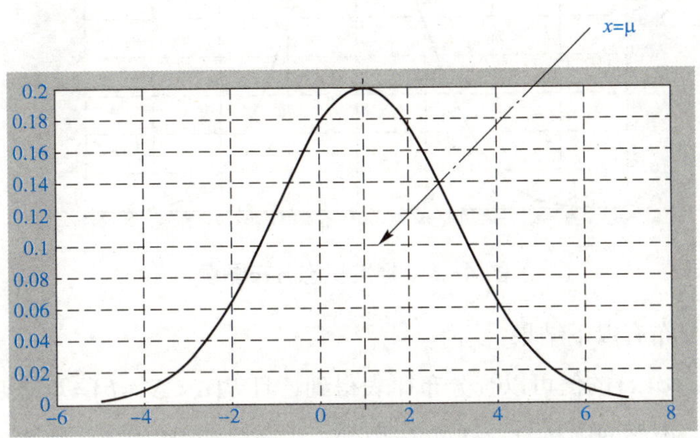

图 4-4　正态分布的期望点

如图 4-5 所示，当σ^2较大时曲线比较平坦，当σ^2较小时曲线比较陡峭。

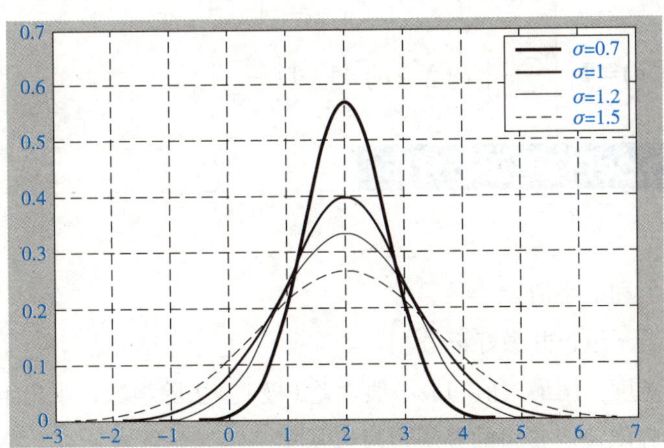

图 4-5　不同标准差的正态分布图像

有一种较为特殊的正态分布，当$\mu=0$，$\sigma^2=1$时的正态分布称为标准正态分布。其概率密度函数和分布函数分别为

$$\varphi(x)=\frac{1}{\sqrt{2\pi}}\mathrm{e}^{-\frac{x^2}{2}},\qquad -\infty<x<+\infty \tag{4-19}$$

$$\Phi(x)=\int_{-\infty}^{x}\phi(t)\mathrm{d}t=\int_{-\infty}^{x}\frac{1}{\sqrt{2\pi}}\mathrm{e}^{-\frac{t^2}{2}}\mathrm{d}t \tag{4-20}$$

标准正态分布密度函数图形如图 4-6 所示。

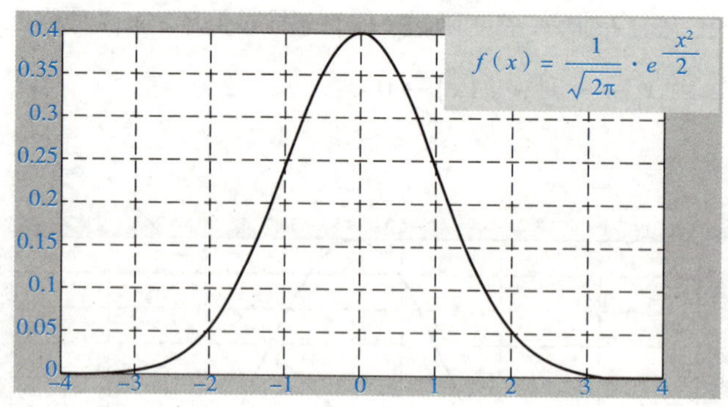

图 4-6　标准正态分布图像

关于标准正态分布有以下结果：

(1) 当 $x>0$ 时，$\phi(x)$ 的值可以查分布律表得到，且 $P(a<X\leqslant b)=\Phi(b)-\Phi(a)$。

(2) 当 $x<0$ 时，由密度函数对称性可得 $\Phi(x)=1-\Phi(-x)$，特别地，有 $\Phi(0)=\frac{1}{2}$。

(3) 若 $X\sim N\left(\mu,\sigma^2\right)$，则

$$P(a<X\leqslant b)=\Phi\left(\frac{b-\mu}{\sigma}\right)-\Phi\left(\frac{a-\mu}{\sigma}\right)$$

特别地，$P(X\leqslant b)=\Phi\left(\frac{b-\mu}{\sigma}\right)$，$P(X>a)=1-\Phi\left(\frac{a-\mu}{\sigma}\right)$。

4.2.3　利用 Excel 构造正态分布

1. 制作思路

(1) 求出其最大值和最小值。

(2) 将数据分成若干组，并做好记号。

(3) 计算组距的宽度。用最大值和最小值之差（极差）去除组数，求出组距的宽度。

(4) 计算各组的界限位。各组的界限位可以从第一组开始依次计算，第一组的下界为最小值减去最小测定单位的一半，第一组的上界为其下界值加上组距。第二组的下界限位为第一组的上界限值，第二组的下界限值加上组距，就是第二组的上界限位，依此类推。

(5) 统计各组数据出现频数，作频数分布表。

(6) 作直方图。以组距为底长，以频数为高，作各组的矩形图。

2. 注意事项

(1) 数据量在 50 个以上。

(2) 分组数在 5~12 个为宜。

(3) 在直方图上应标注出公差范围 (T)、样本容量 (n)、样本平均值 (x)、样本标准偏差值 (s) 和 x 的位置。

3. 具体步骤

（1）在 Excel 中创建一个新的工作表，并输入以下标题：x 值、平均值、标准偏差、正态分布。这些标题将用于在工作表中创建正态分布曲线。

（2）在“x 值”列中输入一系列数字，这些数字将用于创建正态分布曲线。这些数字可以按照任意顺序排列，但建议使用等距离的值以获得更准确的曲线。

（3）在“平均值”列中输入正态分布的平均值。这是曲线的中心点，通常设置为 0。

（4）在“标准偏差”列中输入正态分布的标准偏差。这是曲线的形状和大小的关键因素。可以使用 Excel 内置的“STDEV”函数来计算数据集的标准偏差。

（5）在“正态分布”列中输入正态分布的值。可以使用 Excel 内置的“NORMDIST”函数来计算每个 x 值对应的正态分布值。“NORMDIST”函数的语法如下：

NORMDIST (x, mean, standard_dev, cumulative)

其中，“x”是要计算的值，“mean”是正态分布的平均值，“standard_dev”是正态分布的标准偏差，“cumulative”是一个逻辑值，表示是否计算累积概率密度函数（CDF）。对于绘制正态分布曲线，“cumulative”应该设置为“FALSE”。

（6）选中“x 值”列和“正态分布”列中的所有数据，然后，在 Excel 菜单栏中选择“插入”选项卡，然后选择“散点图”下的“散点图”。这将在工作表中创建一个散点图。

（7）在图表中右键单击任意一个数据点，并选择“添加趋势线”选项。在弹出的对话框中，选择“正态分布”类型，并确保选择“显示方程式在图表上”和“显示 R 平方值在图表上”选项。单击“确定”按钮。

（8）正态分布曲线将自动绘制在散点图上，并显示方程式和 R 平方值。可以通过更改平均值和标准偏差的值来调整曲线的形状和位置。

【例 4-13】以一组身高数据为例，利用 Excel 的基础函数功能，构造正态分布。

（1）打开 Excel，如图 4-7 所示。

（2）计算平均值，如图 4-8 所示。

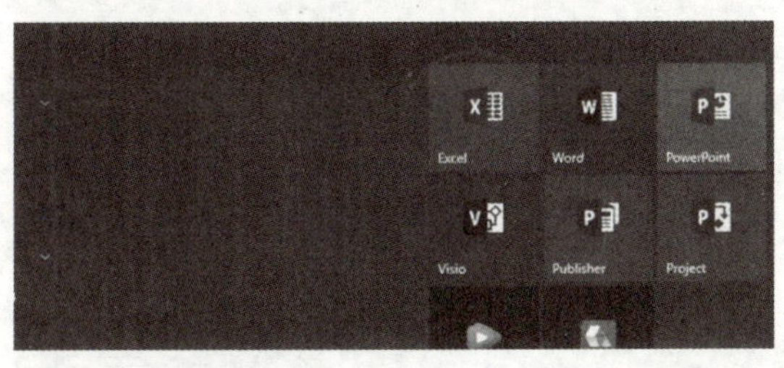

图 4-7　打开 Excel 界面

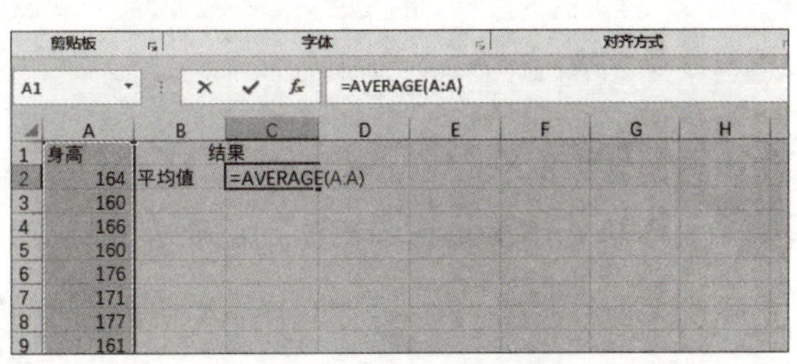

图 4-8　计算平均值公式

（3）计算标准差，如图 4-9 所示。

（4）计算坐标下限数据，如图 4-10 所示。

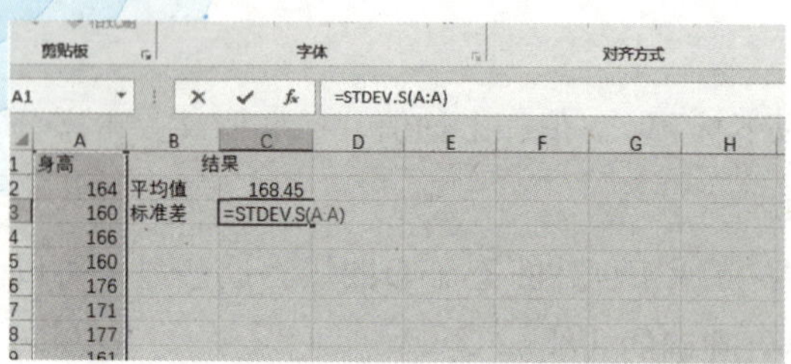

图 4-9 计算标准差公式

	A	B	C
1	身高		结果
2	164	平均值	168.82
3	160	标准差	11.1925
4	166		
5	160	组	25
6	176	组距	
7	171	上下限与平均值距离	4
8	177	组坐标下限	=C2-C7*C3
9	161	组坐标上限	190
10	155		
11	163		
12	156		

图 4-10 计算坐标下限数据

(5) 计算坐标上限数据，如图 4-11 所示。

(6) 计算组距，如图 4-12 所示。

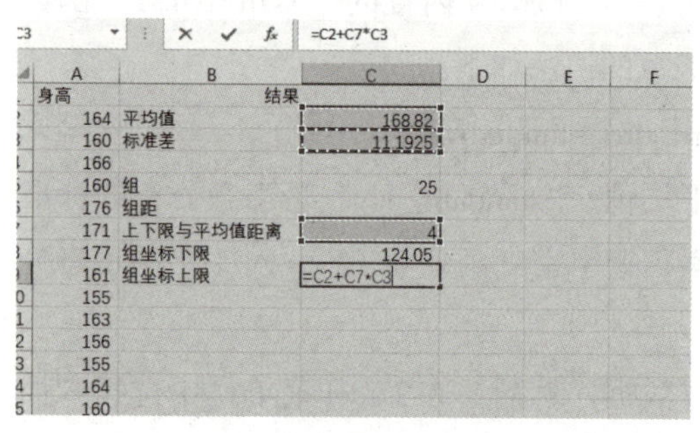

图 4-11 计算坐标上限数据

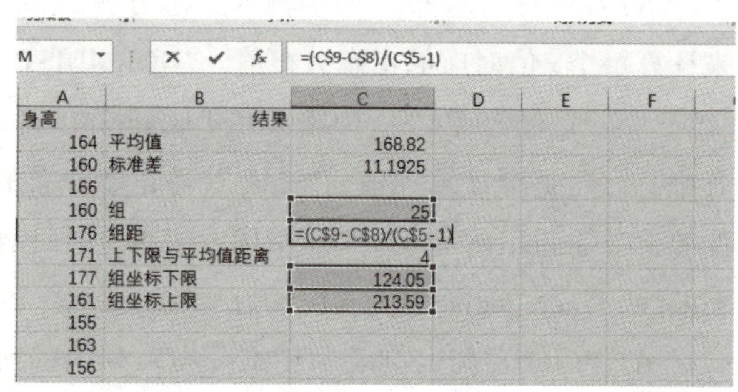

图 4-12 计算组距

(7) 填充组，如图 4-13 所示。

(8) 计算组 1 坐标，如图 4-14 所示。

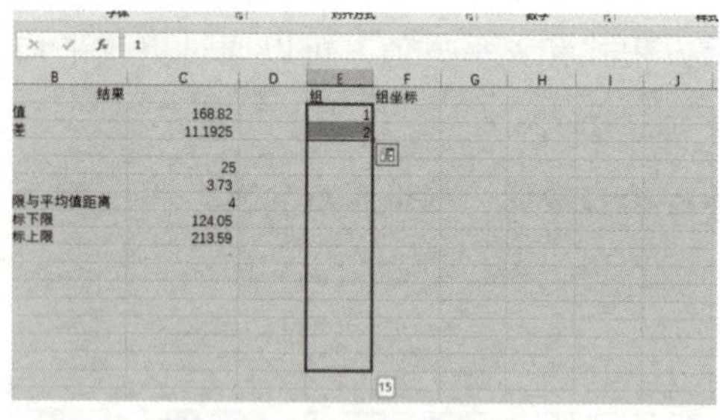

图 4-13 填充组

B	C	D	E	F
	结果		组	组坐标
平均值	168.76		1	=C8
标准差	11.1510		2	
			3	
组	25		4	
组距	3.72		5	
上下限与平均值距离	4		6	
组坐标下限	124.16		7	
组坐标上限	213.36		8	

图 4-14 计算组 1 坐标

(9) 计算组 2 坐标，如图 4-15 所示。

(10) 填充组坐标，如图 4-16 所示。

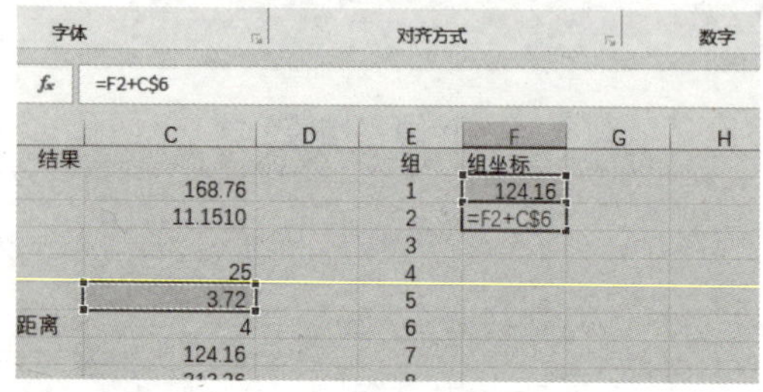

图 4-15 计算组 2 坐标

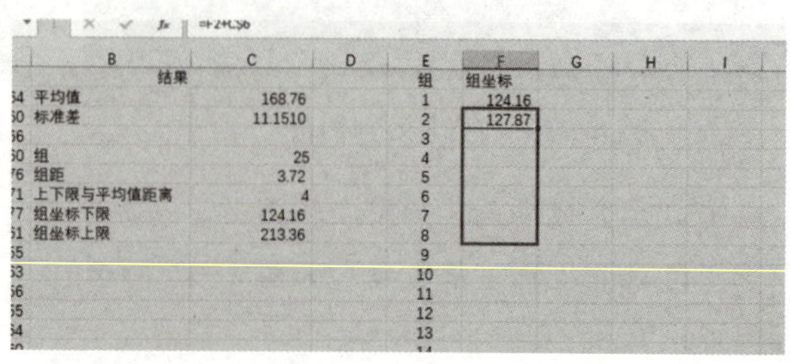

图 4-16 填充组坐标

（11）小数位数设置为 0，如图 4-17 所示。

（12）计算频数，如图 4-18 所示。

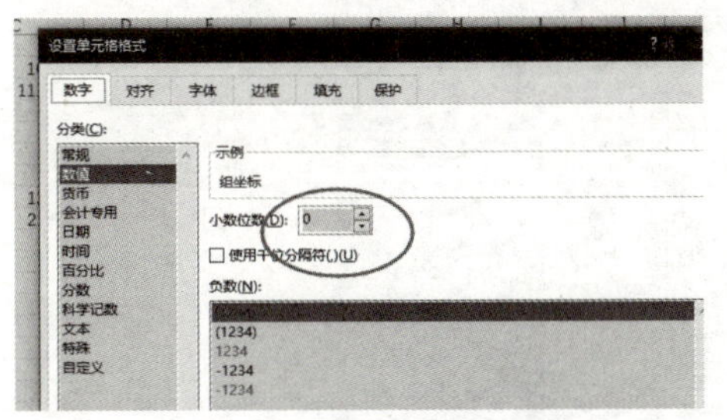

图 4-17　设置小数点位数

D	E	F	G	H	I	J
	组	组坐标	频数			
	1	124	=COUNTIF(A:A,"<="&F2)			
	2	128				
	3	132	0			
	4	135	0			
	5	139	0			

图 4-18　计算频数

（13）计算结果如图 4-19 所示。

B	C	D	E	F	G
结果			组	组坐标	频数
平均值	170.30		1	123	0
标准差	11.7734		2	127	0
			3	131	0
组	25		4	135	0
组距	3.92		5	139	0
上下限与平均值距离	4		6	143	0
组坐标下限	123.20		7	147	0
组坐标上限	217.39		8	151	23
			9	155	70
			10	159	99
			11	162	89
			12	166	84
			13	170	92
			14	174	88
			15	178	84
			16	182	97
			17	186	71
			18	190	84
			19	194	24
			20	198	0
			21	202	0

图 4-19　计算结果

（14）计算正态分布曲线函数值，如图 4-20 所示。

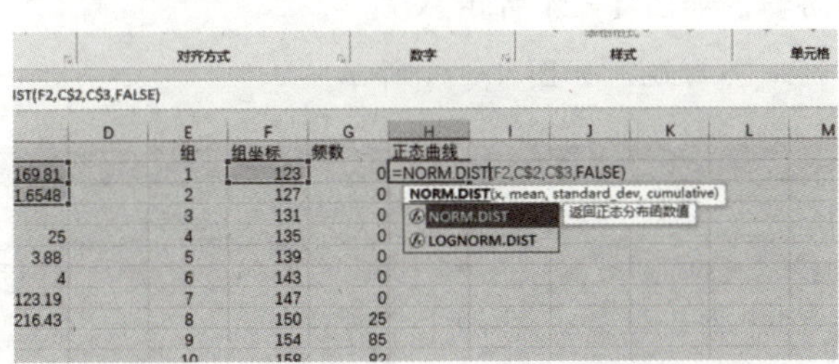

图 4-20　计算正态分布曲线函数值

（15）填充结果如图 4-21 所示。

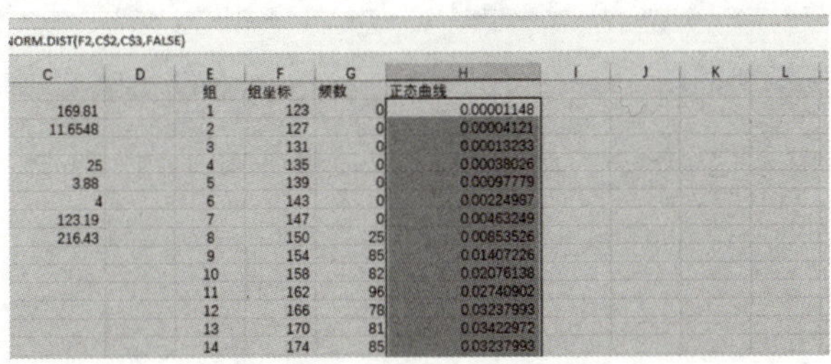

NORM.DIST(F2,C$2,C$3,FALSE)

C	D	E	F	G	H
		组	组坐标	频数	正态曲线
169.81		1	123	0	0.00001148
11.6548		2	127	0	0.00004121
		3	131	0	0.00013233
25		4	135	0	0.00038026
3.88		5	139	0	0.00097779
4		6	143	0	0.00224987
123.19		7	147	0	0.00463249
216.43		8	150	25	0.00853526
		9	154	85	0.01407226
		10	158	82	0.02076138
		11	162	96	0.02740902
		12	166	78	0.03237993
		13	170	81	0.03422972
		14	174	85	0.03237993

图 4-21　填充结果

(16) 插入柱状图，如图 4-22 所示。

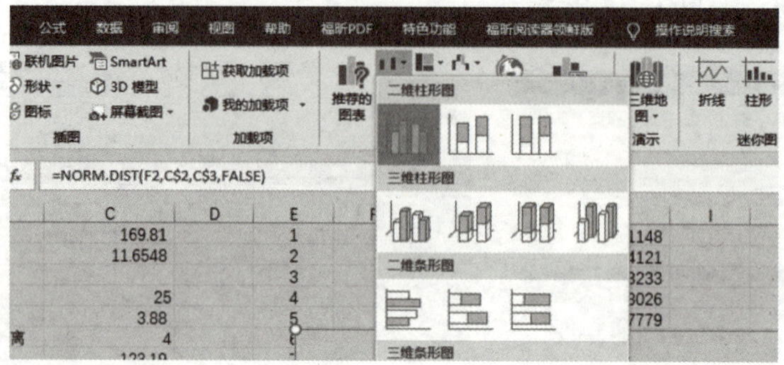

图 4-22　插入柱状图

(17) 点击选择数据，如图 4-23 所示。

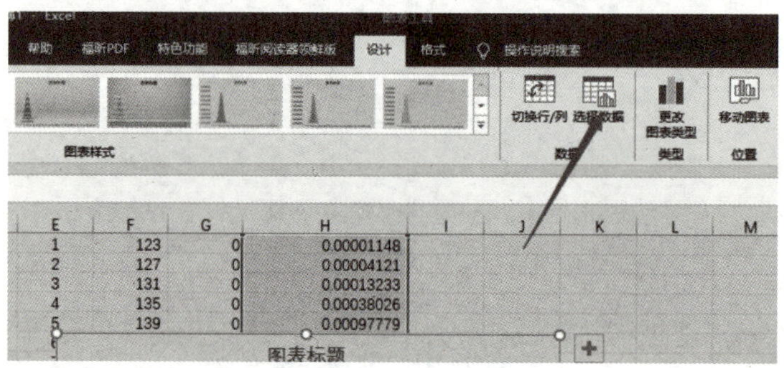

图 4-23　选择数据

(18) 点击添加数据向量，如图 4-24 所示。

(19) 添加频数数据和正态曲线，如图 4-25 所示。

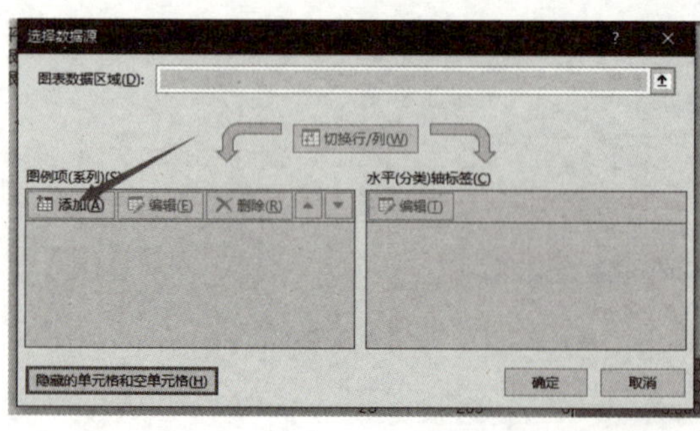

图 4-24　添加数据向量

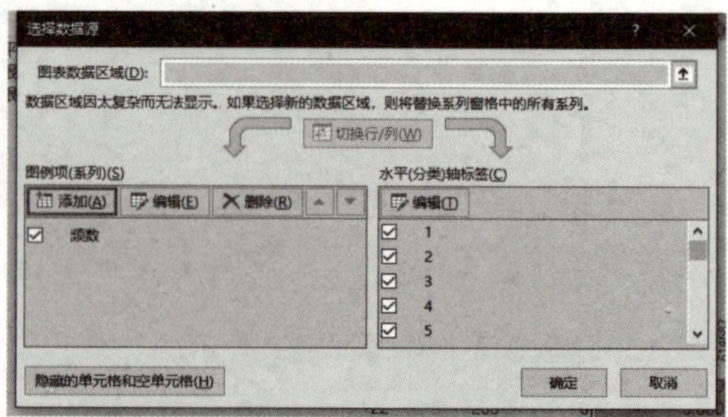

图 4-25　添加频数数据

(20) 编辑轴标签如图 4-26 所示，输入轴标签数据如图 4-27 所示。

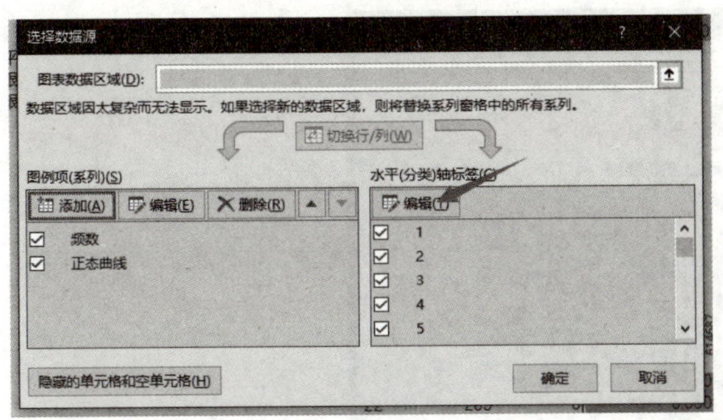

图 4-26　编辑轴标签

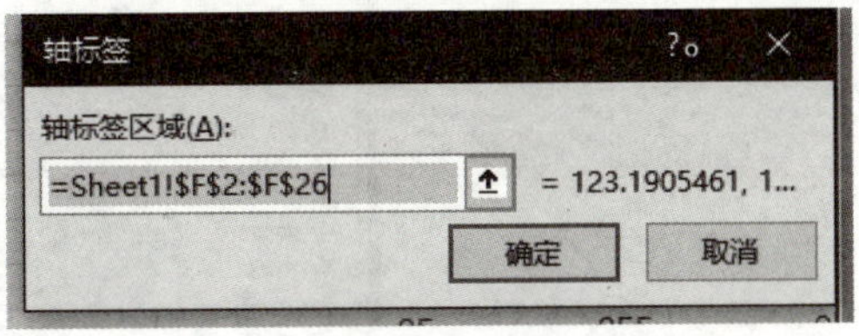

轴标签
轴标签区域(A):
=Sheet1!$F$2:$F$26　= 123.1905461, 1...
确定　取消

图 4-27　输入轴标签数据

(21) 选中图表，如图 4-28 所示。

(22) 点击绘图区选项如图 4-29 所示。

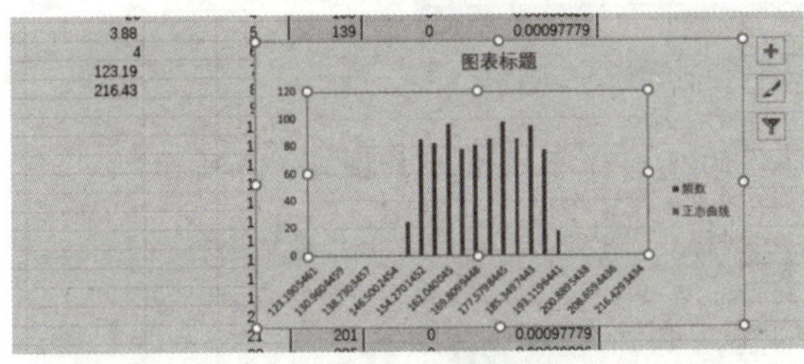

图 4-28　选中图表

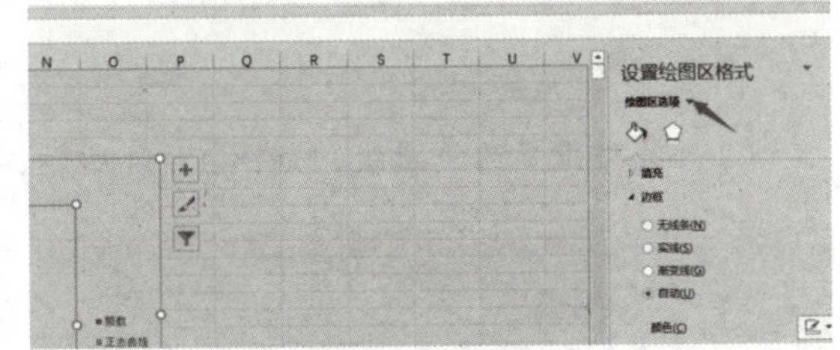

图 4-29　点击绘图区选项

(23) 选择“系列‘正态曲线’”，如图 4-30 所示。

(24) 设置次坐标轴，如图 4-31 所示。

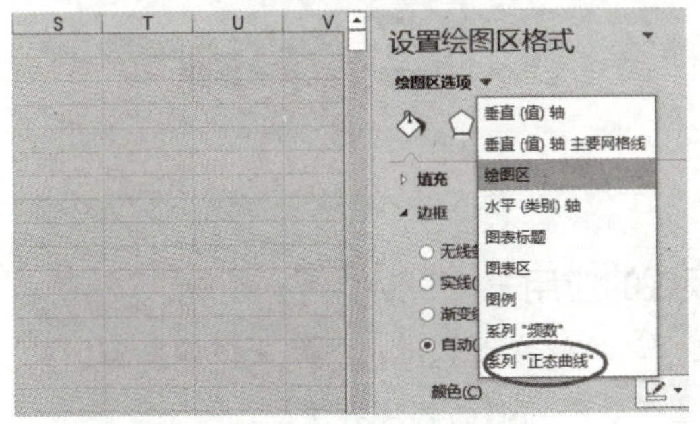

图 4-30　选择“系列‘正态曲线’”

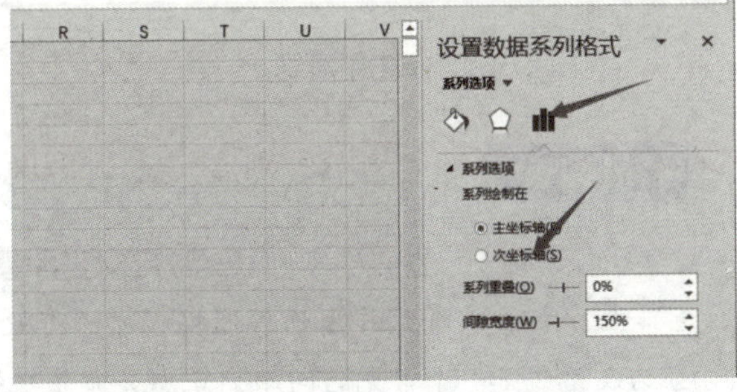

图 4-31　点击次坐标轴

(25) 点击更改图表类型，如图 4-32 所示，更改次坐标轴上的折线图信息如图 4-33 所示。

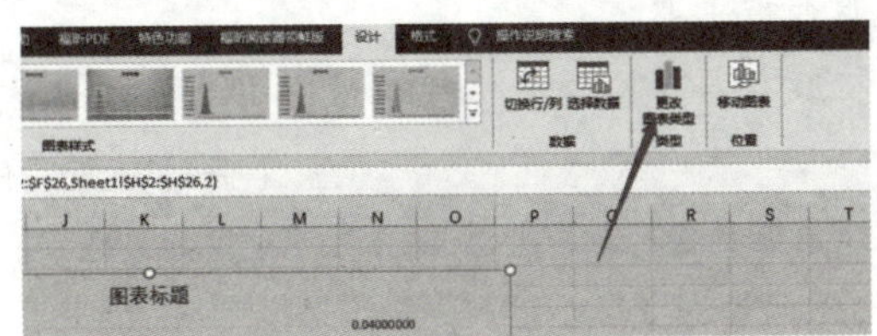

图 4-32　点击更改图表类型

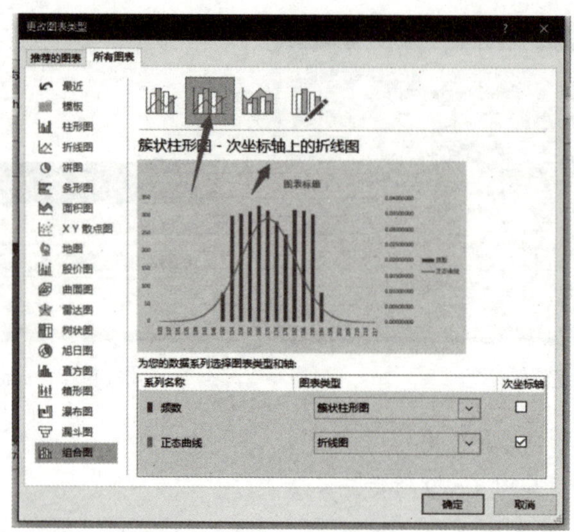

图 4-33　更改【次坐标轴上的折线图】信息

（26）线型设置为平滑线，如图 4-34 所示，得到的正态分布平滑线如图 4-35 所示。

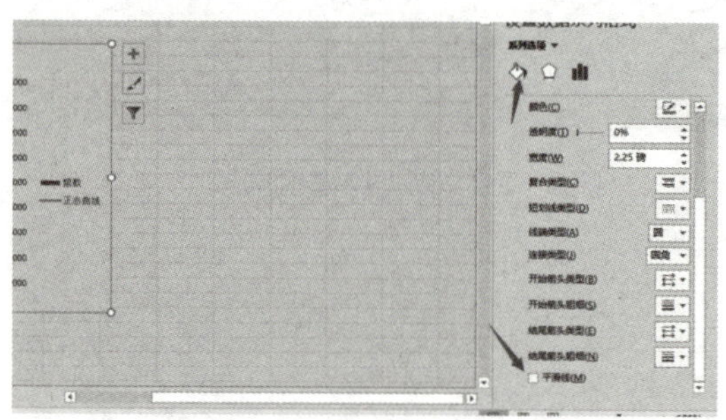

图 4-34　点击平滑线

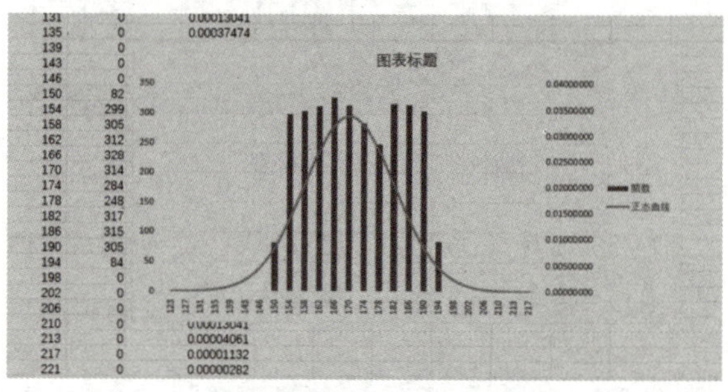

图 4-35　正态分布平滑线图

扩展阅读

正态分布在招聘领域的应用

当今社会，考试作为一种选拔人才的有效途径，正被广泛采用，然而应该设置多少分为及格线是一个常见的问题，正态分布正巧给出了这个问题的解决办法。

假设某公司准备通过考试招工 300 名。实际报考人数为 1675 名。考试满分 400 分。考试结束以后，HR 部门计算了考试平均成绩是 166 分，标准差为 93，若现在有一考生的成绩为 256 分。问他能否被录取？

思考一下，这次的录取分数线应该是多少，这个考生他能过线吗？

（资料来源：作者根据相关资料整理）

一、选择题

1. 随机抽取一只灯泡，观察其使用寿命 t，其样本空间为（　　）。

A. $\{t=0\}$　　B. $\{t<0\}$　　C. $\{t>0\}$　　D. $\{t>=0\}$

2. 一辆汽车在一年内发生故障的次数及相应的概率如下表所示：

故障次数	0	1	2	3
概率	0.1	0.25	0.35	a

表中 a 的值为（　　）。

A. 0.35　　B. 0.10　　C. 0. 25　　D. 0.30

3. 一项试验中所有可能结果的集合称为（　　）。

A. 事件　　B. 简单事件

C. 样本空间　　D. 基本事件

4. 抛3枚硬币，用0表示反面，1表示正面，其样本空间为 =（　　）。

A. {100. 001，010. 100，011，101，110，111}

B. {1. 2. 3}

C. {0，1}

D. {01. 10}

5. 抛掷一枚硬币，观察其出现的是正面还是反面，并将事件 A 定义为：事件 A= 出现正面，这一事件的概率记作 $P(A)$，则概率 $P(A)=1/2$ 的含义是（　　）。

A. 抛掷多次硬币，恰好有一半结果正面朝上

B. 抛掷两次硬币，恰好有一次结果正面朝上

C. 抛掷多次硬币，出现正面的次数接近一半

D. 抛掷一次硬币，出现的恰好是正面

6. 指出下面的分布中哪一个不是离散型随机变量的概率分布（　　）。

A. 超几何分布　　B. 二项分布

C. 泊松分布　　D. 正态分布

7. 设 X 是参数为 $n=4$ 和 $p=0.5$ 的二项随机变量，则 $P(X<2)=$（　　）。

A. 0.3125　　B. 0.212 5　　C. 0.687 5　　D.0. 787 5

8. 设 Z 服从标准正态分布，则 $P(-0.48<=Z<=0)=$（　　）。

A. 0. 384 9　　B. 0.431 9　　C. 0. 184 4　　D. 0.414 7

二、操作题

1. 某一救援队在长度为 t 的时间间隔内收到的紧急呼叫的次数 X 服从参数为 $t/2$ 的泊松分布，而与时间间隔的起点无关。

(1) 求某一天中午 12 时至下午 3 时未收到紧急呼叫的概率。

(2) 求某一天中午 12 时至下午 5 时至少收到 1 次紧急呼叫的概率。

2. 某投资人有 A，B，C 三只股票可选，三只股票未来各种收益率如下表。

经济环境	不同经济环境发生的概率	股票 A 的收益率 %	股票 B 的收益率 %	股票 C 的收益率 %
糟糕	0.2	8	13	26
一般	0.2	12	14	22
良好	0.4	16	16	18
优秀	0.2	20	18	14

求：

(1) 三只股票的预期收益率是多少？

(2) 三只股票的风险如何？

(3) 投资者如何选择？

第 5 章

Excel 公式和常用函数

知识目标

1. 熟悉 Excel 公式的运算符的含义。
2. 掌握 Excel 公式符号的运算顺序。
3. 熟悉 Excel 常用函数的含义。

技能目标

1. 能够使用 Excel 公式进行初等函数的计算。
2. 能够熟练使用常用的 Excel 统计、文本、逻辑、时间和查找函数。

思政目标

培养学生理论联系实际的能力，引导学生运用 Excel 解决生活和工作中的问题，鼓励学生用心钻研，保持不断进取、勤学好问的学习态度。

案例引入

Office 换新：这些 Office 图标你都见过吗

如果你安装的是 Office 2021 或者 Office 365，并且加入了 Office Insider，那么一定发现，你的 Office 图标换新了！和旧版相比，新版 Office 图标延续了扁平画风，但现代感更强。微立体、渐变色，这些 2021 年流行的元素，几乎都可以在这套新图标中找到。

1. 2021 版

2. 2019 版

3. 2016 版

发布于 2015 年的 Office 2016，延续了 13 版设计风格，只是在其基础上做了小幅优化，看起来更加明显。其实这个版本是很多网友在用的版本，同时也是非 Win10 系统能够安装的最高版本。

4. 2010 版

Excel 是一款功能强大、入门简单且在办公场景中具有巨大的市场占有率的计算软件，也是一款非常强大的电子表格软件，它提供了各种各样的函数，用于处理和分析数据，进行数学和统计计算，执行逻辑和条件测试，操作文本、日期和时间等。

（资料来源：作者根据相关资料整理）

5.1 Excel 公式

5.1.1 公式的概念及其构成

公式指由等号“=”、运算体和运算符在单元格中按特定顺序连接而成的运算表达式。运算体指能够运算的数据或者数据所在单元格的地址名称、函数等；运算符是使 Excel 自动执行特定运算的符号。例如：“1+3”的运算体分别是“1”和“3”，运算符是“+”，要求执行加法运算。在 Excel 中，运算符主要有算术运算符、比较运算符、文本运算符和引用运算符四种类型，见表 5-1 所列。

表 5-1　Excel 中运算符的主要类型及其功能

类型	基本功能	符号	名称	具体作用	示例
算术运算符	完成基本的数学运算、数字合并、数值结果生成等	+	加号	加法	1+2
		–	减号	减法	2–1
				负数	–1
		*	星号	乘法	2*3
		/	正斜杠	除法	2/3
		%	百分号	百分比（数组中无法进行运算）	10%
		^	脱字号	乘方	2^10
比较运算符	比较两个值时，结果为逻辑值 TRUE 或 FALSE	=	等号	等于	A1=B1
		>	大于号	大于	A1>B1
		<	小于号	小于	A1<B1
		>=	大于等于号	大于等于	A1>=B1
		<=	小于等于号	小于等于	A1<=B1
		<>	不等号	不等于	A1<>B1
文本运算符	连接两个文本的字符串	&	与号	将两个文本值连接	“中国”&“政府”
引用运算符	对单元格区域引用进行合并计算	:	冒号	生成对两个引用之间所有单元格的引用，其中包括这两个引用	A1: E2
		,	逗号	将多个引用合并为一个引用	MAX（2，3，4）

在 Excel 中，公式总是以等号“=”开始，以运算体结束，相邻的两个运算体之间必须由能够正确表达二者运算关系的运算符进行连接。公式的完整表达式 按以下方式依次构成：等号“=”、第一个运算体、第一个运算符、第二个运算体……以此类推，直至最后一个运算体为止。

5.1.2 公式的创建与修改

1. 公式的创建

在 Excel 中，创建公式的方式包括手动输入和移动点击输入。手动输入公式的具体步骤为：

（1）选定目标单元格。

（2）在目标单元格或其对应的编辑栏中输入等号“=”，输入的内容在单元格和编辑栏中同步显示。

（3）输入第一个运算体、第一个运算符、第二个运算体……以此类推，直至最后一个运算体为止。如有圆括号，应注意其位置是否适当以及左圆括号是否与右圆括号相匹配。

（4）确认新创建的公式。

当输入的公式中含有其他单元格的数值时，鉴于重复输入费时且容易出错，可以通过移动鼠标单击输入数值所在单元格的地址（即引用单元格的数值）来创建公式。

2. 公式的编辑和修改

编辑和修改公式的方法有：

（1）双击公式所在的单元格，直接在单元格内修改内容。

（2）选中公式所在的单元格，按下 F2 键后直接在单元格内更改内容（根据设备情况而定）。

（3）选中公式所在的单元格后单击公式编辑栏，在公式编辑栏中做相应更改。

例如，想要修改单元格中的公式“=1+2*3”时，可以在 f_x 公式处修改，如果想要使用某单元格内的数作为变量，可以直接点击这个单元格，如图 5-1 所示。假设第三个运算体想要换成 B3 单元格，直接单击 B3，此时会发现 B3 单元格变成了一个绿色的虚线格，如图 5-2 所示。

QUARTILE....
fx
=1+2*3
A
B
C
D
1
=1+2*3

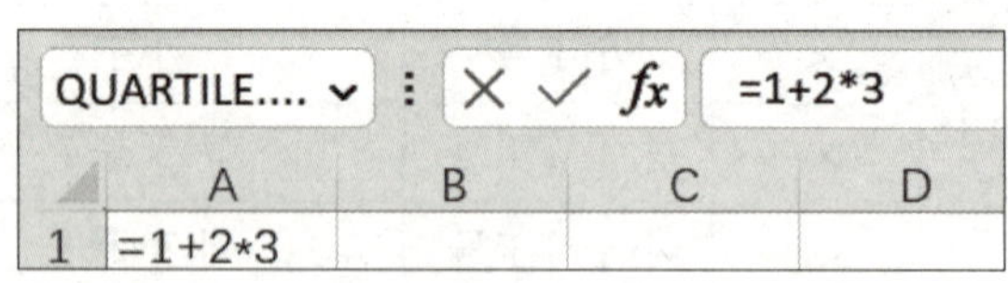

图 5-1　计算 1+2*3

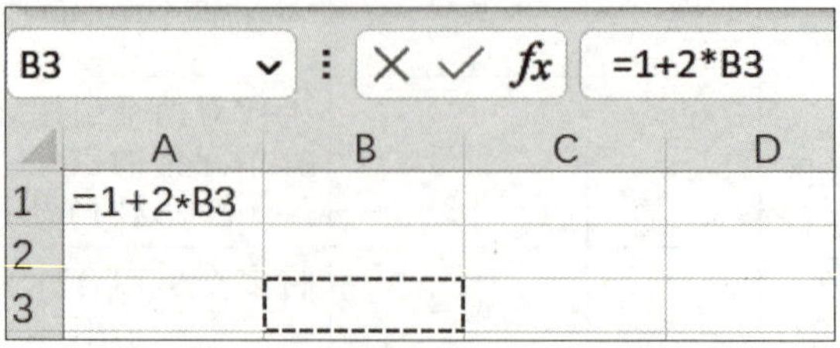

B3
fx
=1+2*B3
A
B
C
D
1
=1+2*B3
2
3

图 5-2　使用单元格计算 1+2*3

3. 公式的运算次序

对于只由一个运算符或者多个优先级次相同的运算符（如既有加号又有减号）构成的公式，Excel 将按照从左到右的顺序自动进行智能运算；对于由多个优先级次不同的运算符构成的公式，Excel 将自动按照公式中运算符的优先级次从高到低进行智能运算。Excel 中运算符的优先级次见表 5-2 所列。

表 5-2 Excel 中运算符的优先级次

运算符	优先级次
:（冒号，区域运算符）	1
（空格，交叉运算符）	2
,（逗号，联合运算符）	3
–（负数）	4
%（百分比）	5
^（乘方）	6
* 和 /（乘和除）	7
+ 和 –（加和减）	8
&（与号，连接两个文本字符串）	9
=（等于）	10
< 和 >（小于和大于）	11
<=（小于等于）	12
>=（大于等于）	13
<>（不等于）	14

为了改变运算优先顺序，应将公式中需要优先计算的部分使用一对圆括号括起来且不能使用中括号。公式中圆括号的对数超过一对时，Excel 将自动按照 从内向外的顺序进行计算。

例如，对公式“=3*2+2^4”进行计算的次序是先计算“2^4”，接着计算“3 * 2”，最后将该乘积与前一步骤的幂相加；对公式“=3 *（2+2）^4”进行计算的次序是先计算“2+2”，求其 4 次幂后再乘以 3，计算结果为 768；对公式“=（3 *（2+2））^4”进行计算的次序是先计算“3+2”，再求其乘以 3 的积，最后求该积数的 4 次幂，计算结果为 20 736。

小专栏

AI 重构 Office“全家桶”微软 A 股小伙伴谁能分羹？

2023 年 3 月，科技圈异常热闹。OpenAI、百度和微软等公司发布会好戏连台，尤其是微软，把 GPT-4 融入 Office“全家桶”。

“一百年后，我们将会回顾这一刻。那是真正的数字时代的开始。”这场发布会，微软全球副总裁 Jared Spataro 撂下的这句狠话，似乎人们看到了又一轮生产力的革命的到来。

值得一提的是，微软进入中国已超过 30 年，也早已不单单是一个操作系统提供商，其在各领域与中国企业合作，并频频搅动资本市场，上演“微软金手指”盛况。

探路中国 30 年 与中国 IT 产业共成长

微软与中国的渊源，可以追溯至 30 年前。1992 年，比尔·盖茨首次成为世界首富，轰动全球。同年，微软在北京设办事处，主要工作是做市场活动、找代理商。

过去 30 多年来，微软对中国市场、用户的复杂感情从来不是秘密，从不屑、敌视、不解，再到融入、扎根，它一直探索着自己在中国的独特生存状态，直到今天都没有停止过。

微软的软件外包订单，曾频频搅动资本市场。Wind 统计显示，2004 年至 2006 年，微软先后与创智信息（已退市）、四川长虹、紫江企业、清华同方等，签署相关合作协议。当时，微软与哪家企业结缘，该企业股价就会疯涨，“微软金手指”也成为当时 A 股一景。

目前，微软中国已形成以北京为总部，上海、广州、武汉、深圳等地设立分公司的生态圈，是美国总部以外功能最为完备的子公司。同时，微软还不断加大对中国 IT 产业的投资与合作，促进中国 IT 产业发展。

作为中国的“IT 黄埔军校”，从微软亚洲研究院走出的人才，几乎覆盖了中国半个 IT 互联网行业，如百度前任总裁张亚勤，阿里云之父王坚，金山软件张宏江，小米林斌等，以及一大批 AI 独角兽的创业者，他们成为中国 IT 互联网产业的领军人物和中坚力量。

如今，坐落在北京的微软亚洲研究院，是微软在美国之外规模最大、职能最完备的研发基地。包括 Windows、Office、HoloLens、Bing、Visual Studio、Xbox 以及 Azure，都有来自微软亚洲研究院转移的技术。这里面，也离不开大量中国 IT 人才的努力。

多家 A 股曾回应与微软存交集

2023 年 3 月，AI 赛道的再度爆发，也在倒逼券商加班加点进行掘金。从公开的券商研报来看，投资方向涉及 IDC、光模块器件，以及下游应用的办公、电商、营销等诸多方面，并纷纷给出自己看好的标的公司。

东方证券分析指出，伴随着 OpenAI 相关技术在中国的逐步落地，与微软有紧密合作的国内厂商，有望发挥咨询、实施、系统建设的作用，从而获得更好的发展机会。

实际上，A 股公司与微软公司的合作，原本就备受投资者关注，特别是 ChatGPT 概念兴起后，有没有与微软存在合作业务，更是被投资者频频追问。

Wind 统计显示，在调研记录或互动平台，包括宁夏建材、蓝色光标、博彦科技、奥比中光、浙大网新等公司，先后正面回应了与微软的业务合作关系。

宁夏建材：重组标的分销微软产品

宁夏建材原本是水泥、建材供应商，这种传统业务与微软、ChatGPT 并不沾边，但是，正在推进中的重组，将公司与当下热门话题联系到一起。

重组方案显示，宁夏建材拟通过向中建材信息技术股份有限公司全体股东发行股份方式，换股吸收合并中建信息并募集配套资金。同时，新疆天山水泥股份有限公司拟以现金增资方式，取得宁夏建材下属水泥等相关业务子公司控股权及其持有的水泥等相关业务涉及的商标等资产，该事项构成重大资产重组，重组仍在推进中。

重组标的中建信息是国内领先的 ICT 产品增值分销服务商，与华为、同方股份、浪潮信息、武汉达梦、绿盟科技、东方通、福昕软件、微软、SAP、IBM、AMD 等主流厂商开展了战略合作，拥有了华为云、微软云、腾讯云、金山云等多云布局。

2023 年 2 月 13 日—16 日，宁夏建材曾上演四连板。随后，公司在异动公告中表示，中建信息分销的微软产品仅包括 License、Office365 及 Azure 云解决方案，不涉及任何 ChatGPT 的产品和服务。

2023 年 3 月 16 日，微软宣布将 GPT-4 融入 Office 后，宁夏建材再次涨停。

（资料来源：《AI 重构 Office“全家桶”微软 A 股小伙伴谁能分羹？》，证券时报，2023-03-20. 有改动）

5.2　常用统计函数

想要实现 Excel 的函数功能，第一种方式是在“公式”工具栏里点击第一个“插入函数”的选项，可以在搜索函数中输入函数的代码，也可以选择函数的类别，在“选择函数（N）”中选择具体的函数，同时在 Excel“插入函数”对话框中函数语法的下方给出了函数的中文释义。例如“PROB”函数的参数为“PROB（x_range，prob_range，[lower_limit]，[upper_limit]）”，具体含义为“返回区域中的数值落在指定区间内的概率”。第二种方法为在空白格中直接输入函数代码，然而在实际应用过程中可能需处理成百上千行的数据，为了提高工作效率，必须熟记函数的代码与参数的含义。函数的基本格式是“= 函数名（参数序列）”。参数序列是用于限定函数运算的各个参数，这些参数除中文外都必须使用英文半角字符，这是要特别注意的，初学者在应用的过程中最常见的计算报错问题之一就是字符格式错误。

5.2.1　MAX 函数

MAX 函数的含义为返回一组值中的最大值。

语法：

MAX (number1, [number2], ...)

MAX 函数语法具有下列参数：

number1，number2，...　(number1 是必需的，后续数字是可选的)。要从中查找最大值的 1 到 255 个参数。

例如，招商银行 2021 年一整年的每日收盘价如图 5-3 所示，若想找出 2021 年一整年最大收盘价，需要在 D2 输入“=MAX (B2:B244)”，回车，即可求得一整年最大的收盘价为每股 58.5 元。

	A	B
1	时间	收盘
2	2021/1/4	43.17
3	2021/1/5	42.18
228	2021/12/9	53.13
229	2021/12/10	53.49
230	2021/12/13	52.42
231	2021/12/14	51.15
232	2021/12/15	51
233	2021/12/16	51.2
234	2021/12/17	50.77
235	2021/12/20	50.69
236	2021/12/21	50.63
237	2021/12/22	50.01
238	2021/12/23	50.22
239	2021/12/24	49.86
240	2021/12/27	49.33
241	2021/12/28	49.63
242	2021/12/29	47.62
243	2021/12/30	48.5
244	2021/12/31	48.71

图 5-3　招商银行 2021 年每日收盘价

5.2.2　MIN 函数

MIN 函数的含义为返回一组值中的最小值。

语法：

MIN (number1, [number2], ...)

MIN 函数语法具有下列参数：

number1，number2，...　(number1 是可选的，后续数字是可选的)。要从中查找最小值的 1 到 255 个参数。

使用图 5-3 的例子，在 E2 中输入“=MIN (B2:B244)”，可以求得一整年最小的收盘价为每股 42.18 元。

5.2.3　AVERAGE 函数

AVERAGE 函数的含义为计算参数平均值。在金融中，平均值也是所求的期望值。

语法：

AVERAGE (number1, [number2], ...)

AVERAGE 函数语法具有下列参数：

number1 必需。要计算平均值的第一个数字、单元格引用或单元格区域。

后续数字可选。要计算平均值的其他数字、单元格引用或单元格区域，最多可包含 255 个。

使用节 5.2.1 内的案例，在 F2 中输入“=AVERAGE (B2:B244)”，可以求得一整年的收盘价的简单算数平均数为每股 51.95 元。

5.2.4 GEOMEAN 函数

GEOMEAN 函数的含义为计算一组正数数据或正数数据区域的几何平均值。例如，可以使用 GEOMEAN 计算可变复利的平均增长率。几何平均值的算法为

$$GM = \sqrt[n]{y_1 y_2 \cdots y_n}$$

语法：

GEOMEAN (number1, [number2], ...)

GEOMEAN 函数语法具有下列参数：

number1，number2，... number1 是必需的，后续数字是可选的。用于计算平均值的 1 到 255 个参数。也可以用单一数组或对某个数组的引用来代替用逗号分隔的参数。

如图 5-4 所示，第一年和后三年的远期利率在 A1∶A4，C1∶C4 为 B1∶B4 对应加 1，在 E4 中输入 =GEOMEAN（C1∶C4）-1，得到几何平均利率为 4.87%。

	A	B	C	D	E
1	第一年	4.50%	104.50%		
2	第二年	4.80%	104.80%		
3	第三年	5%	105.00%		
4	第四年	5.20%	105.20%		=GEOMEAN(C1:C4)-1

图 5-4 几何平均数计算

5.2.5 COUNT/COUNTIF 函数

（1）COUNT 函数的含义为计算包含数字的单元格个数以及参数列表中数字的个数。

语法：

COUNT (value1, [value2], ...)

COUNT 函数语法具有下列参数：

value1 必需。要计算其中数字的个数的第一项、单元格引用或区域。

value2，... 可选。要计算其中数字的个数的其他项、单元格引用或区域，最多可包含 255 个。

（2）COUNTIF 用于统计满足某个条件的单元格的数量。

语法：

COUNTIF (range, criteria)

在 G2 中输入“=COUNTIF (B2∶B244,">51.95")”返回数值为“114”，表示一年当中有 114 天的收盘价大于平均值每股 51.95 元。

5.2.6 SUM/ SUMIF 函数

（1）SUM 函数的含义是将参数求和。可以将单个值、单元格引用或是区域相加，或者将三者的组合相加。

语法：

SUM (number1, [number2], ...)

SUM 函数语法具有下列参数：

number1 必需。这是要相加的第一个数字。该数字可以引用 4 之类的数字、B6 之类的单元格或 B2:B8 之类的单元格范围。

number2-255 可选。这是要相加的第二个数字。可以按照这种方式最多指定 255 个数字。

（2）SUMIFS 函数用于计算其满足多个条件的全部参数的总量。例如，可以使用 SUMIFS 计算一个国家 / 地区内邮政编码为同一个且利润超过了特定美元值的零售商的总量。

语法：

SUMIF (range, criteria, [sum_range])

SUMIF 函数语法具有下列参数：

range 必需。希望通过标准评估的单元格范围。每个范围内的单元格必须是数字、名称、数组或包含数字的引用。空白和文本值将被忽略。选定的范围可以包含标准 Excel 格式的日期。

criteria 必需。criteria 以数字、表达式、单元格参考、文本或函数的形式来定义将添加哪些单元格。可包括的通配符字符有问号（?）以匹配任意单个字符；星号（*）以匹配任意字符序列。如果要查找实际的问号或星号，请在该字符前键入波形符（~）。

5.2.7 SUMPRODUCT 函数

SUMPRODUCT 函数的含义为计算相应范围或数组的个数之和。默认操作是乘法，但也可以执行加减除运算。

语法：

SUMPRODUCT (array1, [array2], [array3], ...)

SUMPRODUCT 函数语法具有下列参数：

array1 必需。其相应元素需要进行相乘并求和的第一个数组参数。

[array2], [array3], ... 可选。2 到 255 个数组参数，其相应元素需要进行相乘并求和。

SUMPRODUCT 函数在金融当中也较为常用，尤其是在计算离散型随机变量的期望时，不同行情下出现的概率以及其收益率情况如图 5-5 所示，可以通过 SUMPRODUCT 函数求期望值。在 D5 中输入“=SUMPRODUCT (B2:B4, C2:C4)”，可求出期望收益为“7.10%”。

	A	B	C	D	E	F
1	市场行情	收益率	概率			
2	繁荣	18%	20%			
3	一般	10%	50%			
4	萧条	-5%	30%			
5				=SUMPRODUCT(B2:B4,C2:C4)		

图 5-5　SUMPRODUCT 函数计算演示

5.2.8 FREQUENCY 函数

FREQUENCY 函数的含义为计算值在区间内出现的频率，然后返回垂直数字数组。

语法：

FREQUENCY (data_array, bins_array)

FREQUENCY 函数语法具有下列参数：

data_array 必需。要对其频率进行计数的一组数值或对这组数值的引用。 如果 data_array 中不包含任何数值，则 FREQUENCY 返回一个零数组。

bins_array 必需。要将 data_array 中的值插入到的间隔数组或对间隔的引用。如果 bins_array 中不包含任何数值，则 FREQUENCY 返回 data_array 中的元素个数。

例如，依旧使用节 5.2.1 内的例子，其中最大值为每股 58.5 元，最小值为每股 42.18 元。如图 5-6 所示，用每股 1 元为间隔在 B246:B263 构造区间 [42，59]，选定区域 C246:C263，输入“=FREQUENCY (B2:B244，B246:B263)”，然后同时按下【shift】+【ctrl】+【enter】三个键，返回落在每股 1 元的区间内的收盘价的个数。2021 年一整年估价落在 [47，48] 之间的数据有 12 个。

B	C
42	0
43	1
44	1
45	1
46	1
47	5
48	7
49	9
50	24
51	34
52	51
53	29
54	29
55	23
56	13
57	7
58	5
59	3

图 5-6　2021 年招商银行收盘价的分组数据

5.3　提取函数

5.3.1　LEN 函数

LEN 函数的含义为返回文本字符串中的字符数常用于 Excel 软件中。

语法：

LEN (text)

LEN 函数语法具有下列参数：

文本必需。要查找其长度的文本。 空格将作为字符进行计数。

例如想知道 A1 当中有多少个字符，在 A2 中输入 =LEN（A1），如图 5-7 所示，得到的字符数为 12。

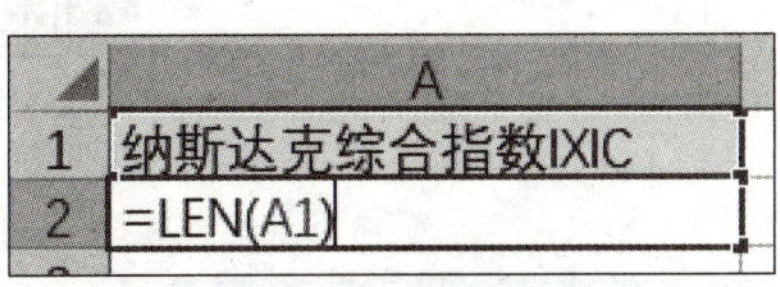

图 5-7　LEN 函数演示

5.3.2　LEFT 函数

LEFT 函数的含义为从文本字符串的第一个字符开始返回指定个数的字符。

语法：

LEFT (text, [num_chars])

该函数语法具有下列参数：

文本必需。包含要提取的字符的文本字符串。

num_chars 可选。指定要由 LEFT 提取的字符的数量。num_chars 必须大于或等于零。如果 num_chars 大于文本长度，则 LEFT 返回全部文本。如果省略 num_chars，则假定其值为 1。

例如依旧使用节 5.3.1 的例子，想要提取“纳斯达克综合指数”这个本文，那么可以使用 LEFT 函数提取前 8 个字符，在 A2 中输入“=LEFT (A1, 8)”，结果如图 5-8 所示。

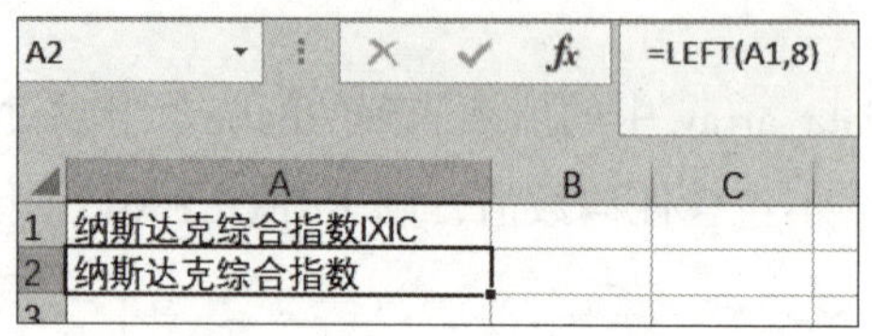

图 5-8　LEFT 函数演示

5.3.3　RIGHT 函数

RIGHT 函数的含义为根据所指定的字符数返回文本字符串中最后一个或多个字符。

语法：

RIGHT (text, [num_chars])

RIGHT 函数具有下列参数：

文本必需。包含要提取字符的文本字符串。

num_chars 可选。指定希望 RIGHT 提取的字符数。num_chars 必须大于或等于零。如果 num_chars 大于文本长度，则 RIGHT 返回所有文本。如果省略 num_chars，则假定其值为 1。

例如依旧使用节 5.3.1 中的例子，想要提取 A1 中的后 4 个字母，在 A2 中输入“=RIGHT (A1, 4)”，返回结果为“IXIC”，如图 5-9 所示。

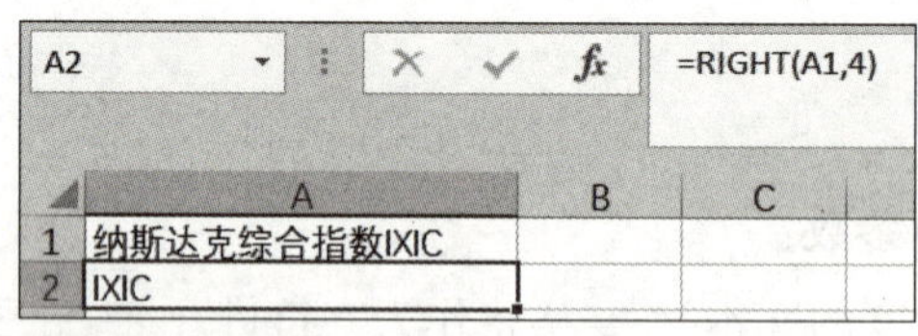

图 5-9　RIGHT 函数演示

5.3.4　MID 函数

MID 函数的含义为计算文本字符串中从指定位置开始的特定数目的字符，该数目由用户指定。

语法：

MID (text, start_num, num_chars)

MID 函数语法具有下列参数：

文本必需。包含要提取字符的文本字符串。

start_num 必需。文本中要提取的第一个字符的位置。文本中第一个字符的 start_num 为 1，以此类推。如果 start_num 大于文本长度，则 MID/MIDB 返回空文本（" "）。如果 start_num 小于文本长度，但 start_num 加 num_chars 超过文本长度，则 MID/MIDB 将返回到文本末尾的字符。如果 start_num 小于 1，则 MID/MIDB 返回 #VALUE！（错误值）。

num_chars MID 必需。指定希望 MID 从文本中返回字符的个数。如果 num_chars 为负数，则 MID 返回 #VALUE！（错误值）。

例如使用节 5.3.1 中"纳斯达克综合指数 IXIC"，想要提取"综合指数"这 4 个字符，在 A2 中输入"=MID（A1，5，4）"，返回结果为"综合指数"，如图 5-10 所示。

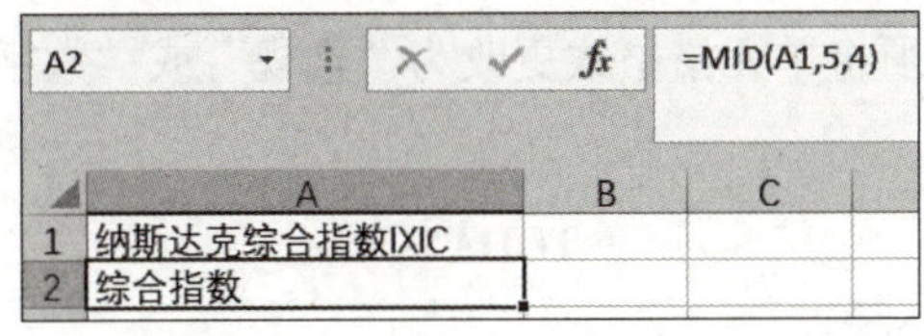

图 5-10　MID 函数演示

5.3.5　VALUE 函数

VALUE 函数可以将数字的文本字符串转换为数字。

语法：

VALUE (text)

VALUE 函数语法具有下列参数：

文本必需。用引号括起来的文本或包含要转换文本的单元格的引用。

5.3.6　TEXT 函数

TEXT 函数可通过格式代码向数字应用格式，进而更改数字的显示方式。

语法：

TEXT (Value you want to format, "Format code you want to apply")

TEXT 函数的机动性很强，见表 5-3 所列。

表 5-3　TEXT 函数使用说明

公式	说明
=TEXT (TODAY ( ), "YY/MM/DD")	目前日期采用 YY/MM/DD 格式，如 12/03/14
=TEXT (0.285, "0.0%")	百分比，如 28.5%
=TEXT (1234, "0000000")	添加前导零（0），如 0001234
=TEXT (4.34, "# ?/?")	分数，如 4 1/3

5.4 时间函数

时间函数用于处理时间的格式和运算等问题，Excel 具备此类强大的功能。

5.4.1 TODAY 函数

TODAY 函数含义为返回当前日期的序列号。序列号是 Excel 用于日期和时间计算的日期－时间代码。如果在输入该函数之前单元格格式为“常规”，Excel 会将单元格格式更改为“日期”。若要显示序列号，必须将单元格格式更改为“常规”或“数字”。

语法：

TODAY ( )

TODAY 函数语法没有参数。

TODAY 函数虽然简洁，但是在实际办公当中被经常使用。例如想知道 1939 年出生的人在今天是多少岁，那么就可以输入“=YEAR (TODAY ( ))－1939”，得到数值“85”。

5.4.2 NOW 函数

NOW 函数可快速求出当前日期和时间，结果将以日期格式显示。

语法：

Now ( )

NOW 函数语法没有参数。

例如，计算 12 小时前的日期和时间输入“=NOW ( )－0.5”。

5.4.3 DATE 函数

DATE 函数的含义为返回表示特定日期的连续序列号。

语法：

DATE (year, month, day)

DATE 函数语法具有下列参数：

YEAR 必需。

Month 必需。

Day 必需。

5.4.4 TIME 函数

TIME 函数的含义为返回特定时间的十进制数字。如果在输入该函数之前单元格格式为“常规”，则结果将使用日期格式。

语法：

TIME (hour, minute, second)

TIME 函数语法具有下列参数：

hour 必需。

munite 必需。

second 必需。

5.5 查找与引用函数

5.5.1 VLOOKUP 函数

需要在表格或区域中按行查找内容时，可使用 VLOOKUP 函数来实现。例如，按部件号查找汽车部件的价格，或根据员工 ID 查找员工姓名。

语法：

VLOOKUP (lookup_value, table_array, col_index_num, [range_lookup])

VLOOKUP 函数语法具有下列参数：

lookup_value 必需参数。要查找的值。要查找的值必须位于 table_array 参数中指定的单元格区域的第一列中。

例如，如果 table-array 指定的单元格为 B2:D7，则 lookup_value 必须位于列 B 中。

Lookup_value 可以是值，也可以是单元格引用。

Table_array 必需参数。VLOOKUP 在其中搜索 lookup_value 和返回值的单元格区域。可以使用命名区域或表，并且可以在参数中使用名称，而不是单元格引用。

单元格区域中的第一列必须包含 lookup_value。单元格区域还需要包含要查找的返回值。

col_index_num 必需参数。其中包含返回值的单元格的编号（table_array 最左侧单元格为 1 开始编号）。

range_lookup 可选参数。一个逻辑值，该值指定希望 VLOOKUP 查找近似匹配还是精确匹配。

近似匹配 - 1/TRUE 假定表中的第一列按数字或字母排序，然后搜索最接近的值。这是未指定值时的默认方法。例如，=VLOOKUP (90, A1:B100, 2, TRUE)。

完全匹配 - 0/FALSE 在第一列中搜索精确值。例如，=VLOOKUP ("Smith", A1:B100, 2, FALSE)。

例如，现在有一个三列的表格，每列分别为姓名、职务和月薪。现在想要找到姓名为“小赵”的“职务”。

先选中 F2 单元格，并在编辑栏输入函数公式“=VLOOKUP ( )”；然后输入 VLOOKUP 函数第 1 个参数“E2”，为员工的姓名；第 2 个参数“A：B”单元格区域，为查询区域；第 3 个参数“2”，代表查询区域第 2 列；第 4 个参数“0”，代表精确匹配；最后按【Enter】键结束确认，即可用 VLOOKUP 函数，查询出员工“小赵”的职务“员工”，如图 5-11 所示。

	A	B	C	D	E	F
1	姓名	职务	月薪		姓名	职务
2	小李	总经理	10000		小赵	
3	小明	总监	8000			
4	小刚	主观	6000			
5	小宋	员工	5000			
6	小赵	员工	6000			
7	小钱	员工	6000			
8	小广	主管	6000			
9	小兰	员工	4000			

图 5-11　VLOOKUP 函数演示

5.5.2　MACTH 函数

使用 MATCH 函数在范围内单元格中搜索特定的项，然后返回该项在此区域中的相对位置。

语法：

MATCH (lookup_value, lookup_array, [match_type])

MATCH 函数语法具有下列参数：

lookup_value 必需。要在 lookup_array 中匹配的值。 例如，如果要在电话簿中查找某人的电话号码，则应该将姓名作为查找值，但实际上需要的是电话号码。lookup_value 参数可以为值（数字、文本或逻辑值）或对数字、文本或逻辑值的单元格引用。

lookup_array 必需。要搜索的单元格区域。

match_type 可选。数字 -1、0 或 1。match_type 参数指定 Excel 如何将 lookup_value 与 lookup_array 中的值匹配。此参数的默认值为 1。

例如，见表 5-4 所列，复制其中的示例数据，然后将其粘贴进新的 Excel 工作表的 A1 单元格中。要使公式显示结果，选中它们，按【F2】，然后按【Enter】。如果需要，可调整列宽以查看所有数据。

表 5-4　MACTH 函数演示

农产品	计数	
香蕉	25	
橙子	38	
苹果	40	
梨	41	
公式	**说明**	**结果**
=MATCH (39, B2:B5, 1)	由于此处无精确匹配项，因此函数会返回单元格区域 B2:B5 中最接近的下个最小值（38）的位置。	2
=MATCH (41, B2:B5, 0)	单元格区域 B2:B5 中值 41 的位置。	4

5.5.3　INDEX 函数

INDEX 函数的含义为返回表元素或数组元素的值，该元素是通过行号和列号索引选定的。当函数 INDEX 的第一个参数为数组常量时，使用数组形式。

语法：

INDEX (array, row_num, [column_num])

INDEX 函数的数组形式具有下列参数：

数组必需。单元格区域或数组常量。

如果数组只包含一行或一列，则相对应的参数 row_num 或 column_num 为可选参数。如果数组有多行和多列，但只使用 row_num 或 column_num，函数 INDEX 返回数组中的整行或整列，且返回值也为数组。

row_num 必需，除非存在 column_num。选择数组中的某行，函数从该行返回数值。如果省略 row_num，则需使用 column_num。

Column_num 可选。选择数组中的某列，函数从该列返回数值。如果省略 column_num，则需使用 row_num。

使用 INDEX 函数查找某一行和某一列的交叉单元格中的值，见表 5-5 所列。

表 5-5　INDEX 函数演示

数据	数据	
苹果	柠檬	
香蕉	梨	
公式	**说明**	**结果**
=INDEX（A2:B3，2，2）	位于区域 A2:B3 中第二行和第二列交叉处的数值。	梨
=INDEX（A2:B3，2，1）	位于区域 A2:B3 中第二行和第一列交叉处的数值。	香蕉

在实践过程中，INDEX 函数常常和 MATCH 函数一起使用。例如，现在拥有某学校 6 名学生的姓名与学号和其语文、数学和英语成绩，见表 5-6 所列，想要找到小赵的数学成绩。在 G4 空白单元格中输入“小赵”，然后在 H4 中输入“=INDEX (D1:D9, XMATCH (G4, A1:A9, 0))=91”便可得到结果。

表 5-6　某学校 6 名学生姓名与学号和其语文、数学和英语成绩

姓名	学号	语文成绩	数学成绩	英语成绩
小李	1036	98	95	92
小明	1031	83	82	93
小刚	1034	98	83	84
小宋	1064	85	97	81
小赵	1078	86	91	90
小钱	1066	83	100	96

5.5.4 XLOOKUP 函数

XLOOKUP 函数通过搜索区域或数组，然后返回与它找到的第一个匹配项对应的项。 如果不存在匹配项，则 XLOOKUP 可以返回最接近的(近似)匹配项。

语法：

=XLOOKUP (lookup_value, lookup_array, return_array, [if_not_found], [match_mode], [search_mode])

XLOOKUP 函数语法具有下列参数：

lookup_value 必填。要搜索的值，如果省略，XLOOKUP 将返回在 lookup_array 中找到的空白单元格。

lookup_array 必需。要搜索的数组或区域。

return_array 必需。要返回的数组或区域。

[if_not_found] 可选。如果未找到有效的匹配项，则返回提供的 [if_not_found] 文本。

如果未找到有效的匹配项，并且缺少 [if_not_found]，则返回 #N/A 。

[match_mode] 可选。指定匹配类型：

0 - 完全匹配。如果未找到，则返回 #N/A。 这是默认选项。

-1 - 完全匹配。如果没有找到，则返回下一个较小的项。

1 - 完全匹配。如果没有找到，则返回下一个较大的项。

2 - 通配符匹配，其中 *，? 和 ~ 有特殊含义。

[search_mode] 可选。指定要使用的搜索模式：

1 - 从第一项开始执行搜索。 这是默认选项。

-1 - 从最后一项开始执行反向搜索。

2 - 执行依赖于 lookup_array 按升序排序的二进制搜索。 如果未排序，将返回无效结果。

2 - 执行依赖于 lookup_array 按降序排序的二进制搜索。 如果未排序，将返回无效结果。

例如，如图 5-12 所示，使用 XLOOKUP 函数查找区域中的国家 / 地区名称，然后返回其电话国家 / 地区代码。它包括 lookup_value（单元格 F2）、lookup_array（范围 B2:B11）以及 return_array（范围 D2:D11）参数；它不包括 match_mode 参数，因为 XLOOKUP 默认生成完全匹配项。注意 XLOOKUP 使用查找数组和返回数组，而 VLOOKUP 使用单个表数组，后跟列索引号。 在这种情况下，等效的 VLOOKUP 公式为 “=VLOOKUP (F2, B2:D11, 3, FALSE)”。

G2 =XLOOKUP(F2,B2:B11,D2:D11)

	A	B	C	D	E	F	G
1		国家/地区	条形图	前缀		什么是拨号号码？	
2		中国	CN	+86		巴西	+55
3		印度	IN	+91			
4		美国美国		+1			
5		印度尼西亚	ID	+62			
6		巴西	BR	+55			
7		巴基斯坦	PK	+92			
8		尼日利亚	NG	+234			
9		孟加拉国	BD	+880			
10		俄罗斯	RU	+7			
11		墨西哥	MX	+52			

图 5-12 XLOOKUP 函数演示

扩展阅读

重磅！ Office 365 AI 助手定价了，联手 Meta 推 AI 新服务，微软股价创新高

2023 年 7 月 18 日（周二），微软（MSFT）公布了企业 AI 软件工具的价目表，宣布 Office 365 Copilot 的定价为每用户 30 美元 / 月。对一些用户来说，如果使用 Copilot 则意味着费用翻倍甚至增加两倍。

微软还推出了 Bing Chat Enterprise，这是一款更具安全性的 AI 聊天机器人。微软和 Meta 共同表示，名为 Llama 2 的 Meta AI 模型将免费提供给在微软 Azure 云计算平台上构建软件的开发人员。

微软股价涨幅超 5%，刷新盘中历史高位，最高至 366.78 美元。

Office 365 AI 助手定价昂贵

2023 年 7 月 19 日消息，当地时间周二，引领这一轮 AI 浪潮的微软终于亮出了 Office 365 人工智能助手的报价，引发资本市场新一轮的狂欢。

微软在周二举行的全球合作伙伴大会上披露，面向 Office 365 E3、E5、商业标准版和商业进阶版的订阅商户，Microsoft 365 Copilot 将统一定价为每个用户每月 30 美元。根据官网定价，这些面向企业用户的订阅服务，收费标准从每个用户 12.5 美元 / 月至 38 美元 / 月不等。

这也意味着，通过 Office AI 助手工具，微软把商业用户 Office 服务的“实际定价”，提升了 1 倍到 3 倍。受此影响，周二微软股价收涨 3.98%，轻松创出历史新高。

简单来说，基本上现在人工能做的多数办公室工作：写文档、做 PPT、制作 Excel 表格、绘制图表、起草和回复邮件等都可以由这个助手帮助用户完成。

不少白领绞尽脑汁也想不到的好看 PPT，Microsoft 365 Copilot 可能几分钟就做出来。

交给数据分析师的数据分析任务可能需要一两天才完成，Microsoft 365 Copilot 可能也只花一两分钟就做好，还顺便帮助用户生成简洁明了的图表。还有在视频会议中，实时总结每个参会人都说了些什么。

简单来说，Microsoft 365 Copilot 基本上可以取代如今白领的多数工作，如果 AI 技术进一步升级和推广，一方面不少白领的工作会越来越简单，但另一方面很多白领可能会面临失业的风险：毕竟，一个月只要 30 美元，就能干了创意总监、数据分析师、行政、市场营销等多个工种的活儿，对老板们来说，这不合算太多？

这次大会上推出的另一个重磅软件 Bing Chat Enterprise，是微软 2 月份向消费者推出的在 Bing 中的 AI 聊天机器人更具安全意识的变体。

根据微软的介绍，Bing Chat Enterprise 的智能聊天人更贴近企业用户的实际需求。例如，如果用户在做一个短期出差去西雅图的计划，这一软件不仅会根据用户的预算和过往的旅行经历选择恰当的机票、酒店，更会提醒用户西雅图当地的天气情况。最重要的是，Bing Chat Enterprise 强调，所有的信息和数据都是保密的。

对企业用户更友好的是，Bing Chat Enterprise 可以提取 Word、PowerPoint、Excel 等不同文档内的信息，并且加以整合。例如，如果一款新产品的介绍、说明书长达几十页，用户想要生成一个摆在柜台的简介或者简短的广告语，在提取了这些文件内的信息后，Bing Chat Enterprise 几秒就可以完成相关的任务。

微软 AI 全家桶上新！ Llama 2 首发

向来被视为在 AI 竞争中落后于同行的 Meta，如今傍上了微软的大腿。

据媒体报道，微软 CEO 纳德拉还宣布微软与 Meta 深化合作关系，将 Meta 刚刚发布的最新一代开源大模型 Llama 2 引入 Azure 云和 Windows。这意味着开发者们可以在微软平台上，同时用到业界最领先的大模型（OpenAI GPT−4）和最新的开源大模型 Llama 2。

据 Meta AI 介绍，Llama 2 相较于今年 2 月发布的 Llama 1，训练所用的 token 翻了一倍至 2 万亿，同时对于使用大模型最重要的上下文长度限制，Llama 2 也翻了一倍。Llama 2 包含了 70 亿、130 亿和 700 亿参数的模型。

虽然微软是第一家对外提供 Llama 2 模型的云服务商，但并不是独占的关系，亚马逊 AWS 等其他竞品预期也将会在未来提供类似的合作。

除了自己拼命开发一堆 AI 应用外，微软也在努力推动合作伙伴投身这场 AI 浪潮，利用微软提供的 AI 工具和云服务，一同发掘用户在 AI 时代的增长潜力，在此过程中建立用户对微软云服务的信任。

（资料来源：《重磅！ Office 365 AI 助手定价了，联手 Meta 推 AI 新服务，微软股价创新高》，每日经济新闻，2023−07−19. 有改动）

课后习题

一、选择题

1. 在 Excel 工作表中存放了第一中学和第二中学所有班级总计 300 个学生的考试成绩，A 列到 D 列分别对应“学校”“班级”“学号”“成绩”，利用公式计算第一中学 3 班的平均分，最优的操作方法是（　　）。

A. =SUMIFS (D2:D301, A2:A301, "第一中学", B2:B301, "3 班") / COUNTIFS (A2:A301, "第一中学", B2:B301, "3 班")

B. =SUMIFS (D2:D301, B2:B301,"3 班")/COUNTIFS (B2:B301, "3 班")

C. =AVERAGEIFS (D2:D301, A2:A301, "第一中学", B2:B301, "3 班")

D. =AVERAGEIF (D2:D301, A2:A301, "第一中学", B2:B301, "3 班")

2. Excel 工作表 D 列保存了 18 位身份证号码信息，为了保护个人隐私，需将身份证信息的第 9 到 12 位用“*”表示，以 D2 单元格为例，最优的操作方法是（　　）。

A. =MID (D2, 1, 8) + "****" + MID (D2, 13, 6)

B. =CONCATENATE (MID (D2, 1, 8), "****", MID (D2, 13, 6))

C. =REPLACE (D2, 9, 4, "****")

D. =MID (D2, 9, 4, "****")

3. 小金从网站上查到了最近一次全国人口普查的数据表格，他准备将这份表格中的数据引用到 Excel 中以便进一步分析，最优的操作方法是（　　）。

A. 对照网页上的表格，直接将数据输入到 Excel 工作表中

B. 通过复制、粘贴功能，将网页上的表格复制到 Excel 工作表中

C. 通过 Excel 中的“自网站获取外部数据”功能，直接将网页上的表格导入到 Excel 工作表中

D. 先将包含表格的网页保存为 .htm 或 .mht 格式文件，然后在 Excel 中直接打开该文件

4. 小胡利用 Excel 对销售人员的销售额进行统计，销售工作表中已包含每位销售人员对应的产品销量，且产品销售单价为 308 元，计算每位销售人员销售额的最优操作方法是（　　）。

A. 接通过公式“= 销量 ×308”计算销售额

B. 将单价 308 定义名称为“单价”，然后在计算销售额的公式中引用该名称

C. 将单价 308 输入到某个单元格中，然后在计算销售额的公式中绝对引用该单元格

D. 将单价 308 输入到某个单元格中，然后在计算销售额的公式中相对引用该单元格

5. 在 Excel 某列单元格中，快速填充 2011—2013 年每月最后一天日期的最优操作方法是（　　）。

A. 在第一个单元格中输入“2011-1-31”，然后使用 MONTH 函数填充其余 35 个单元格

B. 在第一个单元格中输入“2011-1-31”，拖动填充柄，然后使用智能标记自动填充其余 35 个单元格

C. 在第一个单元格中输入“2011-1-31”，然后使用格式刷直接填充其余 35 个单元格

D. 在第一个单元格中输入“2011-1-31”，然后执行“开始”选项卡中的“填充”命令

6. 某公司需要在 Excel 中统计各类商品的全年销量冠军，最优的操作方法是（　　）。

A. 在销量表中直接找到每类商品的销量冠军，并用特殊的颜色标记

B. 分别对每类商品的销量进行排序，将销量冠军用特殊的颜色标记

C. 通过自动筛选功能，分别找出每类商品的销量冠军，并用特殊的颜色标记

D. 通过设置条件格式，分别标出每类商品的销量冠军

7. 在 Excel 中，要显示公式与单元格之间的关系，可通过以下哪种方式实现。（　　）

A.“公式”选项卡的“函数库”组中有关功能

B.“公式”选项卡的“公式审核”组中有关功能

C.“审阅”选项卡的“校对”组中有关功能

D.“审阅”选项卡的“更改”组中有关功能

8. 在 Excel 中，设定与使用“主题”的功能是指（　　）。

A. 标题　　B. 一段标题文字　　C. 一个表格　　D. 一组格式集合

9. 在 Excel 成绩单工作表中包含了 20 个同学成绩，C 列为成绩值，第一行为标题行，在不改变行列顺序的情况下，在 D 列统计成绩排名，最优的操作方法是（　　）。

A. 在 D2 单元格中输入“=RANK (C2, $C2, $C21)”，然后向下拖动该单元格的填充柄到 D21 单元格

B. 在 D2 单元格中输入“=RANK (C2, C $2, C $21)”，然后向下拖动该单元格的填充柄到 D21 单元格

C. 在 D2 单元格中输入“=RANK (C2, $C2: $C21)”，然后双击该单元格的填充柄

D. 在 D2 单元格中输入“=RANK (C2, C $2:C $21)”，然后双击该单元格的填充柄

10. 在 Excel 工作表 A1 单元格里存放了 18 位二代身份证号码，其中第 7—10 位表示出生年份。在 A2 单元格中利用公式计算该人的年龄，最优的操作方法是（　　）。

A. =YEAR (TODAY ( ))−MID (A1, 6, 8)

B. =YEAR (TODAY ( ))−MID (A1, 6, 4)

C. =YEAR (TODAY ( ))−MID (A1, 7, 8)

D. =YEAR (TODAY ( ))−MID (A1, 7, 4)

二、操作题

1. 按工龄长短计算年假。

姓名	工龄	IF 法	VLOOKUP 法	工龄分
小张	15			不足 2 年 5 天
小李	9			不足 5 年 7 天
小王	4			不足 10 年 10 天
小赵	2			10 年以上 15 天
小吴	1.5			

2. 某大学某班级的成绩如下表。

姓名	英语	高等数学	计算机	平均分	评语	奖学金
李贡	67	76	90			
张斌	88	87	78			
王小利	75	67	92			
何群	99	98	83			
尹涛	87	80	78			
林波	90	85	86			
黄玉	55	67	79			
吴青峰	60	78	89			

续表

姓名	英语	高等数学	计算机	平均分	评语	奖学金
高珊珊	77	81	90			
郑辉	80	88	67			
小亮	45	60	65			
陈红	96	90	70			

求：

（1）在单元格区域中计算每个学生三门课的平均成绩。

（2）在单元格中用函数计算所有学生英语成绩的总分。

（3）在单元格中用函数计算所有学生中“高等数学”的最高分。

（4）在单元格中用函数计算所有学生中“计算机基础”的最低分。

（5）根据平均分为每个学生写出评语（平均分在 85 分以上为“优秀”，75 至 85 分为“良好”，60 至 75 分为“及格”）。

（6）根据各学生的评语计算奖学金（“优秀”为 500，“良好”为 200，其余没有奖学金）。

第 6 章

个人住房贷款计算

知识目标

1. 了解房贷按揭的影响因素。
2. 掌握等额本金还款方式的含义。
3. 掌握等额本息还款方式的含义。

技能目标

1. 能够运用 Excel 计算等额本金还款表。
2. 能够运用 Excel 计算等额本息还款表。
3. 能够使用 Excel 模拟运算表计算每次还款额。

思政目标

引导学生正确认识、深刻理解当前我国的房地产调控政策，算好政治账、经济账，做经济社会平稳健康发展的参与者、推动者。

案例引入

积极因素共振 房地产市场重塑信心

随着既有政策加快落实、增量举措持续出台，近段时间房地产市场预期明显好转。业内人士表示，房地产市场供给端和需求端利好正不断形成合力，产生共振效应，促进房地产与金融加快恢复正常循环，助推经济回稳向上。

房企债券融资趋稳

当前，“第二支箭”的政策效力继续显现。万科、新城控股、美的置业、新希望、中国铁建等房地产企业发行中期票据的申请均于近日获中国银行间市场交易商协会接受注册。

中指研究院最新数据显示，2023 年 1 月房地产企业非银融资总额 508.5 亿元，同比下降 33.1%，环比下降 27.0%。受春节因素影响，1 月融资同环比均为下降，但降幅较上年同期有所收窄，表明在经历一年动态调整后，随着金融支持政策显现效果，行业融资逐步转向相对稳定阶段。

“政策激励下，房地产信用债发行主体明显多样化。”中指研究院企业事业部研究负责人刘水表示，除央企、国企及已发行过增信债券的民企外，中骏、雅居乐等中型民营房企也新加入发行行列。此外，部分出险房企成功发行中期票据。

接近交易商协会人士表示，银行间债券市场对民营房企的支持有力扭转了投资者风险偏好过度收缩的行为，保障了房地产企业在银行间市场融资渠道畅通。

值得一提的是，房企境外债在连续 5 个月断发后，于年初重启。1 月，越秀、金茂率先在澳门金交所成功发行债券。业内人士表示，这为房地产行业恢复发行境外债券“试了水”，未来可能有更多信用良好的房企重获投资人认可，回归境外债券市场。

开发贷增速明显提升

在债券市场发力的同时，围绕房地产开发贷款、内保外贷等，房地产领域信贷投放也在加力，共同满足房企合理融资需求。

人民银行在 2022 年四季度金融机构贷款投向统计报告中披露，2022 年末，房地产开发贷款余额 12.69 万亿元，同比增长 3.7%，增速比 2022 年三季度末高 1.5 个百分点，比上年末高 2.8 个百分点。

中指研究院指数事业部市场研究总监陈文静认为，2022 年底，随着金融支持房地产“16 条”等政策落地，房企融资环境得到改善，一定程度上促使住房开发贷款余额增速提升。

据中指研究院监测，金融支持房地产“16 条”出台以来，银行给予房企的授信额度已超 5.5 万亿元。“短期看，开发贷规模有望延续修复态势。”陈文静说。

业内人士认为，涉房类信贷投放对房地产行业融资形成有力支撑，而房地产行业合理资金需求持续得到满足，有助于维护房地产市场平稳健康发展。

“预计 2023 年上半年尤其是二季度房地产市场将出现较明显的回暖势头，行业有望实现软着陆，并重新成为稳投资、稳增长的正向贡献项。”仲量联行大中华区首席经济学家兼研究部总监庞溟说。

房贷利率下行提振需求

一方面，供给端加快发力，保持房地产融资平稳有序；另一方面，需求端正得到有效提振。业内人士表示，个人住房贷款利率持续下降将有效稳定居民住房消费预期，提振房地产市场各方信心。

2022 年以来，个人住房贷款利率持续下行。人民银行货币政策司司长邹澜介绍，2022 年 12 月新发放个人住房贷款利率，全国平均为 4.26%，相比 2021 年 12 月下降 1.37 个百分点，这是 2008 年有统计记录以来的最低水平。

春节假期后，郑州、天津、厦门、福州、珠海、长春、沈阳等地相继下调首套房贷款利率下限。据中国证券报记者不完全统计，截至目前，已有 30 城下调首套个人住房贷款利率下限，其中最低降至 3.7%。

此前，人民银行、银保监会建立首套住房贷款利率政策动态调整机制。新建商品住宅销售价格环比和同比连续 3 个月均下降的城市，可阶段性维持、下调或取消当地首套住房贷款利率政策下限。

庞溟等专家认为，有条件的城市将继续优化差别化住房信贷政策。比如，调整限购、限贷、限售、限价等，更好提振购房者信心和稳定购房者预期。与此同时，还应加快探索房地产行业新发展模式，发展壮大多层次住房保障体系。

（资料来源：《积极因素共振 房地产市场重塑信心》，中国证券报，2023-02-10. 有改动）

6.1 房地产发展现状概述

6.1.1 国外房地产市场发展现状

房地产市场在全球都是热门话题，主要原因是土地具有稀缺性。二战后全球以主流欧美国家和亚洲“四小龙”“四小虎”为代表的国家或地区都经历了不同程度的房地产市场大幅上涨，其中包括日本的房地产泡沫事件和 2008 年房地产按揭贷款带来的全球性金融危机。全球房地产市场具有以下几个方面的特点：

（1）区域发展不平衡。全球各地区的房地产市场发展水平和趋势不同，有些地区的房价持续上涨，而有些地区的房价则相对较低。

（2）住房短缺。全球范围内，很多城市存在着住房短缺问题，特别是在发展中国家和地区，由于城市化的加速和人口增长等，住房供给总体不足，房屋价格过高。

(3) 投资需求。房地产作为一种安全的投资方式，全球范围内仍然吸引着大量的投资资本。一些发达国家的房地产市场，比如美国、欧洲等地区，因其相对成熟的市场和政策法规的保障，依然是全球投资者眼中的热门目标。

(4) 技术创新。随着科技的不断进步和应用，智能化、数字化、绿色化等技术也在不断地渗透到房地产市场中，不少公司开始使用新技术来提高建筑质量和效率。

6.1.2 国内房地产市场发展现状

中国房地产市场是全球最大的房地产市场之一，经历了近几十年的迅猛发展。在中国改革开放政策推动下，房地产市场成为中国经济发展的重要驱动力之一。中国房地产发展的一些关键时间点和趋势如下。

(1) 高速增长。自 1998 年起，中国房地产市场持续高速增长。据统计，截至 2021 年，中国房地产市场已经连续 23 年保持增长。这一时期内，中国房地产市场总体上呈现出稳步增长的趋势，尽管有一些周期性波动。高速增长带来了价格大幅上涨，中国房地产市场价格在过去的几年里经历了显著上涨，尤其是在大城市中心地区，房价飞涨、高房价已经成为中国社会的一个热点话题。

(2) 供应与需求不平衡。由于房地产市场发展速度快，供需失衡的情况在一些城市中出现。一方面，一些城市中心地区房源严重短缺，房价过高；另一方面，一些新建楼盘却因为各种原因无法吸引来足够的购买者。

(3) 政策调控。政府为了控制房价过快上涨、保护市民购房权益，陆续出台一系列调控政策。这些政策在一定程度上缓解了房价过快上涨的趋势。限购措施包括：购房资格限制、购房数量限制、房屋交易限制、贷款条件限制。贷款条件的限制是典型的通过金融手段来调控房产市场的措施。

6.2 个人住房贷款的内容

我国商业银行要求住房贷款的借款人是具有完全民事能力、18~65 周岁的自然人，而且还要具备以下条件：在贷款人所在地有常驻户口或有效居住证明；有稳定的职业和收入；信用良好，有按期偿还贷款本息的能力；有贷款人认可的资产作为抵押或质押；有购买住房的合同；缴纳了贷款人要求的首付款等。

微课：个人住房贷款的内容

下面以截至 2024 年 5 月主流商业银行和辽宁省省直公积金两个房贷机构的贷款要求为例，对贷款总额、贷款期限、贷款利率与还款方式进行讲解。

6.2.1　贷款总额

贷款总额即房价总额减去首付款，一般来讲首付的比例是中国人民银行进行货币政策调节的手段之一，即通过扩张和紧缩的金融政策来逆周期进行调节市场的过冷或过热。对于个人住房来讲，目前市场主要以商品房和公寓两种为主，公寓与商品房的主要区别在于土地的用地性质不同，公寓所在地为商业用地。两者首付款的比例也不尽相同，公寓的首付比例比商品房的首付比例高很多。

以 2014 年修正的《辽宁省省直个人住房公积金贷款管理办法》为例，公积金缴存职工及其家庭购买首套商品住房，贷款比例限额为商品房成交价的 80%。购买第二套商品住房，首套房住房贷款已结清的，贷款比例限额为商品房成交价的 80%；购买第二套商品住房，首套房住房贷款（仅限商贷）未结清的，贷款比例限额为商品房成交价的 70%。即便首付款比例达到贷款的要求，但是个人的贷款总额也不是无限制的，借款人一人在省直中心缴存公积金的，贷款最高限额为 60 万元。

6.2.2　贷款期限

贷款期限实际上就是贷款人跟商业银行或者公积金单位借多长时间的钱。从债券的价格计算公式可知，期限越长，利息越多，所以贷款人的借款成本也越高，实际上即用利息换取了当下资金短缺问题。然而贷款期限也不是无限或者随意的，贷款期限越长，商业银行的流动性风险、信用风险以及市场风险越大。通常说来，商业银行要求个人住房贷款申请人的年龄 + 贷款年限≤ 65 年，居住性住房的最长贷款期限为 30 年，商用房的贷款期限不超过 10 年。

6.2.3　贷款利率

贷款利率即个人房贷的资金成本，资金的时间价值决定了利率高低与期限长短呈正相关关系，个人住房贷款属于长期贷款，其贷款利率中包含较高的风险溢价。个人住房贷款有抵押、质押或保证等担保方式，贷款利率要遵照中国人民银行的有关规定。目前我国正在推进 LPR 浮动利率市场报价形式[①]，见表 6-1 所列，公积金贷款利率根据贷款年限、首套房、二套房来确定，分别给出的贷款利率，而商业贷款的利率在 2023 年开始也随着央行的房贷利率政策有所下降，基本保持在 4% ~ 4.9%。

表 6–1　在不同期限下的首二套房利率

贷款年限	首套年利率 %	二套年利率 %
五年以下（含五年）	2.6	3.025
五年以上	3.1	3.575

① LPR 由全国银行间同业拆借中心计算得出，为银行贷款提供定价参考。每月 20 日（遇节假日顺延）9 时前，各报价行以 0.05 个百分点为步长，向全国银行间同业拆借中心提交报价，全国银行间同业拆借中心按去掉最高和最低报价后算术平均，并向 0.05% 的整数倍就近取整计算得出 LPR，于当日 9 时 15 分公布，公众可在全国银行间同业拆借中心和中国人民银行网站查询。

6.2.4 还款方式

借款人可以根据自身的收入预期以及现金流安排，选择不同的还款方式。常见的还款方式有贷款期限在 1 年以内（含 1 年）的，按月付息，按期（月、季、半年）或到期偿还本金；贷款期限在 1 年以上的，可采用等额本息还款法和等额本金还款法；借款人可以根据自身经济能力申请提前还贷。

小专栏

“提前还房贷”切莫落入陷阱

当前，由于提前还房贷的人有所增加，不法中介又盯上了这块“肥肉”，诱导借款人用利率低的经营贷置换利率相对高的存量房贷，宣称可以“转贷降息”。2023 年 2 月，深圳市房地产中介协会发布了《关于严禁全市房地产中介机构及从业人员参与违规利用“经营贷”的郑重提示》。此前，中国银保监会也发布了相关风险提示。

深圳市房地产中介协会明确表示，各房地产中介机构、从业人员严禁参与贷款中介、金融中介、“影子”中介等机构、个人违规利用“经营贷”的不法行为。接下来，各房地产中介机构、从业人员要高度重视、自查自纠，严格内部业务管理。

“将房贷置换为经营贷，此操作隐藏诸多风险，如违约违法隐患、高额收费陷阱、影响个人征信、资金链断裂、侵害信息安全等。”银保监会消费者权益保护局相关负责人表示，根据监管规定，经营贷必须用于生产经营周转，但在“转贷”的操作下，经营贷流入了房地产市场，“银行如果发现经营贷资金没有按照合同约定使用，消费者将承担违约责任，不仅可能被银行要求提前还贷，还可能影响个人征信”。

此外，在办理经营贷的过程中，不法中介往往宣称“可以办理各项证件、材料”。“其实，这是通过伪造流水、包装空壳公司等手段获得申请经营贷的资格，此行为涉嫌骗取银行贷款，消费者甚至可能会被追究相关法律责任。”上述负责人说。

值得注意的是，不少借款人提前还房贷是为了节约利息，但倘若采取经营贷置换房贷的操作，这不仅无法节约利息，还可能要背负高昂的成本。银保监会上述负责人介绍，不法中介所谓的“转贷降息”，需要消费者先结清房贷，再以房屋作为抵押，办理经营贷。为了牟取非法利益，不法中介通常怂恿消费者使用中介的过桥资金偿还剩余房贷，并从中收取垫资过桥利息、服务费、手续费等各类高额费用，消费者“转贷”后的综合资金成本可能高于房贷的正常息费水平。

因此，借款人要认清转贷操作的不良后果和风险隐患，增强风险防范意识，维护自身合法权益。“重点做好以下四方面的防范工作。”银保监会上述负责人说，第一，防范不法中介的虚假宣传，提高风险识别能力。第二，借款人如果有提前还房贷的需求，应向银行等正规金融机构咨询。第三，申请贷款时，借款人要提供真实有效的申请材料。签署合同时，要认真阅读条款，重点关注利率、费用、权利义务、风险提示等重要内容。借贷后，要按照约定用途来使用贷款，避免挪用。第四，不随意透露身份信息、银行账号、财产情况等个人信息，避免被不法分子利用。

针对当前备受关注的“提前还房贷遇难题”现象，多位业内人士表示，能否提前还房贷，这要严格按照贷款合同的约定行事。对于商业银行来说，既要坚持合法合规，不可故意为“提前还房贷”设置障碍，也要坚持惠民利民，合理适度减免相关费用。

“提前还款是对原借款合同约定的贷款期限或金额进行变更，需要借款人与银行协商一致。”招联首席研究员董希淼说，部分银行在合同中予以明确，提前还款不需要收取违约金，但借款人应提前向银行提出申请，“这表明，借款人可以提出申请，但仍需等银行同意之后才能提前还款”。

多位业内人士表示，“要不要提前还房贷”是一个理性决策，而非跟风行为。借款人要理性研判自己的收入走势，这是做出决策的关键。此外，借款人要综合考量其他因素，例如赡养老人、抚养子女、保障自身医疗和养老费用等。总之，借款人应结合个人收入结构、个人经济规划、对经济指标走向的研判等多方因素，科学地做出适合自己的选择。

（资料来源：《“提前还房贷”切莫落入陷阱》，经济日报，2023-02-10. 有改动）

6.3　个人房贷按揭贷款的计算

6.3.1　等额本金

微课：房贷等额本金计算

等额本金法指的是每一期的还款金额中具有相同的贷款的本金数额，即每次还款的按揭贷款金额中本金的数额是不变的，而利息是随期限变化的。

等额本金法每次还本付息的金额的计算公式为

$$M=\frac{PV}{N}+\left(PV-S\right)\times R \tag{6-1}$$

式中，M——等额本金法下的每月还款额；

PV——贷款总额；

N——还款期数；

S——已还本金；

R——月利率。

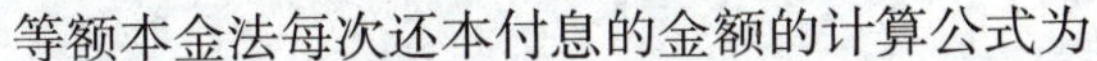

下面通过一个例子来解释公式的具体应用方法。

【例 6-1】假设小 A 打算购买一套总价为一百万的商品房，首付款比例为 30%，剩下的采用按揭贷款的形式按月还款，期限为 20 年，借款年利率为 5%。尝试用等额本金的方法计算每月的还款额。

解：

（1）输入基础数据。分别在 A1:A5 中按顺序输入“贷款总额（元），贷款年限（年），年利率，月利率，还款次数”。在 B1:B5 中按顺序输入“700000[②]，20，5%，=B3/12，=B2*12”。结果见表 6-2 所列。

表 6-2　贷款信息

贷款总额（元）	700000
贷款期限（年）	20
年利率	5%
月利率	0.42%
还款次数	240

（2）制作还款表。合并 A7:E7 单元格输入“等额本金”，在 A8:E8 中按顺序输入“次数，偿还本金，剩余本金，支付利息，月偿还额”。

（3）在 A9: A249 输入“0-240”。在 B9 中输入“0”，B10 中输入“=$C$9/$B$5”，然后复制单元格至 B249（因为每次的还款金额都是相同的等额本金）。在 C9 中输入“700000”，C10 中输入“=C9-B10”，在鼠标在 C10 单元格右下角变为“+”时向下拉至 249 行计算还剩多少本金需要还。在 D9 中输入“0”，在 D10 中输入“= (C9-B10)*$B$4”，在鼠标在 C10 单元格右下角变为“+”时向下拉至 249 行计算每期需要还的利息金额。在 E9 中输入“0”，在 E10 中输入“=SUM（B10，D10）”，计算每次还款的本息和。

（4）最后在 B250 输入“=SUM (B10:B249)=700000”；D250 中输入“=SUM (D10:D249)= 348541.67”；E250 中输入“=SUM (E10:E249)=1048541.67”，结果见表 6-3 所列。

表 6-3　等额本金法计算房贷

等额本金				
次数	偿还本金	剩余本金	支付利息	月偿还额
0	0	700000.00	0	0
1	2916.67	697083.33	2904.51	5821.18
2	2916.67	694166.67	2892.36	5809.02778
3	2916.67	691250.00	2880.21	5796.875
233	2916.67	20416.67	85.07	3001.73611
234	2916.67	17500.00	72.92	2989.58333
235	2916.67	14583.33	60.76	2977.43056
236	2916.67	11666.67	48.61	2965.27778
237	2916.67	8750.00	36.46	2953.125
238	2916.67	5833.33	24.31	2940.97222

② 贷款 100 万，首付 30%，所以贷款额为 70 万。

续表

等额本金				
次数	偿还本金	剩余本金	支付利息	月偿还额
239	2916.67	2916.67	12.15	2928.81944
240	2916.67	0.00	0.00	2916.66667
合计	700000		348541.67	1048541.67

（5）绘制月还款额随期数的变化图，如图 6-1 所示。通过折线图可以看出，随着到期期限的临近，等额本金的本息和是单调递减的，也就是说，在还款的第一期的本息和是最高的，随着还款期数的增加，需要还的本息和逐渐减少。

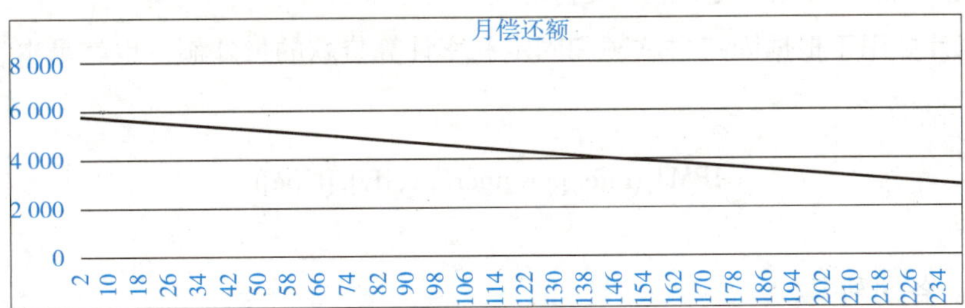

图 6-1　等额本金法计算的月偿还额的变化

6.3.2 等额本息

等额本息是指在一定期限内，每期按照固定的还款额度偿还贷款本金和利息的一种还款方式。在等额本息还款中，每期的还款额包括本金和利息两部分，每期还款额相同，但随着还款期限的延长，每期还款中利息所占比重逐渐减少，而本金所占比重逐渐增加。

微课：房贷等额本息计算

在等额本息还款方式下，每期还款中所支付的利息是按照剩余本金和固定利率计算的，因此，在还款初期，每期所支付的利息比较高，而每期还款中所还本金比较少。随着还款期限的推进，每期还款中所支付的利息逐渐减少，每期还款中所还本金逐渐增多，直到全部偿还完贷款本金和利息为止。

等额本息的还款公式如下：

$$每期还款额 = [贷款本金 \times 月利率 \times (1 + 月利率)\hat{}\,还款期数] \div [(1 + 月利率)\hat{}\,还款期数 - 1] \tag{6-2}$$

其中，贷款本金是指借款的本金总额，月利率是指年利率除以 12，还款期数是指贷款的总期数。

这个公式可以计算出每期还款的固定金额，即每期还款额。每期还款额包括贷款本金和利息两部分，其中贷款本金每期偿还的金额是一定的，利息则随着还款期数的推移而逐渐减少。因为上面的公式十分复杂，Excel 提供的函数直接可以计算每期的等额本息还款额。

首先介绍几个在 Excel 中等额本息计算的常用公式的用法，包括 PMT，IPMT 和 PPMT 函数。

1. PMT 函数

PMT= (rate, nper, pv, fv, [type])

其中：

rate 必需。贷款利率。

Nper 必需。该项贷款的付款总数。

pv 必需。现值，即一系列未来付款额现在所值的总额，也叫本金。

fv 可选。未来值，或在最后一次付款后希望得到的现金余额。 如果省略 fv，则假定其值为 0（零），即贷款的未来值是 0。

Type 可选。 数字 0（零）或 1 指示支付时间。

PMT 用来计算用于根据固定付款额和固定利率计算贷款的付款额，也就是本息和。

2. IPMT 函数

IPMT (rate, per, nper, pv, [fv], [type])

其中：

rate 必需。各期利率。

per 必需。用于计算其利息数额的期数，必须在 1 到 nper 之间。

Nper 必需。年金的付款总期数。

pv 必需。现值，即一系列未来付款的当前值的累积和。

Fv 可选。未来值，或在最后一次付款后希望得到的现金余额。 如果省略 fv，则假定其值为 0（例如，贷款的未来值是 0）。

类型可选。数字 0 或 1，用以指定各期的付款时间是在期初还是期末。 如果省略 type，则假定其值为 0。

IPMT 计算基于固定利率及等额分期付款方式，返回给定期数内对投资的利息偿还额。

3. PPMT 函数

PPMT (rate, per, nper, pv, [fv], [type])

其中：

rate 必需。各期利率。

per 必需。指定期数，该值必须在 1 到 nper 范围内。

Nper 必需。年金的付款总期数。

pv 必需。现值，即一系列未来付款的当前值的总和。

fv 可选。未来值，或在最后一次付款后希望得到的现金余额。 如果省略 fv，则假定其值为 0（零），即贷款的未来值是 0。

Type 可选。数字 0 或 1，用以指定各期的付款时间是在期初还是期末。

返回根据定期固定付款和固定利率而定的投资在已知期间内的本金偿付额。

【例 6-2】根据【例 6-1】，计算投资者在选择等额本息的贷款方式下的每月所还的本金和利息。

解：

（1）制作等额本息还款表。在 A7:E7 合并单元格并输入等额本息。在 A8:E8 中分别按顺序输入“月，月偿还额，利息，本金，剩余本金”。

（2）计算表格中的数据。在 A:A249 构造还款期数节点 0-240；在 B9 中输入“0”，B10 中输入“=-PMT ($B$4, $B$5, $B$1,,0)”，因为等额本息每次还款额是相同的，所以在鼠标在 B10 单元格右下角变为“+”时向下拉至 249 行。在 C9 中输入“0”，在 C10 中输入“=-IPMT ($B$4, A10, $B$5, $B$1,, 0)”，所以在鼠标在 C10 单元格右下角变为“+”时向下拉至 249 行。在 D9 中输入“0”，在 D10 输入公式“D10=-PPMT ($B$4, A9, $B$5, $B$1,, 0)”，在鼠标在 D10 单元格右下角变为“+”时向下拉至 249 行。在 E9 中输入“=700000”，在 E10 中输入“=E9-D10”，在鼠标在 E10 单元格右下角变为“+”时向下拉至 249 行。

（3）在 B250 中输入“=SUM (B10:B249)= ¥1,108,725.64”；在 C250 中输入“=SUM (C10:C249)= ¥408,725.64”；在 D250 中输入“=SUM (D10:D249)= ¥700,000.00”，见表 6-4 所列。

表 6-4　等额本息法计算房贷

等额本息				
月	月偿还额	利息	本金	剩余本金
0	0	0	0	700000
1	¥4,619.69	¥2,916.67	¥1,703.02	¥698,296.98
2	¥4,619.69	¥2,909.57	¥1,710.12	¥696,586.86
3	¥4,619.69	¥2,902.45	¥1,717.24	¥694,869.61
226	¥4,619.69	¥279.33	¥4,340.36	¥62,698.68
227	¥4,619.69	¥261.24	¥4,358.45	¥58,340.23
228	¥4,619.69	¥243.08	¥4,376.61	¥53,963.63
229	¥4,619.69	¥224.85	¥4,394.84	¥49,568.78
230	¥4,619.69	¥206.54	¥4,413.15	¥45,155.63
231	¥4,619.69	¥188.15	¥4,431.54	¥40,724.09
232	¥4,619.69	¥169.68	¥4,450.01	¥36,274.08
233	¥4,619.69	¥151.14	¥4,468.55	¥31,805.53
234	¥4,619.69	¥132.52	¥4,487.17	¥27,318.37
235	¥4,619.69	¥113.83	¥4,505.86	¥22,812.50
236	¥4,619.69	¥95.05	¥4,524.64	¥18,287.87
237	¥4,619.69	¥76.20	¥4,543.49	¥13,744.38
238	¥4,619.69	¥57.27	¥4,562.42	¥9,181.95
239	¥4,619.69	¥38.26	¥4,581.43	¥4,600.52
240	¥4,619.69	¥19.17	¥4,600.52	¥-0.00
合计	¥1,108,725.64	¥408,725.64	¥700,000.00	

（4）绘制不同还款期数下本金的变化图。如图 6-2 所示，由于采用等额本息的还款方式，故在还款初期，每期偿还的本金占比较小，但随着贷款余额的逐渐减少，每期偿还的本金占比逐渐增加，因此贷款总利息相对较低，总还款额相对较少，适合收入稳定的借款人。

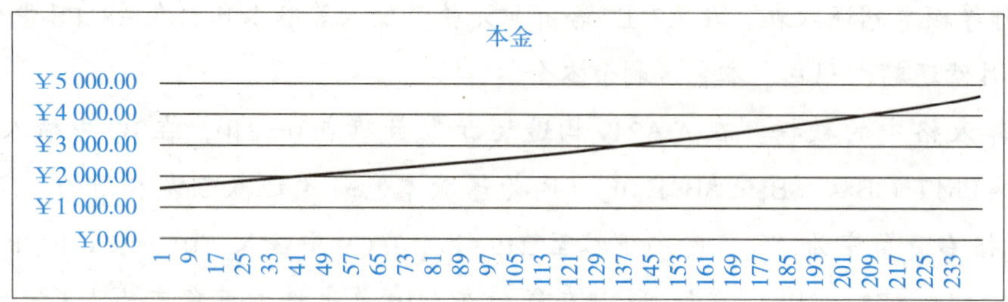

图 6-2　等额本息每期所还本金金额

在实际的经济活动中，存在一些预先约定的部分贷款分期等额偿付，其余部分贷款分期付息、到期一次还本的行为。

【例 6-3】某企业向银行贷款 300 万元购买一套门市房，期限为 10 年，年利率为 8%，企业与银行约定，该笔贷款的一半在贷款期内采用等额本息法偿还，另一半则采用等额摊还法，试编制还款计划表。

解：根据前面的例子分别构造一部分 150 万元的等额本金偿还方法和另一部分 150 万元的等额本息计算的每月还款额，分别在 E11:E130 和 G11:G130，最后使用公式计算得到 K11:K130 的每月的加总后的实际还款额，如图 6-3 所示。

	A	B	C	D	E	F	G	H	I	J	K
1	贷款金额（元）	3000000									
2	年利率	8%									
3	贷款期限（年）	10									
4	月利率	0.67%									
5	还款次数	120									
6											
7						部分贷款还款计划表					
8	部分贷款（150万元，等额本金）					部分贷款（150万元，等额本息）					
9	月	偿还本金	剩余本金	支付利息	月偿还额	月	月偿还额	利息	本金	剩余本金	每月还款额
10	0		1500000			0			1500000	1500000	
11	1	12500	1487500	9916.667	22416.67	1	18,199.14	10,000.00	8,199.14	1,491,800.86	40,615.81
115	105	12500	187500	1250	13750	105	18,199.14	1,835.50	16,363.64	258,961.70	31,949.14
116	106	12500	175000	1166.667	13666.67	106	18,199.14	1,726.41	16,472.73	242,488.97	31,865.81
117	107	12500	162500	1083.333	13583.33	107	18,199.14	1,616.59	16,582.55	225,906.43	31,782.47
118	108	12500	150000	1000	13500	108	18,199.14	1,506.04	16,693.10	209,213.33	31,699.14
119	109	12500	137500	916.6667	13416.67	109	18,199.14	1,394.76	16,804.38	192,408.95	31,615.81
120	110	12500	125000	833.3333	13333.33	110	18,199.14	1,282.73	16,916.41	175,492.54	31,532.47
121	111	12500	112500	750	13250	111	18,199.14	1,169.95	17,029.19	158,463.35	31,449.14
122	112	12500	100000	666.6667	13166.67	112	18,199.14	1,056.42	17,142.72	141,320.63	31,365.81
123	113	12500	87500	583.3333	13083.33	113	18,199.14	942.14	17,257.00	124,063.63	31,282.47
124	114	12500	75000	500	13000	114	18,199.14	827.09	17,372.05	106,691.58	31,199.14
125	115	12500	62500	416.6667	12916.67	115	18,199.14	711.28	17,487.86	89,203.72	31,115.81
126	116	12500	50000	333.3333	12833.33	116	18,199.14	594.69	17,604.45	71,599.27	31,032.47
127	117	12500	37500	250	12750	117	18,199.14	477.33	17,721.81	53,877.46	30,949.14
128	118	12500	25000	166.6667	12666.67	118	18,199.14	359.18	17,839.96	36,037.50	30,865.81
129	119	12500	12500	83.33333	12583.33	119	18,199.14	240.25	17,958.89	18,078.62	30,782.47
130	120	12500	0	0	12500	120	18,199.14	120.52	18,078.62	0.00	30,699.14
131	合计	1500000		595000	2095000		2,183,896.70	683,896.70	1,500,000.00		4,278,896.70

图 6-3　编制还款计划表

【例 6-4】某人借款 1000 万元进行购房贷款，期限 20 年，他有如下的可选方案，每年还款次数有 2 次、4 次、12 次和 24 次，借款年利率有 10%，9%，8%，7%，如图 6-4 所示，试问在不同的年利率下，购房者每月的还款额是多少（用等额本息法计算）？

	A	B	C	D	E
1	贷款总额（元）	10000000			
2	贷款期限(年)	20			
3	每年还款次数	2			
4	年利率	10%			
5	每次还款利率	5.00%			
6	还款次数	240			
7					
8					
9					
10					
11	¥500,004.11	10%	9%	8%	7%
12	2	500004.1072	450011.6	400032.7	350090.9
13	4	250668.9179	226084.1	201740.8	177764.3
14	12	96502.16451	89972.6	83644.01	77529.89
15	24	65995.57392	63264.94	60598.03	57995.97
16					

图 6-4　不同利率和每年还款次数下的每期还款额

解：

（1）设计表格。在 A1:A6 中按顺序输入“贷款总额、贷款年限、每年还款次数和年利率”。在 B1:B6 中输入“10000000, 20, 2, 10%, B5=B4/B3, B6=B2*12”，如图 6-5 所示。

在 A10 中输入“每年还款次数”，合并 B10:E10，输入借款年利率，在 B11-E11 行中按顺序输入不同的借款利率“10%, 9%, 8%, 7%”，在 A12-A15 列中按顺序输入不同的每年还款次数“2, 4, 12, 24”，如图 6-6 所示。

	A	B
1	贷款总额（元）	10000000
2	贷款期限(年)	20
3	每年还款次数	2
4	年利率	10%
5	每次还款利率	5.00%
6	还款次数	240

图 6-5　贷款基本信息

	A	B	C	D	E
10	每年还款次数	借款年利率			
11		10%	9%	8%	7%
12	2				
13	4				
14	12				
15	24				

图 6-6　借款年利率和每年还款次数表

（2）计算还款金额。在 A11 中输入“=-PMT (B5, B6, B1,, 0)”，此时求得在年利率为 10% 时每年还款金额“=¥500, 004.11”。单击“数据”→“模拟分析”→“模拟运算表”，如图 6-7 所示，“模拟运算表”需要填入两个参数，分别为“输入引用行的单元格”，行的单元格是每年的还款次数，填入“$B$4”，列的单元格是年利率，填入“$B$3”，如图 6-8 所示。

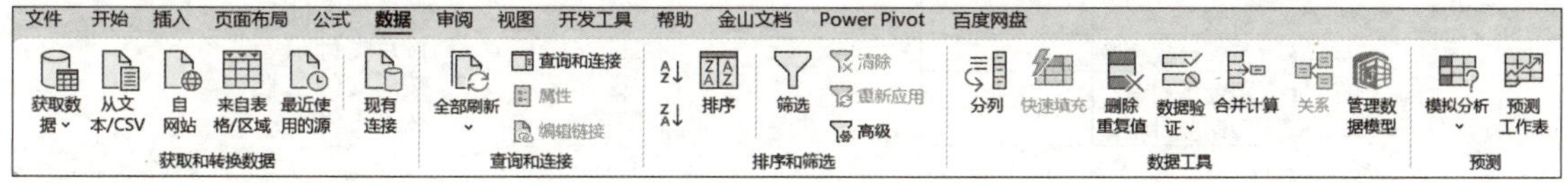

图 6-7　模拟分析位置

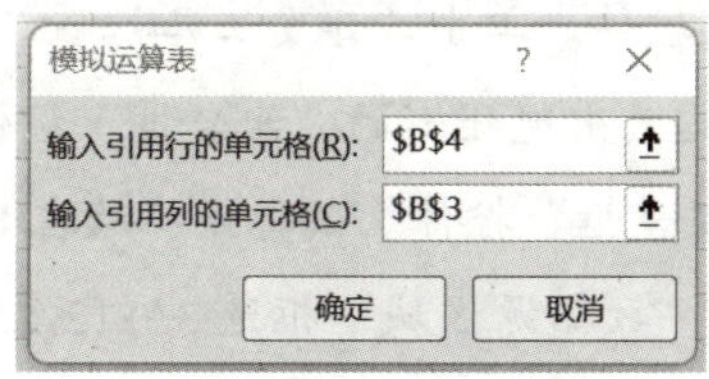

图 6-8　填充模拟运算表信息

单击“确定”得到的结果见表 6-5 所列。

表 6–5　不同利率和每年还款次数下的每期还款额

每年还款次数	借款年利率			
¥500 004.11	10%	9%	8%	7%
2	500004.1072	450011.6229	400032.6659	350090.886
4	250668.9179	226084.1117	201740.8147	177764.294
12	96502.16451	89972.59559	83644.0069	77529.89356
24	65995.57392	63264.93762	60598.03293	57995.9718

【例 6–5】某企业想要租赁一间厂房，目前有多重租赁方案可供企业选择，见表 6–6 所列，厂房的租金为 180 万，期限为 5 年，租金的年利率为 3.25%。现在中介为企业提供了可以按年支付、按半年支付、按季度支付、按月支付、按周支付和按天支付的还款周期以及其年利率，请计算不同还款周期下的每期租金。

表 6–6　不同还款周期下的年利率分布

支付方式	按年支付	按半年支付	按季度支付	按月支付	按周支付	按天支付
年利率（%）	4.56	4.2	4	3.85	3.5	3

解：

（1）制作表格。在 A1:A7 中按顺序填入“租金，租金支付方式、支付周期、每年付款次数、租金年利率，每期应付租金”，如图 6–9 所示。

在 A11:A13 中按顺序填入“支付方式，期初，期末”，在 B11:B1 中输入“支付次数，按年支付，按半年支付，按季度支付，按月支付，按周支付，按天支付”，如图 6–10 所示。

	A	B
1	租金	
2	租金支付方式	
3	支付周期	
4	期限	
5	每年付款次数	
6	租金年利率	
7	每期应付租金	

图 6–9　绘制原始数据表

	A	B
11	支付方式	支付次数
12	期初	按年支付
13	期末	按半年支付
14		按季度支付
15		按月支付
16		按周支付
17		按天支付

图 6–10　绘制支付方式和支付次数表

（2）建立租金支付方式的图形控件。单击“开发工具”→“插入”→“组合框（窗体控件）”，这时鼠标光标变为“+”，单击 B2，出现矩形的“组合框”控件，调整与单元格同样的矩形大小；同样的步骤在 B3 中制作“组合框”控件。鼠标光标放在 B2“组合框”单击鼠标右键，单击“设置控件格式”，“控制”中“数据源区域”框选 \$A\$12:\$A\$13；“单元格连接”框选 \$B\$2；“下拉显示项数”填入“2”，如图 6–11 所示。用同样的方式将 B3 的“组合框”中“数据源区域”框选 \$B\$12:\$B\$17；“单元格连接”框选 \$B\$3；“下来显示项数”填入“6”，如图 6–12 所示。

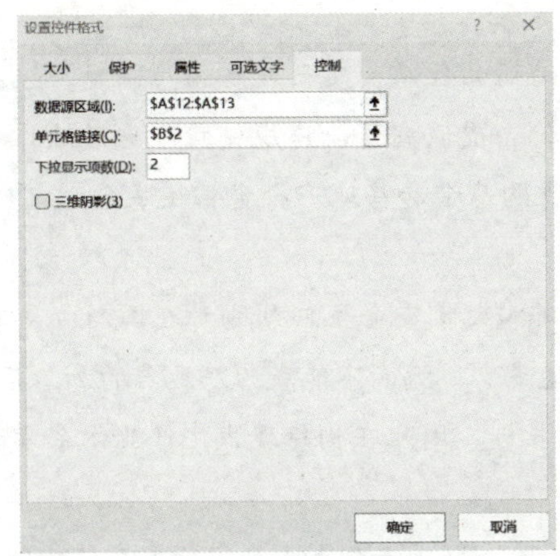

图6-11　设置控件格式数据

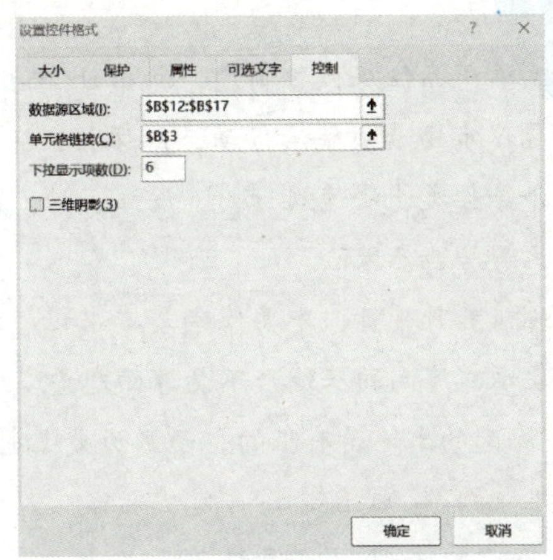

图6-12　设置控件格式数据

（3）计算结果。想要B3可以选择不同的还款周期，B5单元格可以使用IF语句配套使用，在B5中输入“=IF (B3=1,1,IF (B3=2,2,IF (B3=3,4,IF (B3=4,12,IF (B3=5,52,365)))))”。

在B7中输入“=IF (INDEX (A12∶A13, B2)="期末", PMT (B6/B5, B4*B5, -B1,,1))”，INDEX函数检索租金的支付方式，IF函数判断不同租金支付周期的每期应付租金的计算公式。在B1单元格中填入“180”，B3单元格中填入“5”，B6单元格中填入“8%”。

这样，通过B5的“组合框”就可以选择不同的支付周期来计算相应的每期应付的租金进行财务决策了，如图6-13所示。

	A	B
1	租金（万元）	180
2	租金支付方式	期末
3	支付周期	按月支付
4	期限	5
5	每年付款次数	12
6	租金年利率	8%
7	每期应付租金	3.62558044

图6-13　组合框计算房贷计算器

扩展阅读

海南：坚决破除“房地产依赖症”实行现房销售制度

据海南省人民政府官方网站信息，为全面落实《海南自由贸易港建设总体方案》，高质量高标准推进海南自由贸易港建设，海南省作出30项决定。其中，第14项提出，坚持“房住不炒”，推动房地产市场平稳健康发展。

海南省要求，以壮士断腕的决心坚决破除“房地产依赖症”，继续严格执行全域限购等政策，进一步强化城市主体责任，实施重点城市“一城一策”，稳地价、稳房价、稳预期，建立健全房地产调控长效机制和调控评价考核查处机制，坚决做到任何项目不附带商品房用地。

加快发展旅游地产、商业地产，继续实施棚户区改造，大力推进老旧小区改造。健全住房保障和供应体系，发展市场化商品住房、市场化租赁住房，加大公共租赁住房保障力度，加快安居型商品住房、公租房、人才用房等保障性住房建设，解决好本地居民保障性住房、改善性住房和各类人才住房需求。

改革商品住房预售制度，新出让土地建设的商品住房，实行现房销售制度。组织开展房地产市场专项整治行动，严厉打击变相涨价、虚假宣传、违规销售、更名炒作、违法中介等各类违法违规行为，设立不动产投资收购基金和房地产投资信托基金（REITs），防范化解房地产风险。

此前 6 月 8 日，中共海南省委书记、海南省人大常委会主任刘赐贵在国新办发布会上曾表示，海南的房地产不是外面想要多少就建多少，海南不能成为房地产的加工厂。

“海南的土地是有限的，而且历史上也有过教训，因此在构建现代化产业体系方面不能是单一的。”他说。

（资料来源：《海南：坚决破除“房地产依赖症”实行现房销售制度》，人民网，2020-06-15）

课后习题

一、简答题

1. 简述中国房地产市场的发展的特征。

2. 房地产按揭贷款的要素有哪些。

3. 等额本金和等额本息两种按揭方式，本金随着还款期数的变化是如何的？考虑这两种还款方式分别更适合哪类的投资者？

二、操作题

1. 某工厂的李老板现在急需扩大自己的产能，想要在自己厂房的基础上出租或者购买一栋厂房，假设现在李老板需要经营至少 10 年，现在厂房的价格为 600 万，首付为一半，贷款期限为 5 年，贷款利率为 5.28%，问：李老板分别使用等额本金和等额本息的方式按揭贷款购买厂房，其每月分别需要还多少钱？

2. 现在某投资者想要以 250 万的价格购买一栋楼一楼的门市，并将其作为便利店使用，现在银行可以提供的贷款条件如下：

贷款总额为 250 万元；贷款 3 年，等额本息还款；贷款年利率 8%，复利计算；需要付给银行一个初始费用 15 000 元手续费。

制作分期还款表，求：

（1）每月要还给银行多少钱？

（2）贷款的实际利率是多少？

3. 某银行现在想要投资某个大楼打算未来 5 年后使用，现在大楼的价格为 2.5 亿元，贷款利率为 6.25，银行的同业存款利率为一年期 3.25%。银行现在预计，未来 5 年后的楼价为 2.8 亿元，贷款利率为 5.8%，如果现在购买的话每年需要付楼面的管理等费用 20 万。所以现在面临以上的情况，你作为银行的财务总监，将选择在何时购入大楼？

第 7 章

财务报表分析

知识目标

1. 掌握财务分析的基本指标。
2. 掌握企业综合财务评价的基本方法。

技能目标

1. 能够计算并分析基本财务指标。
2. 能够利用 Excel 工具来进行财务报表分析。

思政目标

培养学生严谨求实的工作态度、诚实守信的工作作风、遵纪守法的职业操守。

案例引入

会计记账的发展史

在我国，按记账方法的改变，会计经历了不同的时期，从原始简单的记录计量，到单式记账再到后来的初创时期的复式记账法等，再加上后来西方文化的引进，最终形成了现在通用的复式记账。

一、原始计量

原始计量记录行为是会计的萌芽状态，也是会计最早的存在形态，它是现在会计的原始状态。可以说，后来发展出来的所有的会计记账方法都是由它演变过来的。随着原始社会形态的改变、私有财产的出现等，人们以实物、绘画、结绳、刻契等方式来表现经济活动及其所反映的数量关系。实物记事（计数）、绘画记事（计数）、结绳记事（计数）、刻契记事（计数）等方式所体现的原始计量记录行为，是当时的“会计”行为。

二、单式记账法

我国最早出现的单式记账法并不是我们所知道以“入、出”为会计记录符号的单式记账方式，而是用文字记述的单式记账。

三、复式记账法

到了明末清初之际，山西人傅山根依据“四柱结算法”原理设计出了一种适合于民间商业的会计核算方法——龙门账法，它是将全部账目划分为进、缴、存、该四大类。四者的关系是：该 + 进 = 存 + 缴，或进 − 缴 = 存 − 该。也就是说，结账时“进”大于“缴”或“存”大于“该”即为盈利。这种既能计算盈亏，又可以检查账目平衡关系的会计方法，又被称为是“合龙门”，“龙门账”因此而得名。它的诞生标志着中式簿记由单式记账向复式记账的转变。

复式记账真正得到发展并有突破是在清代，即在“龙门账”的基础上设计发明了“四脚账法”。这是一种比较成熟的复式记账方法，其特点是注重经济业务的收方（即来方）和付方（即去方）的账务处理，不论现金收付事项或非现金收付事项（转账事项）都在账簿上记录两笔，既记入“来账”，又记入“去账”，而且来账和去账所记金额必须相等，否则说明账务处理有误。这种账法的基本原理与西式复式记账法相同。

（资料来源：作者根据相关资料整理）

7.1 财务报表分析概述

微课：财务报表的基本结构回顾

7.1.1 财务报表分析的意义和内容

财务报表分析是对企业财务报表所提供的数据进行加工、分析、比较、评价和解释。如果说记账、编表属于会计的反映功能，那么，财务报表分析则属于解释和评价功能。财务报表分析的目的在于判断企业的财务状况和审查企业经营管理的得失。财务报表是财务会计最重要的部分，是财务数据的集中体现，因此，财务报表分析对财务人员来说是一项必备的技能。

1. 财务报表分析的意义

好的财务报表分析工作，可以正确评价企业的财务状况、经营成果和现金流量情况，揭示企业未来的报酬和风险；可以检查企业预算完成情况，考核经营管理人员的业绩，为建立健全合理的激励机制提供帮助。财务报表的使用范围很广，权益投资人、债权人、经理人员、政府机构和其他与企业有利益关系的人士均会使用。他们出于不同目的使用财务报表，需要不同的信息，采用不同的分析程序。

2. 财务报表分析的具体内容

财务分析信息的需求者主要包括企业所有者、企业债权人、企业经营决策者和政府等。不同的主体由于不同利益的考虑，对财务分析信息有着不同的需求。

（1）企业所有者作为投资人，关心其资本保值和增值情况，因此较为重视企业盈利能力指标，主要进行企业盈利能力分析。

（2）企业债权人因不能参与企业剩余收益分享，所以重点关注的是其投资的安全性，因此更重视企业偿债能力指标，主要进行企业偿债能力分析，同时也关注企业盈利能力分析。

（3）企业经营决策者必须对企业经营理财的各个方面，包括营运能力、偿债能力、盈利能力及发展能力的全部信息，予以详尽的了解和掌握，进行各方面综合分析，并关注企业财务风险和经营风险。

（4）政府兼多重身份，政府既是宏观经济管理者，又是国有企业所有者和重要的市场参与者，因此政府对企业财务分析的关注点因所具身份不同而异。

为了满足不同需求者的需求，财务分析一般包括偿债能力分析、营运能力分析、盈利能力分析、发展能力分析和现金流量分析等方面。

7.1.2 财务分析的方法

1. 比较分析法

比较分析法是按照特定的指标系将客观事物加以比较，从而认识事物的本质和规律并作出正确的评价。财务报表的比较分析法，是指对两个或两个以上的可比数据进行对比，找出企业财务状况、经营成果的差异与问题。

根据比较对象的不同，比较分析法分为趋势分析法、同行业分析法、比率分析法和结构百分比法。趋势分析法的比较对象是本企业的历史；同行业分析法比较的对象是同类企业，如行业平均水平或竞争对手。在财务分析中，最常用的比较分析法是趋势分析法。

2. 因素分析法

因素分析法是依据分析指标与影响因素的关系，从数量上确定各因素对分析指标的影响方面和影响程度的一种方法。因素分析法又分为比率因素分解法和差异因素分解法。

7.1.3 资产负债表分析模型

（1）资产负债表的结构分析模型，是分析资产负债表中的各个项目在总资产中所占的比重。在分析时，以资产负债表中的资产总计为基准，将其他各项目的数据与资产总计相比，求出各个项目在总资产中所占的结构百分比，即可得出资产负债表的结构分析模型，实际上也就是编制一个结构比资产负债表。

（2）资产负债表的趋势分析模型，是指采用连续几期财务报表数据（通常至少 3 期的财务数据），分析财务单位的各期经营状况及其变化趋势。通过连续几期财务报表数据的比较，可以大体了解企业的发展趋势和变化情况。一般情况下，企业各年度的各项财务指标波动的幅度应该不大。所要关注的是某一年度异常的变动，包括某一年度的指标突然趋向有利方向或不利方向，以及波动幅度突然增大。

7.1.4 利润表分析模型

（1）利润表结构分析主要将企业主营业务收入作为总体，计算分析其他各主要项目占主营业务收入的比重，通常是通过编制结构比利润表进行的。重点是分析企业成本费用和利润占销售收入的百分比。

（2）利润表趋势分析就是利用连续近几期（一般 3 ~ 5 期）利润表中的相关数据资料，通过对比分析企业经营成果状况及变化趋势，并在此基础上进一步分析企业经营成果发生变化的原因，以便企业更好地进行下一个循环的经营决策。

7.1.5 现金流量表分析模型

（1）表格总体结构分析是对一定时期内企业现金流的组成部分进行剖析，判断影响企业现金流的重要部分。

（2）表格具体项目结构分析是从报表具体项目出发，分析某一具体项目在一定时期内的现金流入和流出情况。

（3）现金流量表变动趋势分析一般利用企业连续近几期的数据，建立相关的 Excel 表格，通过表格中的数据进行计算分析，来判断企业现金流量的变动趋势，在寻找变动原因、预测未来现金流从而规划企业生产安排中起到必不可少的作用。

7.2 财务报表比率分析方法

微课：财务比率分析方法回顾

基本的财务报表分析方法主要是财务比率分析法，旨在通过财务报表数据的相对关系来揭示企业经营管理的各方面问题。基本的财务报表分析内容包括偿债能力分析、营运能力分析、盈利能力分析、发展能力分析和现金流量分析 5 个方面。

7.2.1 偿债能力分析

企业偿债能力反映的是企业偿还债务的能力。对偿债能力进行分析有利于债权人进行正确的借贷决策，有利于投资者进行正确的投资决策，有利于企业经营者进行正确的经营决策，有利于投资者正确评价企业的财务状况。

债务一般按到期时间分为短期债务和长期债务，偿债能力分析也由此分为短期偿债能力分析和长期偿债能力分析。

1. 短期偿债能力分析指标

企业短期偿债能力是指企业以流动资产偿还流动负债的能力。一般用于衡量企业短期偿债能力大小的指标如下：

（1）流动比率。流动比率是企业流动资产与流动负债的比。其计算公式为

$$流动比率 = 流动资产 \div 流动负债 \tag{7-1}$$

流动比率表明每 1 元流动负债有多少流动资产作为保障，流动比率越大通常短期偿债能力越强。一般认为，生产企业合适的流动比率为 2。虽然流动比率越高，企业偿还短期债务的流动资产保障性越强，但并不能说明企业已有足够的现金或存款用来偿债，这是因为流动资产中变现能力最差的存货金额约占流动资产总额的一半，剩下的流动性较大的流动资产至少要等于流动负债，企业短期偿债能力才会有保证。流动比率高也可能是存货积压，应收账款增多且收账期延长以及待摊费用增加所致，而真正可用来偿还的现金和存款严重短缺。随着企业经营方式和金融环境的变化，流动比率有下降的趋势，现在有许多成功企业的流动比率低于 2。

流动比率的缺点是该比率比较容易人为操纵，并且没有揭示流动资产的构成内容，只能大致反映流动资产整体的变现能力。但流动资产中包含像存货这类变现能力较差的资产，如能将其剔除，其所反映的短期偿债能力更加可信，这个指标就是速动比率。

（2）速动比率。速动比率是企业速动资产与流动负债之比，指流动资产减去变现能力较差的不稳定的存货、预付账款、待摊费用后的余额，其计算公式为

$$速动资产 = 流动资产 - 存货 - 待摊费用 - 预付账款 \tag{7-2}$$

$$速动比率 = 速动资产 \div 流动负债 \tag{7-3}$$

由于剔除了存货等变现能力较弱且不稳定的资产，因此速动比率较流动比率能更加准确、可靠地评价企业资产的流动性及其偿还短期负债的能力。例如，某公司虽然近几年来流动比率远低于一般认为的最低流动比率，但其速动比率一直保持在 1 的水平，可见其短期偿债能力并不像单看流动比率时那么弱。

速动比率表明每 1 元流动负债有多少速动资产作为偿债保障。一般情况下，速动比率越大，短期偿债能力越强。由于通常认为存货占了流动资产的一半左右，因此剔除了存货影响的速动比率至少是 1。速动比率过低，则企业面临偿债风险；但速动比率过高，会因占用现金及应收账款过多而增加企业的机会成本。影响比率可信性的重要因素是应收账款的变现能力。因为，应收账款的账面金额不一定都能转化为现金，而且对于季节性生产的企业，其应收账款金额存

在季节性变动，根据某一时点计算的速动比率不能客观反映其短期偿债的能力。此外，使用该指标应考虑行业的差异性，如大量使用现金结算的企业其速动比率大大低于 1 是正常现象。

见表 7-1 所列，A 公司年初速动比率为 0.67，年末速动比率为 0.74。那么 A 公司在年初、年末的速动比率都比一般公认标准低，对比同行业 B、C 公司的年初速动比率 0.80、0.68 以及年末速动比率 0.92、0.77，可见 A 公司的短期偿债能力较弱。

进一步分析可发现，A 公司的速动资产中应收账款比重高于 B、C 公司，而应收账款不一定能按时收回，所以还需计算分析第三个重要比率——现金比率。

表 7-1　A、B、C 公司年初年末速动比率

公司	年初速动比率	年末速动比率
A	0.67	0.74
B	0.80	0.92
C	0.68	0.77

（3）现金比率。现金资产包括货币资金和交易性金融资产等。现金资产与流动负债的比值称为现金比率。其计算公式为

$$现金比率 =（货币资金 + 交易性金融资产）÷ 流动负债 \tag{7-4}$$

现金比率剔除了应收账款对偿债能力的影响，最能反映企业直接偿付流动负债的能力。该比率越高，说明企业短期偿债能力越强，流动负债的安全性越高。经研究表明，0.2 的现金比率就可以接受。由于流动负债是一年内（或一个营业周期内）陆续到期清偿，所以并不需要企业时时保留相当于流动负债金额的现金资产。但这一比率过高，就意味着企业流动负债未能得到合理运用，而现金及现金等价资产获利能力低，这类资产金额太高会导致企业机会成本增加。

由表 7-2 可知，A 公司虽然速动比率较低，但现金比率偏高，而 B、C 公司年初现金比率为 0.16、0.21，年末现金比率为 0.15、0.13，说明 A 公司资源配置能力有待改善，以免影响企业后续盈利能力。

现金比率是企业短期偿债能力指标中最严格、最稳健的衡量指标。

表 7-2　A 公司年初年末速动比率和现金比率

	年初速动比率	年末速动比率	年初现金比率	年末现金比率
A	0.67	0.74	0.38	0.44
B	0.80	0.92	0.16	0.15
C	0.68	0.77	0.21	0.13

2. 长期偿债能力分析

长期偿债能力是指企业在较长的期间偿还债务的能力。企业在长期内，不仅需要偿还流动负债，还需要偿还非流动负债，因此，长期偿债能力衡量的是企业对所有负债的清偿能力。企

业对所有负债的清偿能力取决于其总资产水平，因此长期偿债能力比率考察的是企业资产、负债和所有者权益之间的关系。其财务指标主要有四项：资产负债率、产权比率、权益乘数和利息保障倍数。

（1）资产负债率。资产负债率是企业负债总额与资产总额之比。其计算公式为

资产负债率 = 负债总额 ÷ 资产总额 *100%　　(7-5)

资产负债率反映总资产中有多大比例是通过负债取得的，可以衡量企业清算时资产对债权人权益的保障程度。当资产负债率高于 50% 时，表明企业资产来源主要依靠的是负债，财务风险较大；当资产负债率低于 50% 时，表明企业资产的主要来源是所有者权益，财务比较稳健。这一比率越低，表明企业资产对负债的保障能力越高，企业的长期偿债能力越强。

（2）产权比率。产权比率又称资本负债率，是负债总额和所有者权益之比，它是企业财务结构稳健与否的重要指标志。其公式为

产权比率 = 负债总额 ÷ 所里者权益总额 *100%　　(7-6)

产权比率反映了由债权人提供的资本与所有者提供的资本相对关系，即企业财务结构是否稳定。一般来说，比率越低，表明企业偿债能力越强，债权人权益保障程度越高。在分析时同样需要结合企业的具体情况加以分析。产权比率高，是高风险、高报酬的财务结构；产权比率低，是低风险、低收益的财务结构。

（3）权益乘数。权益乘数是总资产与股东权益的比值。其计算公式为

权益乘数 = 总资产 ÷ 股东权益　　(7-7)

权益乘数表明股东每投入 1 元钱可实际拥有和控制的金额。在企业存在负债的情况下，权益乘数大于 1。企业负债比例越高，权益乘数越大。产权比率和权益乘数是资产负债率的另外两种表现形式，是常用的反映财务杠杆水平的指标。

（4）利息保障倍数。利息保障倍数是指企业息税前利润与应付利息之比，又称已获利息倍数，用以衡量偿付借款利息的能力。其计算公式为

利息保障倍数 = 息税前利润 ÷ 应付利息 =（净利润 + 利润表中的利息费用 + 所得税）
÷ 应付利息　　(7-8)

公式中的“息税前利润”指利润表中扣除利息费用和所得税前的利润。公式中的“应付利息”指支付给债权人的全部利息，包括财务费用中的利息和计入固定资产中的利息。

一般情况下，利息保障倍数越高，企业长期偿债能力越强。国际上通常认为，该指标为 3 时较为适当，从长期来看至少大于 1，为负值时没有任何意义。

7.2.2 营运能力分析

营运能力是以企业各项资产的周转速度来衡量企业资产利用的效率。周转速度越快，表明企业的各项资产进入生产、销售等经营环节的速度越快，那么其形成收入和利润的周期就越短，经营效率自然就越高。一般来说，它包括以下五个指标：应收账款周转率、存货周转率、流动资产周转率、固定资产周转率和总资产周转率。

1. 应收账款周转率

应收账款在流动资产中有着举足轻重的地位，及时收回应收账款，不仅增强了企业的短期偿债能力，也反映出企业管理应收账款的效率。反映应收账款周转情况的比率是应收账款周转率，其包括应收账款周转次数和应收账款周转天数。

应收账款周转次数，是一定时期内商品或产品营业收入与应收账款平均余额的比值，表明一定时期内应收账款平均收回的次数，其计算公式为

$$应收账款周转率（次数）= 营业收入 \div 应收账款平均余额 \tag{7-9}$$

应收账款周转天数是指应收账款周转一次（从销售开始到收回现金）所需要的时间，其计算公式为

$$应收账款周转天数 = 计算期天数 \div 应收账款周转次数 \tag{7-10}$$

一般来说，企业该项比率越高，说明企业催收应收账款的速度越快，可以减少坏账损失，而且资产流动性强，企业短期偿债能力也会增强，在一定程度上可以弥补流动比率低的不利影响。若企业应收账款周转率低，则说明企业催收应收账款的效率太低或信用政策十分宽松，会影响资金利用率和资金的正常周转。

2. 存货周转率

在流动资产中，存货所占比重较大，存货的流动性将直接影响企业的流动比率。存货周转率的分析同样可以通过存货周转次数和存货周转天数反映。

存货周转次率（次数）是指一定时期内企业营业成本与存货平均资金占用额的比率，是衡量和评价企业购入存货、投入生产、销售收回等各环节管理效率的综合性指标。存货周转率与存货平均余额的计算公式分别为

$$存货周转率（次数）= 营业成本 \div 存货平均余额 \tag{7-11}$$

$$存货平均余额 =（期初存货 + 期末存货）\div 2 \tag{7-12}$$

存货周转天数是指存货周转一次（即存货取得到存货销售）所需要的时间。其计算公式为

$$存货周转天数 = 计算期天数 \div 存货周转次数 \tag{7-13}$$

一般来讲，存货周转速度越快，存货占用水平越低，流动性越强，存货转化为现金或应收账款的速度越快，这样会增加企业短期偿债能力及盈利能力。但存货周转率也不是越低越好，在特定情形下，存在一个最佳的存货水平。

3. 流动资产周转率

流动资产周转率是评价企业流动资金利用率的另一重要指标，流动资产周转率是企业的营业收入与流动资产平均余额的比值，它反映了企业流动资产的周转速度，是从企业全部资产中流动性最强的流动资产角度对企业资产的利用效率进行分析，以进一步揭示影响企业资产质量的主要因素。流动资产周转率与流动资产平均余额的计算公式分别为

$$流动资产周转率（次数）= 营业收入 \div 流动资产平均余额 \tag{7-14}$$

$$流动资产平均余额 =（期初流动资产 + 期末流动资产）\div 2 \tag{7-15}$$

一般情况下，该指标越高，说明企业流动资产周转速度越快，利用越好。在较快的周转速

度下，流动资产会相对节约，相当于流动资产投入增加，在一定程度上增强了企业的盈利能力；而周转速度越慢，则需要补充流动资金参加周转，会造成资金的浪费，降低企业的盈利能力。通过对该指标的分析，可以促进企业增强内部管理，充分有效地利用流动资产，如降低成本、调动暂时闲置的货币资金用于短期投资创造收益等，还可以促进企业采取措施扩大销售，提高流动资产的综合使用效率。

4. 固定资产周转率

固定资产周转率也称固定资产利用率，是企业营业收入与固定资产平均额的比率。它是反映企业固定资产周转情况，从而衡量固定资产利用率的一项指标。固定资产周转率及平均固定资产的计算公式分别为

$$固定资产周转率 = 营业收入 \div 平均固定资产 \tag{7-16}$$

$$平均固定资产 = (期初固定资产 + 期末固定资产) \div 2 \tag{7-17}$$

固定资产周转率主要分析对厂房、设备等固定资产的利用率，比率越高，说明利用率越高，管理水平越好。如过固定资产周转率与同行业平均水平相比偏低，则说明企业对固定资产的利用率低，提供的生产成果不多，可能会影响企业的获利能力。

5. 总资产周转率

反映总资产运营能力的指标是总资产周转率。总资产周转率（次数）是企业营业收入与企业资产平均总额的比率。其计算公式为

$$总资产周转率（次数）= 营业收入 \div 平均资产总额 \tag{7-18}$$

如果企业各期资产总额比较稳定，波动不大，则平均总资产的计算公式为

$$平均总资产 = (期初总资产 + 期末总资产) \div 2 \tag{7-19}$$

总资产周转率是综合评价企业全部资产经营质量和利用效率的重要指标，它体现了企业经营期间全部资产从投入到产出的流转速度，反映了企业全部资产的管理质量和利用效率。

通过该指标的对比分析，可以反映企业本年度以及以前年度总资产的运营效率和变化，发现企业与同类企业在资产利用上的差距，促进企业挖掘潜力、积极创收、提高产品市场占有率和提高资产利用效率。一般情况下，该数值越高，表明企业总资产周转速度越快，销售能力越强，资产利用效率越高。总资产周转率经常与企业盈利能力的指标结合在一起，以全面评价企业的盈利能力。

7.2.3 盈利能力分析

盈利能力就是企业资金增值的能力。不论是投资人、债权人还是经理人员，都会非常重视和关心企业的盈利能力。因此，盈利能力指标主要通过收入与利润之间的关系、资产与利润之间的关系反映。反映企业盈利能力的指标主要有营业毛利率、营业净利率、总资产净利率和净资产收益率。

1. 营业毛利率

营业毛利率是营业毛利与营业收入的比值。其计算公式为

$$营业毛利率 = 营业毛利 \div 营业收入 \times 100\% \tag{7-20}$$

营业毛利反映产品每 1 元营业收入包含的毛利润是多少，即营业收入扣除营业成本后还有多少剩余可用于弥补各期费用和形成利润。营业毛利率越高，表明产品的盈利能力越强。其计算公式为

$$营业毛利 = 营业收入 - 营业成本 \tag{7-21}$$

2. 销售净利率

销售净利率是净利润与营业收入的比值。其计算公式为

$$销售净利率 = 净利润 \div 营业收入 \times 100\% \tag{7-22}$$

销售净利率反映每 1 元营业收入最终赚取了多少利润，用于反映产品最终的盈利能力。在利润表上，从营业收入到净利润需要扣除营业成本、期间费用、税金等项目。因此，将销售净利率按利润的扣除项目进行分解可以识别影响销售净利率的主要因素。

3. 总资产净利率

总资产净利率是净利润与平均总资产的比值。其计算公式为

$$总资产净利率 = 净利润 \div 平均总资产 \times 100\% \tag{7-23}$$

总资产净利率反映每 1 元资产创造的净利润，它衡量的是企业资产的盈利能力。总资产净利率越高，表明企业投入产出的水平越好，企业的资产运营越有效。

4. 净资产收益率

净资产收益率又称权益净利率或权益报酬率，是净利润与平均所有者权益的比值，表示每 1 元权益资本赚取的净利润，反映权益资本经营的盈利能力。其计算公式为

$$净资产收益率 = 净利润 \div 平均所有者权益 \times 100\% \tag{7-24}$$

净资产收益率是企业盈利的核心指标，也是杜邦财务分析体系的核算目标，更是投资者关注的重点。它反映了股东权益的收益水平，指标值越高，说明投资带来的收益越高；净资产收益率越低，说明企业所有者权益的获利能力越弱。

企业可以适当地运用财务杠杆提高资金的使用率，借入的资金过多会增大企业的财务风险，但一般可以提高盈利；借入的资金过少会降低资金的使用率。因为企业的资金来源包括两部分，一部分是股东的投资，即所有者权益（它是股东投入的股本，企业公积金和留存收益的总和），另一部分是企业借入和暂时占用的资金。净资产收益率是从所有者和债权人两方来共同考察整个企业的盈利水平，而净资产收益率是从所有者角度来考察企业盈利水平高低的。

7.2.4 发展能力分析

企业发展能力，也称企业的成长性，是企业通过自身的生产经营活动，不断扩大积累而形成的发展潜能。企业能否健康发展取决于多种因素，包括经营环境、企业内在素质以及资源条件等。衡量企业发展能力的指标主要有营业收入增长率、总资产增长率、营业利润增长率、资本保值增值率和所有者权益增长率等。

1. 营业收入增长率

该指标反映的是相对化的营业收入增长情况，是衡量企业经营状况和市场占有能力、预测企业经营业务拓展趋势的重要指标，也是企业扩张资本的前提。在实际分析时应考虑企业历年的销售水平、市场占有情况、行业未来发展及其他影响企业发展的潜在因素，或结合企业前三年的营业收入增长率进行趋势性分析判断。营业收入增长率与本年收入增长额的计算公式分别为

$$营业收入增长率 = 本年营业收入增长额 \div 上年营业收入 \times 100\% \quad (7-25)$$

$$本年收入增长额 = 本年营业收入 - 上年营业收入 \quad (7-26)$$

营业收入增长率指标越高，表明增长速度越快，企业市场前景越好；反之则说明企业市场份额萎缩。

2. 总资产增长率

总资产增长率是企业本年资产增长额同年初资产总额的比率，反映了企业本期资产规模的增长情况，是企业用于取得收入的资源，也是企业偿还债务的保障。资产增长是企业发展的一个重要方面，发展性高的企业一般能保持资产的稳定增长。总资产增长率与本年资产增长额的计算公式分别为

$$总资产增长率 = 本年资产增长额 \div 年初资产总额 \times 100\% \quad (7-27)$$

$$本年资产增长额 = 年末资产总额 - 年初资产总额 \quad (7-28)$$

总资产增长率指标越高，表明企业一定时期内资产经营规模扩张的速度越快。但在分析时，需要关注资产规模扩张的“质”和“量”的关系，以及企业的后续发展能力，避免盲目扩张。

3. 营业利润增长率

营业利润增长率是企业本年营业利润增长额与上年营业利润总额的比率，反映企业营业利润的增减变动情况。营业利润增长率与本年营业利润增长额的计算公式分别为

$$营业利润增长率 = 本年营业利润增长额 \div 上年营业利润总额 \times 100\% \quad (7-29)$$

$$本年营业利润增长额 = 本年营业利润 - 上年营业利润 \quad (7-30)$$

4. 资本保值增值率

资本保值增值率是扣除客观增减因素后所有者权益的期末总额与期初总额的比率，主要反映企业资本的运营效益与安全状况。其计算公式为

$$资本保值增值率 = (期初所有者权益 + 本期利润) \div 期初所有者权益 \times 100\% \quad (7-31)$$

该指标越高，表明企业的资本保全状况越好，所有者权益增长越快，债权人债务越有保障，企业发展后劲越强。

5. 所有者权益增长率

所有者权益增长率是企业本年所有者权益增长额和年初所有者权益的比率，反映企业当年资本的积累能力。所有者权益增长率与本年所有者权益增长额的计算公式分别为

$$所有者权益增长率 = 本年所有者权益增长额 \div 年初所有者权益 \times 100\% \quad (7-32)$$

$$本年所有者权益增长额 = 年末所有者权益 - 年初所有者权益 \quad (7-33)$$

所有者权益增长率指标越高，表明企业资本累积越多，应对风险、持续发展的能力越强。

7.2.5 财务报表综合能力分析

财务分析的最终目的在于全面、准确、客观地揭示与披露企业财务状况和经营情况，并借此对企业经济效益优劣做出合理的评价。但是仅仅观察财务报表无法洞察财务状况的全貌，同时仅观察单一的财务比率，也难以了解公司财务状况的全面情况。为此，需要把各种财务比率结合起来，杜邦财务分析体系就是一种综合分析法。

杜邦财务分析法是一种用来评价公司盈利能力和股东权益回报水平，从财务角度评价企业绩效的经典方法。它的核心是净资产净利率，也称净资产收益率。它将净资产净利率分为销售净利率、总资产周转率和权益乘数，分别衡量企业的盈利能力、营运能力和财务杠杆。由于这种分析方法是美国杜邦公司首先使用，故称杜邦分析法。这种方法能够层层分解至企业最基本生产要素的使用、成本与费用的构成和企业风险，从而满足经营者通过财务分析进行绩效评价的需要，在经营目标发生异常变动时能及时查明原因并加以修正。杜邦财务分析体系为改善企业内部经营管理提供了有益的分析框架。杜邦财务分析体系具体结构如图 7-1 所示。

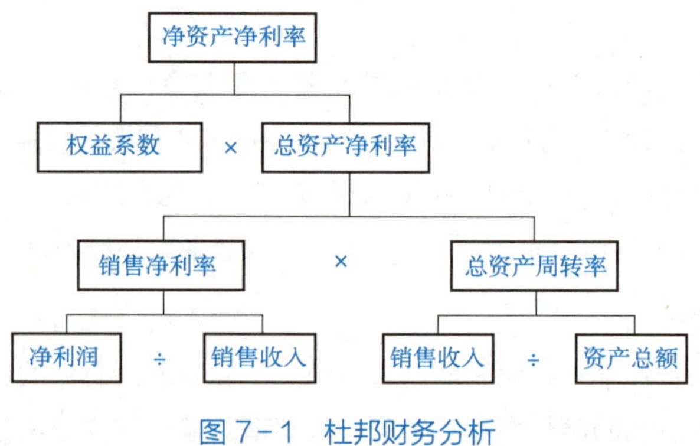

图 7-1 杜邦财务分析

可以看到，企业获利能力的高低主要受制于三个基本因素：销售净利率、总资产周转率和权益乘数。

净资产收益率是一个综合性很强的财务分析指标，是杜邦分析系统的核心，它反映了企业所有者投入资本的盈利能力，说明了企业筹资、投资、资产营运等各项财务及其管理活动的效率，而不断提高净资产收益率是使所有者权益最大化的基本保证。所以，这一财务分析指标是企业所有者、经营者十分关心的。净资产收益率的高低取决于销售净利率、总资产周转率和权益乘数的大小。这样，在进行分解后，就可以将净资产收益率这一综合性指标发生升降变化的原因具体化。

销售净利率反映了企业净利润和销售收入的关系，要想提高销售净利率，一是要扩大营业收入，二是要降低成本费用。扩大营业收入既有利于提高销售净利率，又有利于提高总资产收益率。降低成本是提高销售净利率的一个重要因素，杜邦分析表中的净利润是营业收入扣除全部成本（制造成本、销售费用、管理费用、财务费用）以及所得税费用加上其他利润的结果，从这段关系可以看出成本费用的基本结构是否合理，从而找出降低成本费用的途径和加强成本费用控制的方法。如果企业财务费用支出过高，就要进一步分析其负债比率是否过高；如果企业管理费用过高，就要进一步分析其资金周转情况等。从上述关系中还可以看出，提高销售净利润的另一个途径是提高其他利润。

权益乘数表示企业的负债程度，反映了公司利用财务杠杆进行经营的程度。资产负债率高，权益乘数就大，这说明公司负债程度高，由于负债利息能够发挥节税的作用，因此公司会有较多的杠杆利益，但风险也高；反之，资产负债率低，权益乘数就小，说明公司负债程度低，公司会有较少的杠杆利益，但相应所承担的风险也低。

杜邦分析法主要是解释各项财务比率指标的变动原因和揭示各项财务比率指标之间的相互关系。

小专栏

提供虚假的监管数据报表 都邦保险被罚

2023 年 4 月 11 日，中国银保监会浙江监管局发布了 1 张罚单，剑指都邦财产保险股份有限公司浙江分公司及其相关责任人。

罚单显示，都邦财产保险股份有限公司浙江分公司主要违法违规事实（案由）为：向监管部门提供虚假的财产险标准化监管数据报表。方赛是对前述违法违规行为直接负责的主管人员。

针对上述违法行为，中国银保监会浙江监管局根据《中华人民共和国保险法》第一百七十条、第一百七十一条，对都邦财产保险股份有限公司浙江分公司罚款人民币 10 万元；对方赛警告，并罚款人民币 1 万元。

根据天眼查，都邦财产保险股份有限公司前三大股东（发起人）为吉林省金都集团有限公司、吉林市铁路投资开发有限公司和吉林市铁路投资开发有限公司。

2022 年 11 月 16 日，都邦财产保险股份有限公司金华中心支公司因委托未通过该公司进行执业登记的个人从事保险代理业务，被浙江银保监局警告并被罚款 0.5 万元。2022 年 12 月 29 日，都邦财产保险股份有限公司长春中心支公司因承保 99 笔交强险业务，但投保资料中无车辆在吉林省本地验车照片或在当地长期使用的其他证明材料，被吉林银保监局作出警告并罚款 3 万元的行政处罚。

（资料来源：《提供虚假的监管数据报表 都邦保险被罚》，界面新闻，2023-04-11）

7.3 应用 Excel 进行财务分析

财务报表中的数据不仅种类繁多，而且涉及不同时期、不同企业之间的比较，因此，利用 Excel 所提供的各种功能来辅助财务分析，可以迅速、准确地完成财务分析工作。通过本任务的学习，学生可使用 Excel 对企业财务报表进行分析。

7.3.1 财务比率分析

具体操作步骤如下。

(1) 建立一个工作簿，名称为“公司财务分析”。打开 Excel，新建空白工作簿，并重命名为“公司财务分析”。

微课：应用 Excel 进行财务分析实操

(2) 在“公司财务分析”工作簿插入 2 个工作表，并分别重命名为“资产负债表”和“利润表”，并按图所示设计公司 2023 年资产负债表和利润表。

①在“公司财务分析”工作簿新增一个空白工作表并重命名为“资产负债表”，建立资产负债表，并直接填入数据，同时进行适当修饰，使之美观实用，如图 7-2 所示。

资产负债表					
编制单位：大连百大公司		2023年12月31日		单位：万元	
资　　产	期末余额	年初余额	负债和所有者权益	期末余额	年初余额
流动资产			流动负债		
货币资金	900	800	短期借款	2,300	2,000
交易性金融资产	500	1,000	应付账款	1,200	1,000
应收账款	1,300	1,200	预收账款	400	300
预付账款	70	40	其他应付款	100	100
存货	5,200	4,000	流动负债合计	4,000	3,400
其他流动资产	80	60	非流动负债		
流动资产合计	8,060	7,100	长期借款	2,500	2,000
非流动资产			非流动负债合计	2,500	2,000
长期股权投资	400	400	负债合计	6,500	5,400
固定资产	14,000	12,000	所有者权益		
无形资产	550	500	实收资本(或股本)	12,000	12,000
非流动资产合计	14,950	12,900	盈余公积	1,600	1,600
			未分配利润	2,900	1,000
			所有者权益合计	16,500	14,600
资产总计	23,000	20,000	负债及所有者权益合计	23,000	20,000

图 7-2　资产负债表

②在“公司财务分析”工作簿新增一个空白工作表并重命名为“利润表”，建立利润表，并直接填入数据，同时进行适当修饰，使之美观实用，如图 7-3 所示。

利润表		
编制单位：大连百大公司　　2023年度		单位：万元
项　　目	本期金额	上期金额
一、营业收入	21,200	18,800
减：营业成本	12,400	10,900
税金及附加	1,200	1,080
销售费用	1,900	1,620
管理费用	1,000	800
财务费用	300	200
加：投资收益(损失以“-”号填列)	300	300
二、营业利润	4,700	4,500
加：营业外收入	150	100
减：营业外支出	650	600
三、利润总额	4,200	4,000
减：所得税费用	1,050	1,000
五、净利润	3,150	3,000

图 7-3　利润表

(3) 在“公司财务分析”工作簿新增一个空白工作表并重命名为“财务比率分析表”，按如图所示的格式建立财务比率分析表，并进行适当修饰，如图 7-4 所示。

A	B	C	D
财务比率分析表		2023年	2022年
一、变现能力比率			
流动比率	流动资产/流动负债		
速动比率	(货币资金+交易性金融资产+应收账款+应收票据)/流动负债		
二、长期负债比率			
资产负债率：	负债总额/资产总额		
产权比率：	负债总额/所有者权益总额		
有形净值债务率：	负债总额/(所有者权益总额-无形资产净值)		
已获利息倍数：	息税前利润/利息费用		
三、资产管理比率			
存货周转率	营业成本/平均存货余额		
应收账款周转率	营业收入/平均应收账款余额		
流动资产周转率	营业收入/平均流动资产总额		
总资产周转率	营业收入/平均资产总额		
四、盈利能力比率			
营业利润率	营业利润/营业收入		
总资产报酬率	息税前利润/平均资产总额		
净资产收益率	净利润/平均净资产		

图 7-4　财务比率分析表

（4）计算“财务比率分析表”中 2023 年和 2022 年各项分析指标。

①在财务比率分析表中创建公式和跨表引用数据。以计算 2023 年流动比率为例，将光标移至 C3 单元格后单击，在该单元格中输入“=”，进行单元格函数公式的编辑，如图 7-5 所示。

SUM　fx　=

	A	B	C
1	财务比率分析表		2023年
2	一、变现能力比率		
3	流动比率	流动资产/流动负债	=

图 7-5　财务比率分析表

②根据流动比率公式提示（流动比率 = 流动资产 / 流动负债），首先单击“资产负债表”工作表，将光标移至 B11 单元格（期末流动资产合计）并单击，然后在函数编辑栏中输入“/”，最后单击 E9 单元格（期末流动负债合计），生成流动比率计算公式。

③单击“确认”按钮，结束公式的输入，这时单元格中已显示计算结果，如图 7-6 所示。注意要将单元格调整为数值格式。

C3　fx　=资产负债表!B11/资产负债表!E9

	A	B	C
1	财务比率分析表		2023年
2	一、变现能力比率		
3	流动比率	流动资产/流动负债	2.02
4	速动比率	(货币资金+交易性金融资产+应收账款+应收票据)/流动负债	

图 7-6　财务比率分析表

④计算 2022 年的流动比率时，因为与 2023 年流动比率的计算公式一致，引用工作表也一致，所以可以直接将 2023 年流动比率的计算公式复制到单元格 D3，自动生成 2022 年的流动比率计算公式，从而进行两年数据的对比（为了简化计算，在输入公式时，均使用年末数据），如图 7-7、7-8 所示。

SUM | × ✓ *fx* =资产负债表!B11/资产负债表!E9

	A	B	C
1		财务比率分析表	2023年
2	一、变现能力比率		
3	流动比率	流动资产/流动负债	=资产负债表!B11/资产负债表!E9
4	速动比率	(货币资金+交易性金融资产+应收账款+应收票据)/流动负债	

图 7-7　财务比率分析表(1)

D3 | *fx* =资产负债表!C11/资产负债表!F9

	A	B	C	D
1		财务比率分析表	2023年	2022年
2	一、变现能力比率			
3	流动比率	流动资产/流动负债	2.02	2.09
4	速动比率	(货币资金+交易性金融资产+应收账款+应收票据)/流动负债		

图 7-8　财务比率分析表(2)

⑤使用相同的方法，按照公式提示，在相应的单元格中输入速动比率的计算公式，显示速动比率的计算结果，如图 7-9 所示。

C4 | *fx* =(资产负债表!B5+资产负债表!B6+资产负债表!B7)/资产负债表!E9

	A	B	C
1		财务比率分析表	2023年
2	一、变现能力比率		
3	流动比率	流动资产/流动负债	2.02
4	速动比率	(货币资金+交易性金融资产+应收账款+应收票据)/流动负债	=(资产负债表!B5+资产负债表!B6+资产负债表!B7)/资产负债表!E9
5			

图 7-9　财务比率分析表(3)

⑥使用相同的方法，按照公式提示，在财务比率分析表相应的单元格中输入各个财务比率的计算公式，并对已输入的公式进行复制、粘贴操作。生成的各财务比率计算公式，公式计算结果如图 7-10 所示。

C16 | *fx* =利润表!B4/资产负债表!B19

	A	B	C
1		财务比率分析表	2023年
2	一、变现能力比率		
3	流动比率	流动资产/流动负债	=资产负债表!B11/资产负债表!E9
4	速动比率	(货币资金+交易性金融资产+应收账款+应收票据)/流动负债	=(资产负债表!B5+资产负债表!B6+资产负债表!B7)/资产负债表!E9
5			
6	二、长期负债比率		
7	资产负债率：	负债总额/资产总额	=资产负债表!E13/资产负债表!B19
8	产权比率：	负债总额/所有者权益总额	=资产负债表!E13/资产负债表!E18
9	有形净值债务率：	负债总额/(所有者权益总额-无形资产净值)	=资产负债表!E13/（资产负债表!E18-资产负债表!B15）
10	已获利息倍数：	息税前利润/利息费用	=（利润表!B14+利润表!B9）/利润表!B9
11			
12	三、资产管理比率		
13	存货周转率	营业成本/平均存货余额	=利润表!B5/资产负债表!B9
14	应收账款周转率	营业收入/平均应收账款余额	=利润表!B4/资产负债表!B7
15	流动资产周转率	营业收入/平均流动资产总额	=利润表!B4/资产负债表!B11
16	总资产周转率	营业收入/平均资产总额	=利润表!B4/资产负债表!B19
17			
18	四、盈利能力比率		
19	营业利润率	营业利润/营业收入	=利润表!B11/利润表!B4
20	总资产报酬率	息税前利润/平均资产总额	=（利润表!B14+利润表!B9）/资产负债表!B19
21	净资产收益率	净利润/平均净资产	=利润表!B16/资产负债表!E18

图 7-10　财务比率分析表(4)

将计算所得到的数据与同行业企业的财务指标标准值进行比较，如图 7-11 所示，即可对企业的财务状况和经营成果进行评价。

	A	B	C	D
1		财务比率分析表	2023年	2022年
2	一、变现能力比率			
3	流动比率	流动资产/流动负债	2.02	2.09
4	速动比率	(货币资金+交易性金融资产+应收账款+应收票据)/流动负债	0.68	0.88
5				
6	二、长期负债比率			
7	资产负债率:	负债总额/资产总额	28.26%	27.00%
8	产权比率:	负债总额/所有者权益总额	39.39%	36.99%
9	有形净值债务率:	负债总额/(所有者权益总额-无形资产净值)	40.75%	38.30%
10	已获利息倍数:	息税前利润/利息费用	15.00	21.00
11				
12	三、资产管理比率			
13	存货周转率	营业成本/平均存货余额	2.38	2.73
14	应收账款周转率	营业收入/平均应收账款余额	16.31	15.67
15	流动资产周转率	营业收入/平均流动资产总额	2.63	2.65
16	总资产周转率	营业收入/平均资产总额	0.92	0.94
17				
18	四、盈利能力比率			
19	营业利润率	营业利润/营业收入	22.17%	23.94%
20	总资产报酬率	息税前利润/平均资产总额	19.57%	21.00%
21	净资产收益率	净利润/平均净资产	19.09%	20.55%

图 7-11　财务比率分析表（5）

7.3.2　财务状况趋势分析

具体操作步骤如下。

利用 Excel 可以非常方便地将常规财务报表转换为结构百分比报表，具体操作步骤如下。

（1）在“公司财务分析”工作簿中建立“比较资产负债表”工作表。

①打开“公司财务分析”工作簿，建立“比较资产负债表”工作表。

②在该工作表中，单击 C5 单元格，输入计算公式“=B5/$B$19”，并拖动鼠标，列向复制公式到单元格 C19，如图 7-12 所示。

③单击鼠标选中 C 列，单击百分比按钮，生成百分比数据，但此时生成的百分比数据为整数，不够精确，再单击保留小数按钮，保留两位小数，完成单元格格式的设置，结果如图 7-13 所示。

	A	B	C
1		编制单位：百大公司	
2	资　产	2023	
3	流动资产		
4	货币资金	900	0.03913
5	交易性金融资产	500	0.02174
6	应收账款	1,300	0.05652
7	预付账款	70	0.00304
8	存货	5,200	0.22609
9	其他流动资产	80	0.00348
10	流动资产合计	8,050	0.35000
11	非流动资产		
12	长期股权投资	400	0.01739
13	固定资产	14,000	0.60870
14	无形资产	550	0.02391
15	非流动资产合计	14,950	0.65000
16			
17			
18	资产总计	23,000	1.00000

图 7-12　比较资产负债表（1）

	A	B	C
1		编制单位：百大公司	
2	资　产	2023	
3	流动资产		
4	货币资金	900	3.91%
5	交易性金融资产	500	2.17%
6	应收账款	1,300	5.65%
7	预付账款	70	0.30%
8	存货	5,200	22.61%
9	其他流动资产	80	0.35%
10	流动资产合计	8,050	35.00%
11	非流动资产		
12	长期股权投资	400	1.74%
13	固定资产	14,000	60.87%
14	无形资产	550	2.39%
15	非流动资产合计	14,950	65.00%
16			
17			
18	资产总计	23,000	100.00%

图 7-13　比较资产负债表（2）

④单击单元格 E5，输入计算公式“=D5/$D$19”，并且拖动鼠标，列向复制公式到单元格 E19；单击单元格 H5，输入计算公式“=G5/$G$19”，并且拖动鼠标，列向复制公式到单元格 H19；单击单元格 J5，输入计算公式“=I5/$I$19”，并且拖动鼠标，列向复制公式到单元格 J19，得到比较资产负债表，如图 7-14 所示。

比较资产负债表									
编制单位：大连百大公司			2023年12月31日				单位：万元		
资　产	2023		2022		负债和所有者权益	2023		2022	
流动资产					流动负债：				
货币资金	900	3.91%	800	4.00%	短期借款	2,300	10.00%	2,000	10.00%
交易性金融资产	500	2.17%	1,000	5.00%	应付账款	1,200	5.22%	1,000	5.00%
应收账款	1,300	5.65%	1,200	6.00%	预收账款	400	1.74%	300	1.50%
预付账款	70	0.30%	40	0.20%	其他应付款	100	0.43%	100	0.50%
存货	5,200	22.61%	4,000	20.00%	流动负债合计	4,000	17.39%	3,400	17.00%
其他流动资产	80	0.35%	60	0.30%	非流动负债：				
流动资产合计	8,050	35.00%	7,100	35.50%	长期借款	2,500	10.87%	2,000	10.00%
非流动资产					非流动负债合计	2,500	10.87%	2,000	10.00%
长期股权投资	400	1.74%	400	2.00%	负债合计	6,500	28.26%	5,400	27.00%
固定资产	14,000	60.87%	12,000	60.00%	所有者权益：				
无形资产	550	2.39%	500	2.50%	实收资本(或股本)	12,000	52.17%	12,000	60.00%
非流动资产合计	14,950	65.00%	12,900	64.50%	盈余公积	1,600	6.96%	1,600	8.00%
					未分配利润	2,900	12.61%	1,000	5.00%
					所有者权益合计	16,500	71.74%	14,600	73.00%
资产总计	23,000	100.00%	20,000	100.00%	负债及所有者权益合计	23,000	100.00%	20,000	100.00%

图 7-14　比较资产负债表（3）

（2）在“公司财务分析”工作簿中建立“比较利润表”工作表。

① 打开“大连百大公司财务分析”工作簿，建立“比较利润表”工作表。

②在“比较利润表”工作表中，单击单元格 C4，输入计算公式“=B4/$B$4”，并且拖动鼠标，列向复制公式到单元格 C16；单击单元格 E4，输入计算公式“=D4$D$4”，并且拖动鼠标，列向复制公式到单元格 E16，得到比较利润表，如图 7-15 所示。

	A	B	C	D	E
1	比较利润表				
2	编制单位：大连百大公司	2023年度		单位：万元	
3	项　　目	2023		2022	
4	一、营业收入	21,200	100.00%	18,800	100.00%
5	减：营业成本	12,400	58.49%	10,900	57.98%
6	税金及附加	1,200	5.66%	1,080	5.74%
7	销售费用	1,900	8.96%	1,620	8.62%
8	管理费用	1,000	4.72%	800	4.26%
9	财务费用	300	1.42%	200	1.06%
10	加：投资收益(损失以“-”号填列)	300	1.42%	300	1.60%
11	二、营业利润	4,700	22.17%	4,500	23.94%
12	加：营业外收入	150	0.71%	100	0.53%
13	减：营业外支出	650	3.07%	600	3.19%
14	三、利润总额	4,200	19.81%	4,000	21.28%
15	减：所得税费用	1.050	4.95%	1,000	5.32%
16	五、净利润	3,150	14.86%	3,000	15.96%

图 7-15　比较利润表

（3）根据某公司 2018—2023 年的主营业务利润数据，采用图解法进行分析，绘制折线图和簇状柱形图。

①在“插入”选项中的“图表”组中，单击“插入折线图”按钮，根据制表要求，选择“二维折线图”中的某种“折线图”，系统即可自动生成二维折线图，效果如图 7-16 所示。在图形创建完成后，可以按照要求修改各种属性，以使整个图形更加完善。

②除了自动生成折线图以外，还可以根据需要调整为柱形图、饼图、条形图、面积图、散点图以及所需要的其他图表。例如，单击“柱形图”按钮，选择“二维柱形图”中的“簇状柱形图”，即可自动生成二维簇状柱形图，效果如图 7-17 所示。

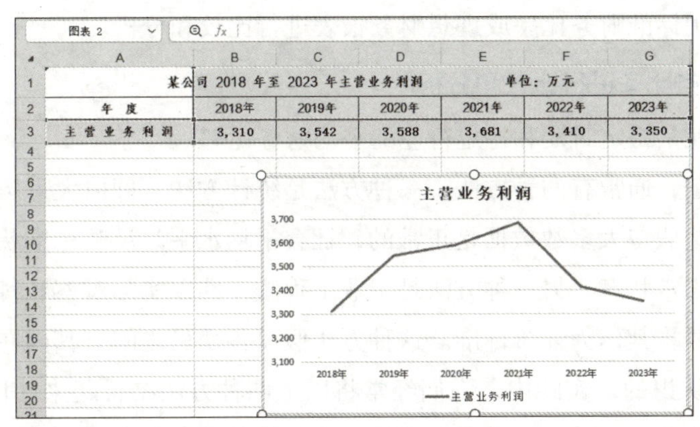

图 7-16 主营业务利润（2018 年-2023 年）折线图

从 2018—2023 年该公司主营业务利润二维折线图中可以看出，该公司的主营业务利润呈先上升后下降趋势，2021 年达到高峰，2022 年出现下降趋势。因此，该公司应该寻找 2021—2022 年销售净利润发生趋势变动的原因，以便采取措施，尽量提高主营业务利润率或维持主营业务利润率不再继续下跌。

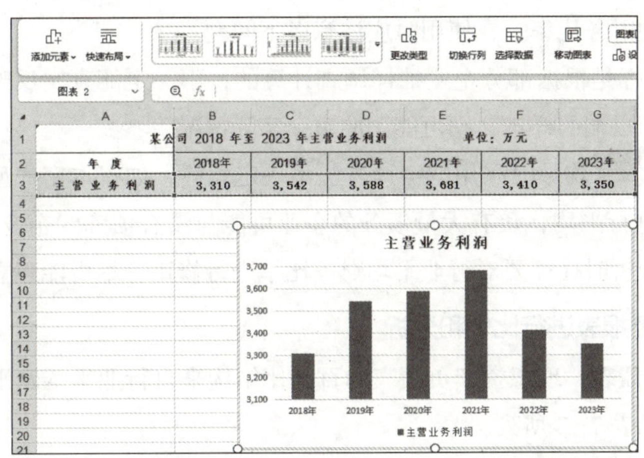

图 7-17 主营业务利润（2018 年-2023 年）簇状柱形图

7.3.3 财务状况比较分析

在进行财务报表分析时，经常会碰到一个问题：计算出财务比率后，无法判断它是偏高还是偏低。如果仅仅将该数据与本企业的历史数据进行比较，只能看出自身的变化，无法知道企业在竞争中所处的地位；而如果将该数据与同行业、同规模的其他企业进行比较，就可看出与对方的区别，从而为发现问题和查找差距提供线索。

行业平均水平的财务比率可以作为比较的标准，并经常被作为标准财务比率，如标准的流动比率、标准的资产利润率等。标准财务比率可以作为评价一个企业财务比率优劣的参照物。以标准财务比率作为基础进行比较分析，更容易发现企业的异常情况，便于揭示企业存在的问题。

通常，可以采用标准财务比率或理想财务报表进行比较和分析。

1. 采用标准财务比率进行比较和分析

标准财务比率就是特定时期和特定行业的平均财务比率。

一个标准的确定，通常有两种方法。一种方法是统计方法，即以大量历史数据的统计结果作为标准。这种方法假定大多数数据是正常的，社会平均水平是反映标准状态的。脱离了平均水平，就是脱离了正常状态。另一种方法是工业工程法，即以实际观察和科学计算为基础，推算出一个理想状态并将其作为评价标准。这种方法假设各变量之间有其内在的比例关系，并且这种关系是可以被认识的。实践中，人们经常将以上两种方法结合起来使用，它们互相补充、互相印证，单独使用其中一种方法来建立评价标准的情况很少发生。

目前，标准财务比率的建立主要采用统计方法，工业工程法处于次要地位，这可能与人们对财务变量之间关系的认识尚不充分有关。在我国各种统计年鉴上可以找到一些财务指标，但行业划分较粗略，而且与会计指标的口径也不完全相同，不太适合直接用于报表分析，在使用时要注意指标口径的调整。《中国证券报》提供了上市公司的一些财务比率，包括一些分行业的平均数据，在进行财务分析时可以此作为参考。

对于行业的平均财务比率，在使用时应注意以下问题：

（1）行业平均指标是根据部分企业抽样调查计算的，不一定能真实反映整个行业的实际情况。如果其中有一个极端的样本，则可能歪曲整个实际情况。

（2）每个公司计算平均数时采用的会计方法不一定相同，如资本密集型企业与劳动密集型企业可能放在一起进行平均，负有大量债务的企业可能与没有债务的企业放在一起进行平均。因此，在进行报表分析时往往要对行业平均财务比率进行修正，尽可能建立一个可比的基础。

2. 采用理想财务报表进行比较和分析

（1）理想资产负债表。理想资产负债表的百分比结构来自行业平均水平，同时进行必要的推理分析和调整，见表 7-3 所列。

表 7–3　理想财务比率

项目	理想比率	项目	理想比率
流动资产：	60%	负债：	40%
速动资产	30%	流动负债	30%
盘存资产	30%	长期负债	10%
固定资产：	40%	所有者权益：	60%
		实收资本	20%
		公积金	30%
		未分配利润	10%
总计	100%	总计	100%

比例数据按如下过程确定：

①资产总计为 100%，根据资产负债率确定负债百分比和所有者权益百分比。通常认为，负债应小于自有资本，这样的企业在经济环境恶化时才能保持稳定。但是，过小的资产负债率也会使企业失去在经济繁荣时期获取额外利润的机会。一般认为，自有资本占 60%，负债占 40% 是比较理想的状态。当然，这个比率会因国家、历史时期和行业的不同而不同。

②确定固定资产占总资产的百分比。通常情况下，固定资产的数额应小于自有资本，占到自有资本的 2/3 为宜。

③确定流动负债的百分比。一般认为，流动比率以 2 为宜，那么在流动资产占 60% 的情况下，流动负债是其一半，占 30%。因此，在负债占 40%，流动负债占 30% 时，长期负债占 10%。

④确定所有者权益的内部结构百分比，其基本要求是，实收资本应小于各项积累，以积累为投入资本的两倍为宜。这种比例可以减少分红的压力，使企业有可能重视长远的发展。因此，实收资本为所有者权益（60%）的 1/3（即 20%），公积金和未分配利润为所有者权益（60%）的 2/3（即 40%）。至于公积金和未分配利润之间的比例，并非十分重要，因为未分配利润的数字经常变化。

⑤确定流动负债的内部结构。一般认为，速动比率以 1 为宜。因此，速动资产占总资产的比率与流动负债相同，也应该为 30%，存货因为占流动资产的一半左右，则盘存资产（主要是存货）亦占总资产的 30%。

（2）理想利润表。理想利润表的百分比是以营业收入为基础计算的。一般来说，毛利率因行业而异。周转快的企业奉行薄利多销的销售原则，毛利率一般偏低，例如快餐行业；周转慢的企业一般将毛利率定得比较高，例如奢侈品销售行业。实际上，每个行业都有一个自然形成的毛利率水平。表 7-4 是一个以百分比表示的理想利润表。

表 7-4　理想利润表

项目	理想比率
营业收入	100%
销售成本（包括销售税金）	075%
毛利	025%
期间费用	013%
营业利润	012%
营业外收支净额	001%
税前利润	011%
所得税费用	006%
税后利润	005%

假设某公司所在行业的毛利率为 25%，则销售成本率为 75%。在毛利率当中，可用于期间

费用的约占一半，在本例中按 13% 处理，余下的 12% 是营业利润。营业外收支净额所占的比例不高，本例按 1% 处理。虽然所得税税率为 25%，但是由于有纳税调整等，实际负担在一半左右，故本例按税前利润（11%）的一半多一点处理，定为 6%。这样，余下的税后利润为 5%。

在确定了以百分比表示的理想利润表之后，即可根据企业某期间的营业收入金额来设计以绝对额表示的理想利润表，然后与企业的实际利润表进行比较，以判断其优劣。

3. 实际操作

根据子任务 7.3.1 中的“财务比率分析表（图 7-18）”中的 2023 年数据设计并计算标准财务比率分析表。

以标准财务比率分析为例进行说明。标准财务比率分析的数据来源为已有的财务报表数据，可采用数据链接的方法来调用相关的数据。具体操作步骤如下。

	A	B	C	D
1	项目	标准财务比率	本企业财务比率	差异
2	流动比率	2.58	2.01	-0.57
3	速动比率	1.75	0.68	-1.08
4	资产负债率	48.00%	28.26%	-19.74%
5	已获利息倍数	2.46	15.00	12.54
6	应收账款周转率	8.58	16.31	7.73
7	总资产周转率	1.43	0.92	-0.51
8	营业利润率	25.00%	22.17%	-2.83%
9	净资产收益率	18.00%	19.09%	1.09%

图 7-18　财务比率分析表

（1）打开“公司财务分析”工作簿，插入一个新的工作表，并将其命名为“标准财务比率分析”。

（2）在选择财务比率时，根据需要选择并输入常用财务比率指标，如图 7-19 所示。

（3）在单元格区域 C2:C9 中输入计算各个财务比率的计算公式（注意，这里采用数据链接的形式进行数据的调用），如图 7-20 所示。

	A	B	C	D
1	项目	标准财务比率	本企业财务比率	差异
2	流动比率			
3	速动比率			
4	资产负债率			
5	已获利息倍数			
6	应收账款周转率			
7	总资产周转率			
8	营业利润率			
9	净资产收益率			

图 7-19　财务比率分析表（1）

	A	B	C	D
1	项目	标准财务比率	本企业财务比率	差异
2	流动比率		2.01	
3	速动比率		0.68	
4	资产负债率		28.26%	
5	已获利息倍数		15.00	
6	应收账款周转率		16.31	
7	总资产周转率		0.92	
8	营业利润率		22.17%	
9	净资产收益率		19.09%	

图 7-20　财务比率分析表（2）

（4）在单元格区域 B2:B9 中输入从有关渠道得到的标准财务比率，在单元格 D2 中输入公式“=C2-B2”，得到企业实际的流动比率与标准的流动比率之间的差异值。利用 Excel 的公式复制功能，将该单元格中的公式复制到单元格区域 D3:D9 中，如图 7-21 所示。

	A	B	C	D
1	项目	标准财务比率	本企业财务比率	差异
2	流动比率	2.58	2.01	=C2-B2
3	速动比率	1.75	0.68	=C3-B3
4	资产负债率	48.00%	28.26%	=C4-B4
5	已获利息倍数	2.46	15.00	=C5-B5
6	应收账款周转率	8.58	16.31	=C6-B6
7	总资产周转率	1.43	0.92	=C7-B7
8	营业利润率	25.00%	22.17%	=C8-B8
9	净资产收益率	18.00%	19.09%	=C9-B9

图 7-21　财务比率分析表（3）

（5）以上操作完成后，即生成标准财务比率分析表，如图 7-22 所示，利用该表将本企业财务比率与标准财务比率进行比较，找出存在的差异及其形成的原因，并提出改进措施。

	A	B	C	D
1	项目	标准财务比率	本企业财务比率	差异
2	流动比率	2.58	2.01	-0.57
3	速动比率	1.75	0.68	-1.08
4	资产负债率	48.00%	28.26%	-19.74%
5	已获利息倍数	2.46	15.00	12.54
6	应收账款周转率	8.58	16.31	7.73
7	总资产周转率	1.43	0.92	-0.51
8	营业利润率	25.00%	22.17%	-2.83%
9	净资产收益率	18.00%	19.09%	1.09%

图 7-22 财务比率分析表（4）

7.3.4 财务状况综合分析

财务状况综合分析是指对各种财务指标进行系统、综合的分析，以便对企业的财务状况做出全面、合理的评价。

企业的财务状况是一个完整的系统，内部各种因素相互依存、相互作用，所以进行财务分析时要了解企业财务状况内部的各项因素及其相互之间的关系，这样才能较为全面地揭示企业财务状况的全貌。

财务状况综合分析与评价的方法包括财务比率综合评分法和杜邦分析法两种。

1. 财务比率综合评分法

亚历山大 · 沃尔在 20 世纪末出版的《信用晴雨表研究》和《财务报表比率分析》中提出了信用能力指数的概念，把若干财务比率用线性关系结合起来，以此评价企业的信用水平。沃尔选择了 7 种财务比率，分别给定了在总评价中所占的比重，总和为 100 分，然后确定标准比率，并与实际比率相比较，评出各项指标的得分，最后求出总评分。沃尔选用的 7 个指标及标准比率见表 7-5 所列。

表 7-5 财务比率综合评分法

流动比率（X1）	25%	2.00
净资产 / 负债（X2）	25%	1.50
资产 / 固定资产（X3）	15%	2.50
销售成本 / 存货（X4）	10%	8.00
销售额 / 应收账款（X5）	10%	6.00
销售额 / 固定资产（X6）	10%	4.00
销售额 / 净资产（X7）	05%	3.00

进行财务状况综合评价时，一般认为，企业财务评价的内容首先是盈利能力，其次是偿债能力，最后是成长能力，它们之间大致可按 5 : 3 : 2 来分配比重。衡量盈利能力的主要指标有资产净利率、销售净利率和净资产报酬率。虽然净资产报酬率很重要，但前两个指标已经分别使用了净资产和净利润，为了减少重复影响，3 个指标可按 2 : 2 : 1 来分配比重。衡量偿债能力的常用指标有 4 个：资产负债率、流动比率、应收账款周转率和存货周转率。衡量成长能力的常用指标有 3 个：销售增长率、净利增长率和人均净利增长率。

采用财务比率综合评分法的关键是标准评分值的确定和标准比率的建立。标准比率应以本行业平均数为基础，进行适当理论修正。

2. 杜邦分析法

杜邦分析法是利用各个主要财务比率之间的内在联系，建立财务比率分析的综合模型，来综合地分析和评价企业财务状况和经营业绩的方法。采用杜邦分析图将有关分析指标按内在联系加以排列，从而直观地反映出企业的财务状况和经营成果的总体面貌。杜邦分析图如图 7-23 所示。

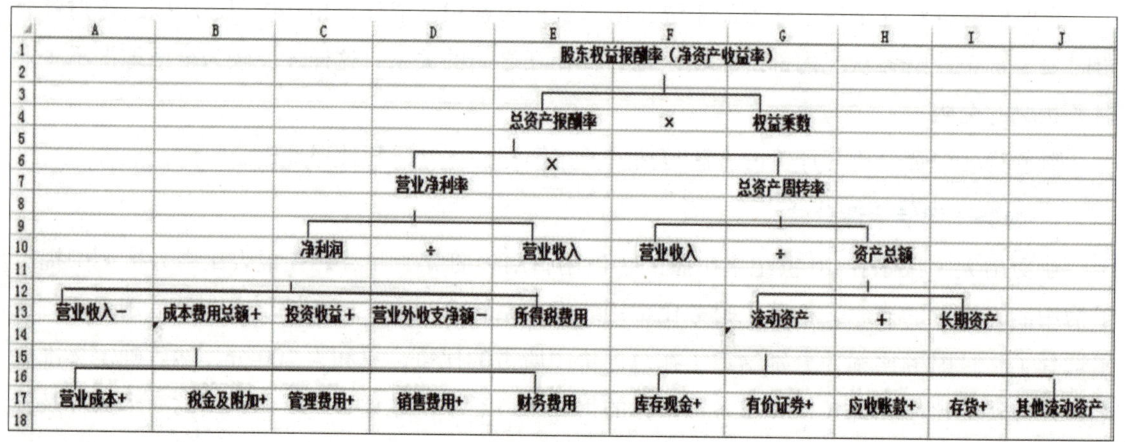

图 7-23　杜邦分析法

杜邦分析法的作用在于解释指标变动的原因和趋势，为决策者采取措施指明方向。从杜邦分析图中可以了解到如下财务信息：

（1）股东权益报酬率是一个综合性极强、最有代表性的财务比率，它是杜邦分析法的核心。企业财务管理的重要目标之一就是实现股东财富最大化，股东权益报酬率反映了股东投入资金的获利能力，反映了企业筹资、投资和生产运营等各方面经营活动的效率。股东权益报酬率取决于企业的总资产报酬率和权益乘数。总资产报酬率主要反映企业运用资产进行生产经营活动的效率，权益乘数则主要反映企业的筹资情况，即企业资金的来源结构。

（2）总资产报酬率是反映企业获利能力的一个重要财务比率，它揭示了企业生产经营活动的效率，综合性也很强。企业的营业收入、成本费用、资产结构、资产周转速度以及资金占用量等各种因素都直接影响总资产报酬率的高低。总资产报酬率是营业净利率与总资产周转率的乘积。因此，可以从企业的销售活动与资产管理等方面来对总资产报酬率进行分析。

(3) 从企业的销售方面来看，营业净利率反映了企业净利润与营业收入之间的关系。一般来说，营业收入增加，企业的净利润也会随之增加。但是，要想提高营业净利率，必须一方面提高营业收入，另一方面降低各种成本费用，这样才能使净利润的增长高于营业收入的增长，从而提高营业净利率。

(4) 在企业资产方面，主要应该分析以下两个方面。第一，分析企业的资产结构是否合理，即流动资产与非流动资产的比例是否合理。资产结构实际上反映了企业资产的流动性，它不仅关系到企业的偿债能力，也会影响企业的获利能力。第二，结合营业收入，分析企业的资产周转情况。资产周转速度直接影响企业的获利能力。如果企业资产周转较慢，就会占用大量资金，导致资金成本增加，企业利润减少。对于资产周转情况，不仅要分析企业总资产周转率，还要分析企业的存货周转率与应收账款周转率，并将其周转情况与资金占用情况结合分析。

总之，从杜邦分析图可以看出，企业的获利能力涉及生产经营活动的方方面面。股东权益报酬率与企业的筹资结构、销售规模、成本水平以及资产管理等因素密切相关，这些因素构成了一个完整的系统，而系统内部各因素之间又相互作用。只有协调好系统内部各个因素之间的关系，才能提高股东权益报酬率，从而实现股东财富最大化的理财目标。

3. 实际操作

(1) 以子任务 7.3.1 中的“财务比率分析表”数据为例，建立并计算财务比率综合评分表并建立杜邦分析图。具体操作步骤如下。

①打开“公司财务分析”工作簿，插入一个新的工作表，并将其命名为“财务比率综合评分表”。

②选择评价公司财务状况的财务比率。在所选择的财务比率中，财务比率要具有全面性、代表性和一致性。根据公司的不同情况，选择合适的财务比率。经过综合考虑，将公司中有代表性的财务比率分别输入 A3 至 A11 单元格中，如图 7-24 所示。

	A	B	C	D	E	F
1	财务比率综合评分表					
2	财务比率	评分值	标准值	实际值	关系比率	实际得分
3	流动比率					
4	速动比率					
5	资产负债率					
6	存货周转率					
7	应收账款周转率					
8	总资产周转率					
9	总资产报酬率					
10	净资产收益率					
11	营业利润率					

图 7-24 财务比率综合评分表(1)

③设定评分值。根据各项财务比率的重要程度，确定其标准评分值，即重要性系数，并分别输入对应的单元格 B3 至 B11 中，如图 7-25 所示。

财务比率综合评分表					
财务比率	评分值	标准值	实际值	关系比率	实际得分
流动比率	10				
速动比率	10				
资产负债率	12				
存货周转率	10				
应收账款周转率	8				
总资产周转率	10				
总资产报酬率	15				
净资产收益率	15				
营业利润率	10				

图 7-25　财务比率综合评分表（2）

④确定标准值。确定各项财务比率的标准值，即企业在现实条件下该比率的最优值。标准值参考同行业的平均水平，并经过调整后确定。分别将标准值输入相应的单元格 C3 至 C11 中，如图 7-26 所示。

财务比率综合评分表					
财务比率	评分值	标准值	实际值	关系比率	实际得分
流动比率	10	1.62			
速动比率	10	1.1			
资产负债率	12	0.43			
存货周转率	10	6.5			
应收账款周转率	8	13			
总资产周转率	10	2.1			
总资产报酬率	15	0.32			
净资产收益率	15	0.58			
营业利润率	10	0.15			

图 7-26　财务比率综合评分表（3）

⑤计算公司在某一时期内的各项财务比率的实际值。这里仍然采用数据链接的方式。每个财务比率计算所应用的公式及单元格位置，如图 7-27 所示。

财务比率综合评分表					
财务比率	评分值	标准值	实际值	关系比率	实际得分
流动比率	10	1.62	=财务比率!C3		
速动比率	10	1.1	=财务比率!C4		
资产负债率	12	0.43	=财务比率!C7		
存货周转率	10	6.5	=财务比率!C13		
应收账款周转率	8	13	=财务比率!C14		
总资产周转率	10	2.1	=财务比率!C16		
总资产报酬率	15	0.32	=财务比率!C20		
净资产收益率	15	0.58	=财务比率!C21		
营业利润率	10	0.15	=财务比率!C19		

图 7-27　财务比率综合评分表（4）

⑥计算公司在该时期内各项财务比率的实际值与标准值之比，即计算关系比率。单击单元格 E3，输入计算公式“D3/C3”。利用 Excel 的公式复制功能，将单元格 E3 中使用的公式复制并粘贴到单元格 D4 至 D11 中，如图 7-28 所示。

	A	B	C	D	E	F
1	财务比率综合评分表					
2	财务比率	评分值	标准值	实际值	关系比率	实际得分
3	流动比率	10	1.62	2.01	1.24	
4	速动比率	10	1.1	0.68	0.61	
5	资产负债率	12	0.43	0.28	0.66	
6	存货周转率	10	6.5	2.38	0.37	
7	应收账款周转率	8	13	16.31	1.25	
8	总资产周转率	10	2.1	0.92	0.44	
9	总资产报酬率	15	0.32	0.20	0.61	
10	净资产收益率	15	0.58	0.19	0.33	
11	营业利润率	10	0.15	0.22	1.48	

图 7-28　财务比率综合评分表（5）

⑦利用关系比率计算出各项财务比率的实际得分。各项财务比率的实际得分是关系比率和评分值的乘积。单击单元格 F3，输入公式“E3*B3”，利用 Excel 的公式复制功能，将单元格 F3 中所使用的公式复制并粘贴到单元格 F4 至 F11 中，如图 7-29 所示。

	A	B	C	D	E	F
1	财务比率综合评分表					
2	财务比率	评分值	标准值	实际值	关系比率	实际得分
3	流动比率	10	1.62	2.01	1.24	12.42
4	速动比率	10	1.1	0.68	0.61	6.14
5	资产负债率	12	0.43	0.28	0.66	7.89
6	存货周转率	10	6.5	2.38	0.37	3.67
7	应收账款周转率	8	13	16.31	1.25	10.04
8	总资产周转率	10	2.1	0.92	0.44	4.39
9	总资产报酬率	15	0.32	0.20	0.61	9.17
10	净资产收益率	15	0.58	0.19	0.33	4.94
11	营业利润率	10	0.15	0.22	1.48	14.78

图 7-29　财务比率综合评分表（6）

⑧计算总得分。单击单元格 F12，并单击“求和”按钮，按 Enter 键后得到合计值，或输入计算公式“=SUM（F3:F11）”，得到合计值 73.43，如图 7-30 所示。

如果总得分等于或接近 100 分，说明公司财务状况良好，达到了预先确定的标准；如果总得分过低，说明公司财务状况较差，应该采取措施加以改善；如果总得分超过 100 分，说明公司财务状况很理想。

在本任务中，公司财务比率综合评分为 73.43，说明公司的财务状况不太理想，低于同行业平均水平，决策者需要对财务状况加以分析，了解造成不理想状况的原因，并加以改进。

	A	B	C	D	E	F
1	财务比率综合评分表					
2	财务比率	评分值	标准值	实际值	关系比率	实际得分
3	流动比率	10	1.62	2.01	1.24	12.42
4	速动比率	10	1.1	0.68	0.61	6.14
5	资产负债率	12	0.43	0.28	0.66	7.89
6	存货周转率	10	6.5	2.38	0.37	3.67
7	应收账款周转率	8	13	16.31	1.25	10.04
8	总资产周转率	10	2.1	0.92	0.44	4.39
9	总资产报酬率	15	0.32	0.20	0.61	9.17
10	净资产收益率	15	0.58	0.19	0.33	4.94
11	营业利润率	10	0.15	0.22	1.48	14.78
12						73.43

图 7-30　财务比率综合评分表

（2）建立杜邦分析图。下面以某企业为例，借助杜邦分析系统，说明该方法在 Excel 中的应用。具体操作步骤如下。

①打开工作簿，建立一个新的工作表，并将其命名为“杜邦分析图”，然后输入比率及数据，如图 7-31 所示。

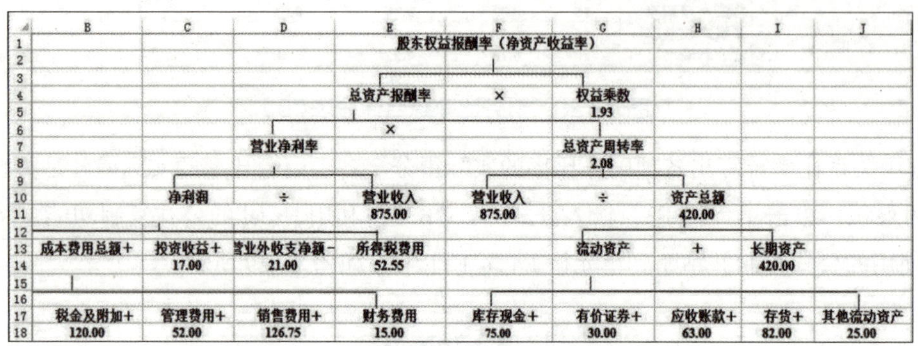

图 7-31 杜邦分析图（1）

②在需要输入公式的单元格中输入相应的公式，如图 7-32 所示。

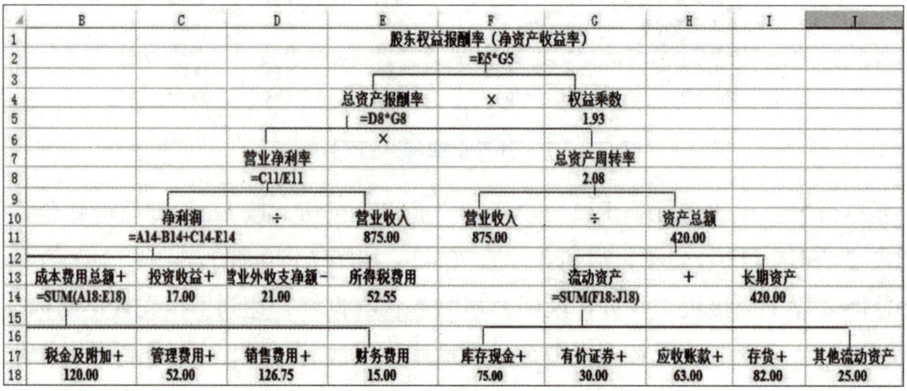

股东权益报酬率（净资产收益率）
=E5*G5
总资产报酬率
×
权益乘数
=D8*G8
1.93
×
营业净利率
总资产周转率
=C11/E11
2.08
净利润
÷
营业收入
营业收入
÷
资产总额
=A14-B14+C14-E14
875.00
875.00
420.00
成本费用总额+
投资收益+
营业外收支净额-
所得税费用
流动资产
+
长期资产
=SUM(A18:E18)
17.00
21.00
52.55
=SUM(F18:J18)
420.00
税金及附加+
管理费用+
销售费用+
财务费用
库存现金+
有价证券+
应收账款+
存货+
其他流动资产
120.00
52.00
126.75
15.00
75.00
30.00
63.00
82.00
25.00

图 7-32 杜邦分析图（2）

③按 Enter 键显示计算结果，如图 7-33 所示。

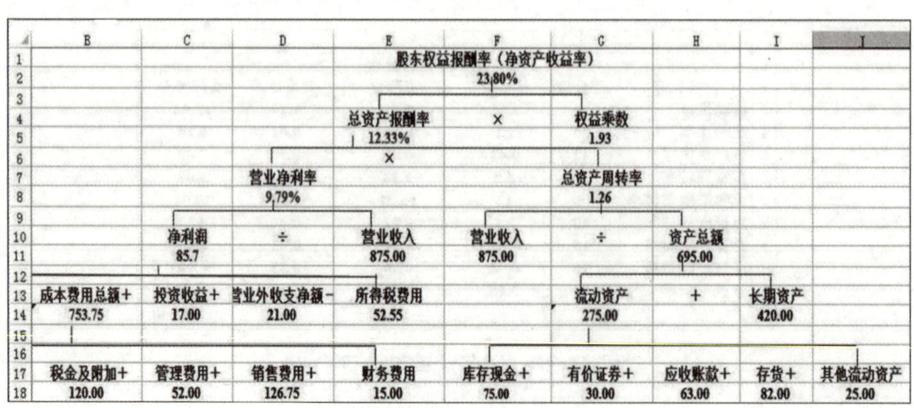

图 7-33 杜邦分析图（3）

本任务介绍了如何运用 Excel 来进行企业的财务分析工作，主要涉及企业财务分析的相关概念及具体实施方法。包括如何运用 Excel 进行企业标准的财务比率分析、如何运用 Excel 进行企业财务趋势分析、如何运用 Excel 进行财务比较分析，以及如何运用 Excel 进行综合财务评价。通过本任务的学习，学生可较好地掌握运用 Excel 进行简洁、高效的数据统计分析，完成较复杂的财务分析工作，并从财务分析数据中发现企业经营活动中存在的潜在经营风险，为企业的决策做参考。

扩展阅读

千亿农商行股权变更！两家国企接手近 18% 股份

国家金融监督管理总局网站近日披露了两则关于大连农商银行股权变更的批复。

批复显示，同意大连农商银行部分股份由大连金普新区粮食集团有限公司和大连汇普金融控股有限公司两家国企受让，合计受让近 18% 股份。

国企接手农商银行股权

关于大连农商银行股权变更的两则批复详情如下：

第一则批复显示：同意大连汇普金融控股有限公司受让大连川王府阳光大厦有限公司、大连中旭置业有限公司、大连经济技术开发区东方百合房地产开发有限公司和自然人蓝瑞琪持有的大连农商银行股份合计 5.15 亿股。受让完成后，大连汇普金融控股有限公司持有该行 5.15 亿股股份，占总股本的 10%。

第二则批复显示：同意大连金普新区粮食集团有限公司受让大连光伸企业集团有限公司、中金宏堃实业（大连）有限公司和自然人蓝庆持有的大连农商银行股份合计 4.07 亿股。受让完成后，大连金普新区粮食集团有限公司持有该行 4.07 亿股股份，占总股本的 7.91%。

大连农商银行官网信息显示，该行成立于 2012 年 6 月，是在原大连市农村信用合作联社及辖属 8 家县级行社的基础上，由符合发起人条件的企业法人、自然人共同发起设立的股份制商业银行，为东北地区第一家以市为单位整体改制组建的农商银行。

2019 年 1 月，大连农商银行调整注册资本为 51.50 亿元。此外，2023 年三季度信息披露报告显示，截至 2023 年 9 月 30 日，该行资产总额 1515.66 亿元，较年初增加 87.96 亿元，增幅为 6.16%；前三季度，大连农商银行实现拨备前利润 4.75 亿元。

（资料来源：《千亿农商行股权变更！两家国企接手近 18% 股份》，中国证券报，2023-11-6）

课后习题

1. 建立“科技公司财务分析”工作簿。

2. 激活 Sheet1 工作表，重命名为“资产负债表”，并在该工作表中引入前面任务中创建的科技公司 2023 年 1 月份的资产负债表结构与数据。

3. 激活 Sheet2 工作表，重命名为“利润表”，并在该工作中引入前面任务中创建的科技公司 2023 年 1 月份的利润表结构与数据。

4. 激活 Sheet3 工作表，重命名为“财务比率分析表”，并在该工作表中按照公司财务比率分析表的结构与计算公式，完成科技公司财务比率分析表的创建与数据计算分析。

5. 创建工作表，并重命名为“比较资产负债表”，并在该工作表中按照公司的比较资产负债表的结构与计算公式，完成科技公司比较资产负债表的创建与数据计算分析。

6. 创建工作表，并重命名为“比较利润表”，并在该工作表中按照公司的比较利润表的结构与计算公式，完成科技公司比较利润表的创建与数据计算分析。

7. 创建工作表，并重命名为“财务比率综合评分表”，并在该工作表中按照公司的财务比率综合评分表的结构与计算公式，完成科技公司财务比率综合评分表的创建与数据计算分析。

第 8 章

债券定价模型

知识目标

1. 了解债券的概念和分类。
2. 理解各类债券的定价公式。
3. 掌握久期的含义与应用。
4. 理解凸性含义。

技能目标

1. 能够使用 Excel 对债券的价格进行估值。
2. 能够使用 Excel 计算久期和凸性。
3. 能够使用 Excel 对债券组合管理。

思政目标

通过回顾我国债券市场发展历程，引导学生深刻认识我国债券市场走向规范化与专业化的过程，增强实现民族复兴的信心。

案例引入

中国证券史上最黑暗的一天——“327”国债期货事件

距离 1995 年 3 月 27 日“国债期货事件”过去 20 多年。然而，20 多年前的那一天仍被称为中国证券史上最黑暗的一天。

在这场资本市场的空前多空对决中，时年 28 岁的魏东、29 岁的袁宝璟、34 岁的周正毅以及 30 岁的刘汉，完成了最初的原始积累，之后“称霸一方”，成为各地有头有脸的人物。然而，谁又曾想到，若干年后，其中的多数人却以悲惨的方式谢幕。

327 国债期货事件 到底是怎么回事?

所谓“327”，是一个国债期货合约的代号，对应 1992 年发行 1995 年 6 月到期兑付的 3 年期国库券，该券发行总量是 240 亿元人民币。90 年代初国债发行非常困难，老百姓普遍不愿购买。国家决定引入发达国家的交易方式，让国债更具流通性和价格弹性，1992 年 12 月在上海证券交易所设计并推出了 12 个品种的期货合约。第二年，即 1993 年，财政部决定参照央行公布的保值贴补率，给予一些国债品种保值补贴。国债收益率开始出现不确定性，炒作空间扩大了，国债市场开始火爆，聚集的资金量远远超过了股市。“327”现券的票面利率为 9.5%，如果不计保值贴补，到期本息之和为 128.5 元。在 1991-1994 年中国通胀率一直居高不下的这三年里，保值贴息率一直在 7% ~ 8% 的水平上。

但到 1994 年底、1995 年初的时段，经过宏观调控，通胀率已经被控下调了 2.5% 左右。而国债期货市价在 147 元 ~ 148 元波动。

市场空方：

当时中国第一大券商万国证券的总经理，有“证券教父”之称的管金生预测，327 国债的保值贴息率不可能上调（万国证券和辽国发认为，财政部本来应该是最不想提高“保值贴补率”的，因为这样他就要从国库里无端地多掏出很多钱来补贴买国债的人），估计应维持在 8% 的水平。

按照这一计算，327 国债将以 132 元的价格兑付。因此当市价在 147 元 ~ 148 元波动的时候，万国证券联合高岭、高原兄弟执掌的辽宁国发集团，开始大举做空。

市场多方：

多头是隶属于财政部的中国经济开发信托投资公司（中经开）和众多追随中经开的上海和江浙一带的私人大户（中经开的背景市场都很清楚，是财政部的全资子公司）。

多空大战！空方尾盘大举砸盘

当所有空头以市场化的眼光断定保值贴补率不可能再增加时，2 月 23 日，财政部发布公告称，327 国债将按 148.50 元兑付，保值贴补率竟然提高到 12.98%！

当正式公布消息后，空方的失败已经难以挽回。2 月 23 日一开盘，双方就在市场上激烈交战，多空展开最后的生死厮杀，上午开盘后，多方在中经开的率领下，用 300 万口的多单将前日的 148.21 元收盘价一举推至 150 元，此时空方已经损失惨重！

下午开市后，空头主力万国证券的同盟军辽国发的高氏兄弟终于扛不住了，突然调转枪口，开始做多，空方立即溃不成军，327 合约在 1 分钟内竟上涨了 2 元。接近到 152 元，意味着多头当天盈利 95% 以上！当时交易所内一片欢呼之声，多头欣喜若狂。

当时中国第一大券商万国证券被逼进死胡同，面临着 60 亿元的巨亏。在收市前 8 分钟，万国证券拼死一搏，突破数量下单砸盘，超额卖出国债期货。下午 4：22 分，在收盘前的最后八分钟，突然出现 50 万口空单将多头打了个措手不及，期价被打到 150 元，随后连续几个数十万口将价格打回到 148 元。

此时多头们只看见价格一个劲地往下掉，却根本不知道出了什么事。收市前最后时段竟然出现一笔 730 万口的巨大卖单，把价位封死在 147.50 元。如果按照收盘价交割，以中经开为代表的多头将出现约 40 亿元的巨额亏损，全部爆仓！

上海交易所内外一片目瞪口呆。有机构当事人事后回忆，自己脸色唰地一下就白了，手足冰凉、全身麻木，有人甚至当场晕倒。那个结局不知道多少多头要倾家荡产！

后统计，万国证券最后八分钟共抛出 1 056 万口卖单。按照上交所的规定，国债期货交易 1 口为 2 万元面值的国债。1 056 万口的空单意味着什么？意味着 2 100 亿的总市值，意味着 1994 年中国 GDP 的 1/30！当时 327 国债总共才 240 亿，这样的天量可谓空前绝后。

剧情反转！交易所取消最后 8 分钟交易

当晚 22 点，上交所经过紧急会议后宣布：2 月 23 日 16 时 22 分 13 秒之后的所有交易是异常的、无效的，当日 327 品种的收盘价为 151.30 元，市场被上交所翻转。

上交所的这一决定，使被万国证券翻转的盘子，再次倒转过来：万国证券亏损 16 亿人民币濒临破产。

如果按管金生抡板斧砍出的收盘价到期交割，万国赚 42 亿元；如果按 151.30 元平仓，万国亏 16 亿元。许多人这一天内在千万身家的暴发户与债台高筑的穷光蛋之间转了个来回。

5 月 17 日，中国证监会鉴于中国当时不具备开展国债期货交易的基本条件，作出了暂停国债期货交易试点的决定。至此，中国第一个金融期货品种宣告夭折。整整 18 年后，直至 2013 年方才恢复。

后续

随后，“证券教父”管金生 5 月 19 日被捕入狱，1997 年被判处有期徒刑 17 年，罪名为挪用公款 269 万元，而公诉方的所谓“违规操作”却被法院驳回。2003 年，坐了 7 年监狱的管金生保外就医。辽国发高岭兄弟则人间蒸发，到今天仍然没有下落。由于对制度设计漏洞负责，上交所总经理尉文渊黯然去职，此后下海商海闯荡。

后来万国证券被申银证券接管，其所欠的几十亿元债务也由申银及万国的十几个大股东（都是国有企业）分摊偿还。于是，国有资产在 327 事件里，总共流失了 32 亿元（万国 16 亿 + 财政部 16 亿），却造就了一大批亿万富翁。

在这场惊心动魄的金融大战中，至少让这四个人完成了原始积累，或者发了大财：当时 28 岁的魏东，29 岁的袁宝璟，34 岁的周正毅以及 30 岁的刘汉。当然，中经开一战成名，成为市场中最彪悍的庄家。在国债期货被停止交易后，这些人和机构都进入了股市或商品期货市场，成为市场中的新霸主。

（资料来源：《中国证券史上最黑暗的一天——327 国债期货事件》，同花顺综合，2022-08-24. 有改动）

8.1 债券知识概述

债券是债的证明，债券在广泛意义上也被称作固定收益证券，除了常见的债权债务关系外，优先股和可转债也是固定收益证券的范畴。债券的含义一般包括四个方面：债券的发行人是债务人；债券的购买者为债权人；债务人承诺在一定期限内还本付息；债券反映了发行人和购买者之间的债权债务关系，是一种法律上的凭证，可以看作一种合同，当出现纠纷时，债券是法律依据。

8.1.1 债券构成要素

债券的构成要素有四个：票面价值、到期期限、票面利率和债券价格。以 23 付息国债为例：面值 100 元，期限 930 天，2026 年 5 月 15 日到期，票面利率为 2.3%，发行价格为平价发行的固定利率付息债券，见表 8-1 所列。

表 8-1 23 付息国债 11 要素信息

债券代码	230011.IB	债券简称	23 附息国债 11
债券类型	国债－记账式国债	债券全称	2023 年记账式附息（十一期）国债
起息日期	2023/5/15	到期日期	2026/5/15
剩余期限	930 天（2.5479 年）	期限（年）	3
最新面值（元）	100	发行价格（元）	100
利率类型	固定利率	息票品种	附息
票面利率（当期参考）（%）	2.3	利率说明	2.30%
付息频率	1 年 1 次	计息基准	ACT/ACT
下一付息日	2024/5/15	距下一付息日天数	200
付息日说明	利息按年支付	偿付顺序	普通

1. 债券的票面价值

债券的票面价值指每张债券发行时所标的债券的面值，即所谓的“还本付息”的那个“本”，债券的票面价值需要标注的有币种和票面金额，市场上债券币种的标准是多种多样的。若固定币种为美元，那么交割时需要用美元来交易。然而，对于票面价值来说值得庆幸的是，债券的面值一般都是标准化的，在我国一般债券的面值都为每张 100 元人民币，而美国为 1000 美元。

2. 债券的到期期限

债券到期期限是指债券从发行之日起至偿还本息之日止的时间，也是债券发行人承诺履行合同义务的全部时间。债券交易常常是在二级市场上交易的，所以债券发行人并不是那么重要，反而债券到期时间是投资者关注的对象。例如上表 8-1 中，债券在发行时即已经规定了发行时间和到期时间，即还本时间。然而，到期期限也不是一成不变的，现在的债券发行往往附加期权等特征。例如，可赎回和可回售债券，此类债券发行人和投资者可以灵活改变债券的到期期限。

3. 债券的票面利率（名义利率）

票面利率是指债券每年支付的利息与债券面值的比值。例如上表 8-1 中，23 附息国债 11 的票面利率为 2.3%，根据习惯，票面利率标注的是年利率，若投资者持有半年期债券，那么在他卖出债券时获得的是 2.3%×100 的一半利息。表 8-1 展示的是付息债券，在市场中有一种非付息的债券同样占据市场一定的比重，即零息债券。零息债券是在存续期内不支付利息，在发行时折价发行，到期时还票面价值的一种债券。因为债券的面值往往是 100 的倍数，所以零息债券到期时偿还额也是 100 的倍数，投资者在结算时较为容易，在风险管理过程中也容易计算和掌握。

4. 债券价格

债券价格指债券交易时的净价，与票面价值不是一个概念，而有时两者的数值往往相等，尤其是在债券发行时。债券的价格是由债券的面值、票面利率、偿还期限和必要收益率等多种因素共同决定的。根据债券的价格和面值的关系可以将债券划分为以下三种类型。

（1）平价债券：债券价格 = 债券面值

（2）折价债券：债券价格 < 债券面值

（3）溢价债券：债券价格 > 债券面值

8.1.2 债券的分类

1. 按发行主体

按债券的主体分类即根据债券发行人的不同来分类，分为：政府债券、金融债券、公司债券。

2. 按付息方式

（1）零息债券。零息债券也叫折价债券，是以一定幅度折扣发行，整个债券期内发行人不支付债息，到期时以面值向持有人兑付的债券。零息债券就是典型的贴息债券。

（2）附息债券（含缓息债券）。附息债券是指按照债券票面载明的利率及支付方式支付利息的债券。债券的票面利率为年化收益率。附息债券按照票面利率在偿还期内是否变化，分为固定利率债券和浮动利率债券。

（3）息票累积债券。息票累积债券与附息债券相似，这类债券也规定了票面利率。但是，债券持有人必须在债券到期时一次性获得本息，存续期间没有利息支付。

3. 按利率是否固定

债券按利率是否固定可分为：固定利率债券、浮动利率债券、可调利率债券（1 个月、6 个月、1 年、2 年、3 年或 5 年可调整）。

4. 按期限长短

债券按期限长短可分为：长期债券、短期债券、中期债券。

8.2 债券的定价公式

微课：债券定价公式

8.2.1 债券估值的基本原理

（1）债券的面值和票面利率。多数债券在到期日按面值还本，票面利率通常采用年单利表示；短期债券一般不付息，而是到期一次性还本，因此要折价交易。

（2）计付息间隔。我国发行的各类中长期债券通常每年付息一次；欧美国家则习惯半年付息一次。

（3）债券的嵌入式期权条款。通常，债券条款中可能包含发行人提前赎回权、债券持有人提前返售权、转股权、转股修正权、偿债基金条款等嵌入式期权。

（4）债券的税收待遇。投资者拿到的实际上是税后现金流。

（5）其他因素。债券的利率类型（浮动利率、固定利率），债券的币种（单一货币、双币债券）等因素都会影响债券的现金流。

8.2.2 一般债券的定价公式

所谓的一般债券即最常见的付息债券的定价，其定价方法是未来现金流限制定价法，也成为债券的内在价值。对债券的估值是对债券投资的重要过程之一，只有当债券的价值大于市场报价时，债券才值得购买。一般的付息债券的价值估计总体来说包括以下四个步骤：选择适当贴现率，计算所有利息的现值之和，计算本金的现值，将两个现值相加，得到债券的价值。

由于付息债券有固定的票面利息、固定的票面价值，所以只要可以估计适当的贴现率即可完成估值的目的。以下给出了债券的适当贴现率估计的影响因素与公式

$$Y_n = R_{f,n} + \text{DP} + \text{LP} + \text{TA} + \text{CALLP} + \text{PUTP} + \text{COND} \tag{8-1}$$

式中，Y_n——n 年期债券的适当贴现率；

$R_{f,n}$——n 年期政府债券的适当贴现率（到期收益率）；

DP——信用风险报酬；

LP——流动性风险报酬；

TA——税收调整的利差；

CALLP——可提前偿还而产生的溢价（正利差）；

PUTP——可提前兑付而产生的折价（负利差）；

COND——可转换性而导致的折价。

公式可以简略地写为

$$\text{债券适当贴现率} = \text{真实无风险收益率} + \text{预期通货膨胀率} + \text{风险溢价} \tag{8-2}$$

一般债券的定价公式为

$$P = \sum_{t=1}^{M} \frac{C_t}{(1+r)^t} + \frac{F}{(1+r)^M} = \frac{C_1}{(1+r)^1} + \frac{C_2}{(1+r)^2} + \cdots + \frac{C_M}{(1+r)^M} + \frac{F}{(1+r)^M} \tag{8-3}$$

式中，P——债券的价值；

C——利息；

F——本金；

M——债券的期限年数，即距到期日的年数；

r——年度的适当贴现率；

t——现金流发生的年数。

在实际应用当中，例如美国国债为半年一付息的付息债券，这样将公式简单变换可以得到每年多次支付利息的付息债权的内在价值公式为

$$P = \sum_{t=1}^{M\times n} \frac{C/n}{[1+(r/n)]^t} + \frac{F}{[1+(r/n)]^{M\times n}} \tag{8-4}$$

式中，P——债券的价值；

C——利息；

F——本金；

M——债券的期限年数，即距到期日的年数；

r——年度的适当贴现率；

t——现金流发生的年数；

n——每年支付利息次数。

实际中还有一种债券在所有债券比例中占重要比例的一类债券，那就是零息债券，也常叫做贴现债券，由于零息债券的特征为存续期无利息支付，到期还本折价发行的一种债券，所以其内在价值的估值公式为

$$P = \frac{F}{(1+r)^t} \tag{8-5}$$

式中，P——零息债券的价值；

F——本金；

r——年度的适当贴现率；

t——现金流发生的年数。

【例 8-1】2018 年 8 月 1 日，国家开发银行发行“国家开发银行在上海证券交易所 2018 年第二期金融债券”(简称“国开 1802”)，债券代码为 018008，发行总额为 25 亿元。该债券面值为 100 元，票面年利率为 3.87%，固定利率在存续期内不变，一年一计息，期限为 5 年。请计算该债务的内在价值。

解：本债券的发行日为 2018 年 8 月 1 日，存续期 5 年，即 2023 年 8 月 1 日到期，到期还本付息。2019 至 2023 年每年的 8 月 1 日为上一个计息年度的付息日，每一张债券每一年付息 100×3.87%=3.87（元）。2023 年 8 月 1 日到期兑付所有面值 25 亿元。

1. 列表法

若现在市场同风险的必要收益率为 4.05%。通过 Excel 绘制还款表，过程如下。

（1）设计表头和列示信息。将“面值”“票面利率”“市场必要收益率”“起息日”“到期日”和“计息次数”分别列于 A1:C3。“日期”“期限”“付息”“折现”“现值”和“内在价值”列于 A5:A10。然后将原始数据填入，在日期 B5:G5 分别填入各付息日的日期，期限处填入 0-5，如图 8-1 所示。

	A	B	C	D	E	F	G
1	面值	100	起息日	2018/8/1			
2	票面利率	3.87%	到期日	2023/8/1			
3	市场必要收益率	4.05%	计息次数	1			
4							
5	日期	2018/8/1	2019/8/1	2020/8/1	2021/8/1	2022/8/1	2023/8/1
6	期限	0	1	2	3	4	5
7	付息						
8	折现						
9	现值						
10	内在价值						

图 8-1　绘制基本信息表

（2）计算现金流量。第一次的计息日为 2019 年 8 月 1 日，每一次的现金流量即付息，最后一次（T=5）还本付息，那么前四次应该填入的是“=$B$1*$B$2”，G7 填入“=$B$1*$B$2+B1”，如图 8-2 所示。

	A	B	C	D	E	F	G
1	面值	100	起息日	2018/8/1			
2	票面利率	3.87%	到期日	2023/8/1			
3	市场必要收益率	4.05%	计息次数	1			
4							
5	日期	2018/8/1	2019/8/1	2020/8/1	2021/8/1	2022/8/1	2023/8/1
6	期限	0	1	2	3	4	5
7	付息	0	3.87	3.87	3.87	3.87	103.87
8	折现						
9	现值						
10	内在价值						

图 8-2　计算现金流量演示

(3) 计算折现。若计算折现，也就是折现系数，折现系数与市场利率，也就是必要收益率有关，其计算公式为 $\frac{1}{(1+\text{市场必要收益率})^t}$，那么在表格 C8 中则输入“=(1+$B$3)^(-C6)”，然后向右拉至 G8。

(4) 计算现值。现值的计算方式为每一期的现金流量乘以每期的折现系数。C9=C8*C7，然后再拉至 G9，如图 8-3 所示。

	A	B	C	D	E	F	G
1	面值	100	起息日	2018/8/1			
2	票面利率	3.87%	到期日	2023/8/1			
3	市场必要收益率	4.05%	计息次数	1			
4							
5	日期	2018/8/1	2019/8/1	2020/8/1	2021/8/1	2022/8/1	2023/8/1
6	期限	0	1	2	3	4	5
7	付息	0	3.87	3.87	3.87	3.87	103.87
8	折现		0.96	0.92	0.89	0.85	0.82
9	现值		3.72	3.57	3.44	3.30	85.17
10	内在价值						

图 8-3　计算现值演示

(5) 计算内在价值。将 C9:G9 求和列入 B10 中即求得债券的内在价值为 99.20，如图 8-4 所示。

	A	B	C	D	E	F	G
1	面值	100	起息日	2018/8/1			
2	票面利率	3.87%	到期日	2023/8/1			
3	市场必要收益率	4.05%	计息次数	1			
4							
5	日期	2018/8/1	2019/8/1	2020/8/1	2021/8/1	2022/8/1	2023/8/1
6	期限	0	1	2	3	4	5
7	付息	0	3.87	3.87	3.87	3.87	103.87
8	折现		0.96	0.92	0.89	0.85	0.82
9	现值		3.72	3.57	3.44	3.30	85.17
10	内在价值	=SUM(C9:G9)					

图 8-4　计算内在价值演示

2. PRICE 函数

除了列表法以外，若没有其他的附加条，Excel 为用户提供了计算函数“PRICE”。这里首先介绍一下“PRICE”函数，“PRICE”函数返回的是定期付息的面值 ¥100 的有价证券的价格。语法如下：

PRICE (settlement, maturity, rate, yld, redemption, frequency, [basis])

PRICE 函数语法具有下列参数：

Settlement 必需。有价证券的结算日。有价证券结算日是在发行日之后，有价证券卖给购买者的日期。

Maturity 必需。有价证券的到期日。到期日是有价证券有效期截止时的日期。

Rate 必需。有价证券的年息票利率。

Yld 必需。有价证券的年收益率。

Redemption 必需。面值 ¥100 的有价证券的清偿价值。

Frequency 必需。年付息次数。如果按年支付，frequency = 1；按半年期支付，frequency = 2；

按季支付，frequency = 4。

Basis 可选。要使用的日计数基准类型。

在 B11 中输入“=PRICE (D1, D2, B2, B3, B1, 1, 1)”，可以得到与 B10 相同的答案，如图 8-5 所示。

B11 =PRICE(D1,D2,B2,B3,B1,1,1)

	A	B	C	D	E	F	G
1	面值	100	起息日	2018/8/1			
2	票面利率	3.87%	到期日	2023/8/1			
3	市场必要收益率	4.05%	计息次数	1			
4							
5	日期	2018/8/1	2019/8/1	2020/8/1	2021/8/1	2022/8/1	2023/8/1
6	期限	0	1	2	3	4	5
7	付息	0	3.87	3.87	3.87	3.87	103.87
8	折现		0.96	0.92	0.89	0.85	0.82
9	现值		3.72	3.57	3.44	3.30	85.17
10	内在价值	99.20					
11	PRICE	99.20					

图 8-5　使用PRICE公式计算结果

8.3　债券收益率

债券收益率包括债券当期收益率、到期收益率、即期利率、持有期收益率和赎回收益率。

8.3.1　当期收益率

当期收益率公式为

$$Y = \frac{C}{P} \times 100\% \tag{8-6}$$

式中，Y——当期收益率；

C——每年利息收益；

P——债券价格。

8.3.2　到期收益率

1．到期收益率

债券的到期收益率是使债券未来现金流现值等于当前价格所用的相同的贴现率，也就是金融学中所谓的内部报酬率。公式为

$$P = \sum_{t=1}^{T} \frac{C}{(1+y)^t} + \frac{F}{(1+y)^T} \tag{8-7}$$

式中，P——债券价格；

C——现金流金额；

F——本金；

y——到期收益率；

T——债券期限（期数）；

t——现金流到达时间（期）。

2. 利用Excel的XIRR函数求债券的到期收益率

首先介绍 Excel 中的 XIRR 函数，XIRR 函数是返回一组不一定定期发生的现金流的内部收益率。在认识 XIRR 函数之前，先要了解 IRR 函数的含义。

IRR 函数计算由值中的数字表示的一系列现金流的内部收益率。这些现金流不必等同，因为它们可能作为年金。但是，现金流必须定期（如每月或每年）出现。内部收益率是针对包含付款（负值）和收入（正值）的定期投资收到的利率。

语法：

IRR (values, [guess])

IRR 函数语法具有下列参数：

值必需。数组或单元格的引用，这些单元格包含用来计算内部收益率的数字。

values 必须包含至少一个正值和一个负值，以计算返回的内部收益率。

IRR 使用值的顺序来说明现金流的顺序。一定要按您需要的顺序输入支出值和收益值。

如果数组或引用包含文本、逻辑值或空白单元格，这些数值将被忽略。

Guess 可选。对函数 IRR 计算结果的估计值。

Microsoft Excel 迭代技术来计算 IRR。从 guess 开始，IRR 将循环计算，直到结果在 0.00001% 内准确。如果 IRR 在尝试 20 次后找不到有效结果，则 #NUM！ 错误值。多数情况下，不必为 IRR 计算提供 guess 值。如果省略 guess，则假定它为 0.1（10%）。如果 IRR 提供 #NUM！ 错误值，或者如果结果与预期值不接近，请重试，并使用不同的 guess 值。

XIRR 的语法：

XIRR (values, dates, [guess])

XIRR 函数语法具有下列参数：

值必需。与 dates 中的支付时间相对应的一系列现金流。首期支付是可选的，并与投资开始时的成本或支付有关。如果第一个值是成本或支付，则它必须是负值。所有后续支付都基于 365 天 / 年贴现。值系列中必须至少包含一个正值和一个负值。

日期必需。与现金流支付相对应的支付日期表。日期可能按任何顺序发生。应使用 DATE 函数输入日期，或者将日期作为其他公式或函数的结果输入。例如，使用函数 DATE（2008，5，23）输入 2008 年 5 月 23 日。如果日期以文本形式输入，则会出现问题。

guess 可选。对函数 XIRR 计算结果的估计值。

8.3.3 即期利率

即期利率也被称为零利率，是零息票债券到期收益率的简称。其计算公式为

$$P=\frac{F}{(1+y)^{T}} \tag{8-8}$$

式中，P——零息债券价格；

F——本金；

y——到期收益率；

T——债券期限（期数）。

8.3.4 持有期收益率

持有期收益率的公式为

$$P=\sum_{t=1}^{T}\frac{C}{(1+y)^{t}}+\frac{P_T}{(1+y)^{T}} \tag{8-9}$$

式中，P——债券买入时价格；

P_T——债券卖出时的价格；

y——持有期收益率；

C——债券每期付息金额；

T——债券期限（期数）；

t——现金流到达时间（期）。

8.3.5 赎回收益率

可赎回债券即包括赎回条件的债券，是指发行人有权在特定的时间按照某个价格强制从债券持有人手中将其赎回的债券，可视为债券嵌入了一个看涨期权。赎回收益率公式为

$$P=\sum_{t=1}^{T}\frac{C}{(1+y)^{t}}+\frac{M}{(1+y)^{T}} \tag{8-10}$$

式中，P——发行价格；

C——债券每期付息金额；

y——赎回收益率；

M——赎回价格；

T——债券期限（期数）；

t——现金流到达时间（期）。

8.4　久期与凸性

微课：久期与凸性

8.4.1 久期

久期（持续期）是指固定收入金融工具的所有预期现金流入量的加权平均时间，或固定收入金融工具未来的现金流量在其价格变动基础上计算的平均时间。

久期反映了现金流量的时间价值。久期是由美国经济学家弗雷德里克·麦考利于 1938 年提出的，最初是用来衡量固定收益债券的实际偿还期，也可以用来计算市场利率变化时债券价格的变化程度。

20 世纪 70 年代以后，随着西方各国商业银行面临的利率风险的增大，久期概念被逐渐推广应用于所有固定收入的金融工具市场价格的计算上，也应用于商业银行资产负债管理之中。久期定义公式为

$$D=\frac{\Delta P/P}{\Delta(1+y)/(1+y)}=-\frac{\Delta P/P}{\Delta y/(1+y)} \tag{8-11}$$

式中，D——表考林久期；

P——债券的初始价格；

ΔP——债券价格变化值；

y——初始收益率；

$\Delta(1+y)$ 或 Δy——收益率变化值。

经济学家从无任何附加条件的付息债券的定价公式来计算债券的久期，根据普通债券的价格和收益率关系，得到

$$P=\sum_{t=1}^{T}\frac{CF_t}{(1+y)^t}$$

$$\frac{dP}{dy}=-\frac{1}{1+y}\sum_{t=1}^{T}\frac{tCF_t}{(1+y)^t}$$

两边同时除以 P，得到

$$\frac{dP}{dy}/P=-\frac{1}{1+y}[\sum_{t=1}^{T}\frac{tCF_t}{(1+y)^t}/P]$$

所以，久期为

$$D=1/P\sum_{t=1}^{T}\frac{tCF_t}{(1+y)^t}$$

由久期的计算公式，将普通债券的定价公式 P 代入久期公式中，可以得到

$$D=\frac{\sum_{t=1}^{n}\left(\frac{t\times C_t}{(1+i)^t}+\frac{n\times F}{(1+i)^n}\right)}{\sum_{t=1}^{n}\frac{C_t}{(1+y)^t}}$$

令

$$W_t=\frac{\frac{CF_t}{(1+y)^t}}{P}$$

得到

$$D=\sum_{t=1}^{n}t\times W_t \tag{8-12}$$

上式表明久期实际上是加权的现金流量现值与未加权的现值之比。

【例 8-2】一张普通债券，其息票支付每年 2 次，每次金额为 470 元，面值为 10 000 元，偿还期为 3 年，设市场利率为 9.4%，求该债券的持续期。

解：

$$D=\frac{\sum_{t=1}^{6}\frac{t\times 470}{(1+0.047)^t}+\frac{6\times 10000}{(1+0.047)^6}}{10000}=2.68\text{（年）}$$

该债券的偿还期为 3 年，而其持续期只有 2.68 年。

根据经验，可以得到久期的常用的使用法则：

（1）零息债券[①]的久期等于它的到期时间。

（2）到期时间不变时，当息票率较高时，债券久期较短。

（3）票面利率不变时，债券久期会随期限增加而增加。

（4）保持其他因素都不变，当债券到期收益率较低时，息票债券的久期会较长。

（5）永续年金的久期 $=(1+y)/y$[②]。

8.4.2 凸性的定义

如图 8-6 所示，价格 - 收益率曲线是凸状的；价格 - 收益率关系不是线性的；价格 - 收益率线不是直线而是曲线；在收益率更高时曲线变得更加平缓，在收益率更低时曲线变得更加陡峭。因此，当收益率上升时，债券价格以更小的幅度下降；当收益率降低时债券价格以更大的幅度上升。久期在数学上对应价格 - 收益率函数的一阶导数的绝对值。修正的久期与初始价格的乘积是价格 - 收益率曲线在某点上的线性估计。利用久期估计收益率变化导致的价格变化，从图 8-6 中可以明显看出，在收益率降低时会低估价格的上升，在收益率上升时则会高估价格的下降。误差等于曲线和直线之间的垂直距离。所以说，只有在收益率变化不大的情

① 零息债是指只有在到期日才能领取本金和利息的债券。
② y 是指到期收益率。

况下利用久期估计价格的变化才比较准确，如果收益率变化较大，用久期估计价格变化就会产生较大的误差。而且，收益率变化越大，误差就越大。

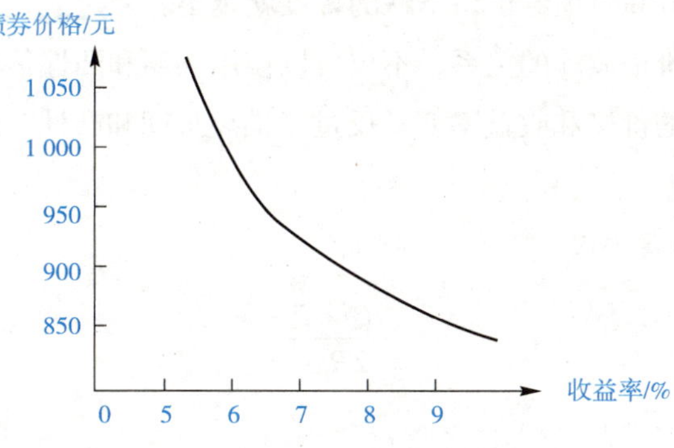

图 8-6　债券价格随收益率变化

1. 凸性的定义公式

凸性的定义公式为

$$dP = \frac{dP}{dy} \cdot dy + 1/2 \cdot \frac{d^2P}{dy^2} \cdot (dy)^2 + \varepsilon \tag{8-13}$$

式两边同时除以债券价格 P，可以得到价格变化百分比的表达式为

$$\frac{dP}{P} = \frac{dP}{dy} \cdot \frac{1}{P}dy + 1/2 \cdot \frac{d^2P}{dy^2} \cdot \frac{1}{P}(dy)^2 + \frac{\varepsilon}{P} \tag{8-14}$$

如果用 C 来表示凸性，凸性数学定义可以用下式表示

$$C = \frac{d^2p}{dy^2} \times \frac{1}{P} \tag{8-15}$$

2. 凸性的计算

对于普通债券而言，凸性 C 的计算公式为

$$C = \frac{1}{P \times (1+y)^2} \sum_{t=1}^{n} \left[\frac{CF_t}{(1+y)^t} (t^2 + t) \right] \tag{8-16}$$

式中，t——现金流发生的时间；

CF_t——第 t 期的现金流；

y——每期的到期收益率；

T——距到期日的期数；

P——债券的市场价格。

3. 凸性与价格波动的关系

凸性的修正会在一定程度上消除对价格变化的高估或低估。收益率上升时，正的修正项会使估计的价格下降幅度变小；收益率下降时，正的修正项会使估计的价格上升幅度变大。因此，考虑凸性后估计的价格波动与实际情形更为贴近。正因为凸性是正值，所以，债券的凸性越大对投资者就越有利。如果其他条件都相同，凸性越大的债券，在收益率降低时债券价格上涨的幅度就越大，在收益率升高时债券价格下跌的幅度就越小。

根据久期、凸性与价格波动的关系，不仅可以使用久期和凸性估计债券随着利率的波动情况，同样可以通过债券的价格和收益率变动反过来推导久期和凸性。通过推导，债券的久期与凸性的近似求法如下：

近似（修正）久期的表达式

$$\frac{P_- - P_+}{2P_0\Delta y} \tag{8-17}$$

近似凸性的表达式

$$\frac{P_- + P_+ - 2P_0}{P_0(\Delta y)^2} \tag{8-18}$$

式中，P_0——债券的初始价格；

P_-——收益率下降一个很小幅度时债券的新价格；

P_+——收益率上升一个很小幅度时债券的新价格；

Δy——收益率变动的绝对值。

【例 8-3】现在有一个国债，发行时间为 2020 年 1 月 1 日，到期日为 2025 年 12 月 31 日，面值为 100 元，票面利率为 4% 的 5 年期债券，半年付息一次，下一次付息是在半年后，如果到期收益率为 10%，计算其久期。

1. 列表法

（1）在 A1:A6 列示债券的原始信息，见表 8-2 所列。

表 8-2　原始数据

票面	100
票面利率	4%
期限	5
到期收益率	10%
发行日	2020/1/1
到期日	2025/12/31

（2）在 A10:A19 填入期数，B10:B10 填入现金流，因为半年一次计息，除了最后一次还本外，每次现金流为 2 元。求出现金流的现值，现值的计算方法，在 C10 输入“=B10/((1+$B$4/2)^A10)”。在 C21 中求出债券的价格“==SUM（C10:C19）③”，见表 8-3 所列。

③ 同样可以使用 PRICE 函数，同样可以得到与 SUM（C10:C19）同样的结果。

表 8-3 计算现金流和其现值

期数	现金流（元）	现金流的现值	权重	时间 * 权重
1	2	1.904761905		
2	2	1.814058957		
3	2	1.727675197		
4	2	1.64540495		
5	2	1.567052333		
6	2	1.492430793		
7	2	1.42136266		
8	2	1.353678724		
9	2	1.289217832		
10	102	62.61915186		
	P	76.83479521		

（3）计算权重。在 D10 输入“=C10/$C$21”并拉到底。时间 * 权重 E10= =D10*A10 并拉到底。将 E10:E19 求和可以得到久期 E21= =SUM（E10:E19）= 9.014936751，见表 8-4 所列。

表 8-4 计算权重和时间加权

期数	现金流（元）	现金流的现值	权重	时间 * 权重
1	2	1.904761905	0.02479	0.024790356
2	2	1.814058957	0.02361	0.047219725
3	2	1.727675197	0.022486	0.06745675
4	2	1.64540495	0.021415	0.085659365
5	2	1.567052333	0.020395	0.101975435
6	2	1.492430793	0.019424	0.116543354
7	2	1.42136266	0.018499	0.129492616
8	2	1.353678724	0.017618	0.140944344
9	2	1.289217832	0.016779	0.151011797
10	102	62.61915186	0.814984	8.149843009
	P	76.83479521	久期	9.014936751

这里需要注意的是，得到的久期数据并不是一年的久期，而是半年的久期，也就是我们计算的是 90.15 个半年，所以一年的久期应该为 90.15/2=4.51 年。

(4) 计算久期和凸性。

①计算久期。Excel 为使用者提供了久期的计算函数，函数格式为 DURATION，其语法为：

DURATION (settlement, maturity, coupon, yld, frequency, [basis])

DURATION 函数语法具有下列参数：

Settlement 必需。有价证券的结算日。 有价证券结算日是在发行日之后，有价证券卖给购买者的日期。

Maturity 必需。有价证券的到期日。 到期日是有价证券有效期截止时的日期。

Coupon 必需。有价证券的年息票利率。

Yld 必需。有价证券的年收益率。

Frequency 必需。年付息次数。如果按年支付，frequency = 1; 按半年期支付，frequency = 2; 按季支付，frequency = 4。

Basis 可选。 要使用的日计数基准类型。

②计算凸性。通过列表法计算凸性，与久期不同的是，久期计算需要计算 $t\times$ 权重，而凸性计算的是 $t(1+t)\times$ 权重，结果见表 8-5 所列。

表 8-5　t(1+t) × 权重

期数	现金流（元）	现金流的现值	权重	t(1+t)*权重
1	2	1.904761905	0.02479	0.049580711
2	2	1.814058957	0.02361	0.141659176
3	2	1.727675197	0.022486	0.269827001
4	2	1.64540495	0.021415	0.428296827
5	2	1.567052333	0.020395	0.61185261
6	2	1.492430793	0.019424	0.81580348
7	2	1.42136266	0.018499	1.035940927
8	2	1.353678724	0.017618	1.268499094
9	2	1.289217832	0.016779	1.510117969
10	102	62.61915186	0.814984	89.6482731
	P	76.83479521	凸性	86.8751482

计算结果依旧是半年的凸性，那么需要转化成 1 年期的凸性 $=\dfrac{86.88}{2^2}=21.71878705.$

【例 8-4】利用久期和凸性的近似公式，计算当收益率变动 1 个或者 50 个基点时，该债券的价格波动情况。

解：(1) A1:A7 在列示原始数据，见表 8-6 所列。

表 8-6　绘制原始数据表

票面	100
票面利率	4%
期限	5
到期收益率	10%
发行日	2020/1/1
到期日	2025/1/1
P0	76.834795

分别计算 P_- 和 P_+，见表 8-7 所列，在 A12 中填写公式 ==PRICE (B5, B, B2, B4−A10, B1, 2, 1)。

在 B12 中填写公式 =PRICE (B5, B6, B2, B4+A10, B1, 2, 1)，

在 C12 中填写公式 =PRICE (B5, B6, B2, B4−C10, B1, 2, 1)，

在 D12 中填写公式 =PRICE (B5, B6, B2, B4+C10, B1, 2, 1)。

表 8-7　计算 P_- 和 P_+

收益波动		收益波动	
0.01%		0.50%	
P_-	P_+	P_-	P_+
76.86778741	76.80182	78.50504	75.20627

（2）分别计算久期和凸性，见表 8-8 所列。

表 8-8　计算久期和凸性

收益波动		收益波动	
0.01%		0.50%	
P_-	P_+	P_-	P_+
76.87	76.80	78.51	75.21
久期	4.29	久期	4.29
凸性	21.72	凸性	21.72

（3）分别计算 $\Delta P/P$。

当收益率上升 1 个基点时，债券波动 $= -4.29\times0.01\%+\frac{1}{2}\times21.72\times0.01\%^2 = 0.000429391$ 元。

当收益率上升 50 个基点时，债券波动 $= -4.29\times0.5\%+\frac{1}{2}\times21.72\times0.5\%^2 = 0.021735621$ 元。

小专栏

优先股和债券的相同点有哪些?

与债券相比，优先股没有到期日，其股息分红通常是固定的，但不保证一定会支付。那么优先股和债券的相同点有哪些？下文为大家具体介绍！

优先股和债券的相同点如下。

(1) 都是证券：优先股和债券都是由公司或政府发行的证券。

(2) 定期支付利息：债券持有人可以获得固定的利息收益，而优先股持有人也可以获得固定的股息分红。

(3) 有优先权：债券和优先股都享有优先权，即在公司破产或清算时可以先于普通股股东获取剩余资产。

(4) 有面值：债券和优先股都有面值，即证券的发行价值。

(5) 可以在二级市场交易：债券和优先股都可以在证券交易所或其他二级市场上进行交易。

但是，债券和优先股也存在一些差异。例如，债券是一种债务工具，具有固定的到期日和利率，而优先股则是一种权益工具，股息分红通常是固定的或者与面值相关联的。此外，在公司治理和经营方面，债券持有人通常没有投票权，而优先股持有人在特定情况下有投票权。

(资料来源：作者根据相关资料整理)

【例 8-5】A 公司在 2019 年 12 月 15 日发行了票面利率为 7% 的公司债券，面值为 1000 美元，售价为 1000 美元，到期日为 2026 年 12 月 15 日，半年一支付利息。计算该债券的到期收益率。具体步骤如下。

(1) 制作现金流表。A1:B1 合并单元格后输入“半年付息的到期收益率”，A2 输入“债券市场价格”，B2 中输入“1000”，A4 中输入“日期”，B4 中输入“A 债券的现金流”。在 A5:A19 输入每次债券发生现金流的时间日期。B5 输入“=-B2”，B6:B18 中每次现金流为 35，B19 为 1000+35=1035，见表 8-9 所列。

表 8-9 半年付息到期收益率

债券市场价格	1000
日期	A 债券的现金流
2019/12/15	-1000
2020/6/15	35
2020/12/15	35
2021/6/15	35
2021/12/15	35

续表

债券市场价格	1000
2022/6/15	35
2022/12/15	35
2023/6/15	35
2023/12/15	35
2024/6/15	35
2024/12/15	35
2025/6/15	35
2025/12/15	35
2026/6/15	35
2026/12/15	1035

（2）在 A21∶A23 中分别按顺序输入“半年期内部收益率、年化的内部收益率 Y、用 XIRR 计算的 Y”。在 B21 中输入“=IRR（B5∶B19，）=3.50%”；在 B22 中输入“=（1+B21）^2−1=0.071225”；在 B23 中输入“=XIRR（B5∶B19，A5∶A19，）=0.07116566”，见表 8−10 所列。

表 8–10　Y 值

半年期内部收益率	3.50%
年化的内部收益率 Y	0.071225
用 XIRR 计算的 Y	0.07116566

扩展阅读

债券注册制改革全面落地

证监会近日发布了《关于深化债券注册制改革的指导意见》（以下简称《债券注册制改革指导意见》）以及《关于注册制下提高中介机构债券业务执业质量的指导意见》（以下简称《中介机构债券执业指导意见》），这意味着债券注册制改革全面落地。

《债券注册制改革指导意见》对深化债券注册制改革作出系统性制度安排，提出了优化债券审核注册体系、压实发行人和中介机构责任、强化债券存续期管理、依法打击债券违法违规行为等四个方面，共计 12 条措施。《中介机构债券执业指导意见》遵循债券市场发展规律，加强监管，压实责任，明确了服务高质量发展、强化履职尽责、深化分类监管、严格监管执法等原则，并提出了五个方面共 14 条措施。

证监会表示，下一步，将扎实推进债券注册制改革走深走实，加快完善公司（企业）债券制度规则体系，持续推进审核注册工作制度化、规范化和透明化，强化债券全链条监管和风险防范，全面深化债券市场功能，更好支持国家重大战略实施和重大项目建设，助力现代化产业体系建设和实体经济高质量发展。

明确深化债券注册制改革方向

证监会近日发布公告称，为深入贯彻党的二十大和中央经济工作会议精神，落实党中央、国务院关于机构改革的决策部署，深化债券注册制改革，健全资本市场功能，助力提高直接融资比重，推动债券市场更好服务实体经济高质量发展，证监会发布上述两项指导意见。

强化以偿债能力为重点的信息披露要求

《债券注册制改革指导意见》根据证券法和《企业债券管理条例》《公司债券发行与交易管理办法》等法律法规，坚持制度化、规范化、透明化的原则，按照统一公司债券和企业债券、促进协同发展的思路，对深化债券注册制改革作出系统性制度安排，提出了四个方面12条措施。

进一步细化对中介机构监管要求

我国债券市场制度的完善发展，还需要中介机构的不断完善和自律。近年来，我国境内信用债市场增速较快，债券市场正由“量的扩张”转向“量质并重”的发展新阶段。中介机构是债券市场重要参与方，推动市场高质量发展，应着眼于压实机构责任，提高中介机构执业质量，提升监管效能，为债券市场持续健康发展奠定基础。立足于深化债券注册制改革全局，迫切需要对债券中介机构全流程执业加强规范管理，进一步细化明确相关监管要求。

《中介机构债券执业指导意见》立足于全面落实证券法和《企业债券管理条例》《公司债券发行与交易管理办法》等相关规定，遵循债券市场发展规律，加强监管，压实责任，明确了服务高质量发展、强化履职尽责、深化分类监管、严格监管执法等原则，并提出了五个方面共14条措施。

（资料来源:《债券注册制改革全面落地》，经济日报，2023-06-28. 有改动）

课后习题

一、选择题

1. 永续债券的收益率是8%，其久期是（　　）。

A. 13.50年　　B. 14.20年

C. 12.50年　　D. 数据欠缺，无法确定

2. 在其他条件不变时，债券价格和债券收益率（　　）。

A. 正相关　　B. 负相关

C. 不相关　　D. 有时正相关，有时负相关

3. 久期大小与（　　）无关。

A. 债券市场的流动性
B. 债券期限
C. 到期收益率
D. 债券票面利率

4. 债券的必要回报率等于（　　）。

A. 名义无风险收益率与预期通货膨胀率之和
B. 实际无风险收益率与风险溢价之和
C. 名义无风险收益率与风险溢价之和
D. 实际无风险收益率与预期通货膨胀率之和

5. 下列关于债券收益率的说法，正确的有（　　）。

I. 债券当期收益率是使债券未来现金流现值等于当前价格所用的贴现率
II. 债券的到期收益率是债券的年利息收入与买入债券的实际价格的比率
III. 债券持有期收益率是买入债券到卖出债券期间所获得的年平均收益
IV. 在债券定价公式中，即期利率是用来现金流贴现的贴现率

A. I、II
B. II、III
C. II、III、IV
D. III、IV

二、简答题

如图，指出久期在债券组合管理中的缺陷以及为什么不能忽略凸性的影响。

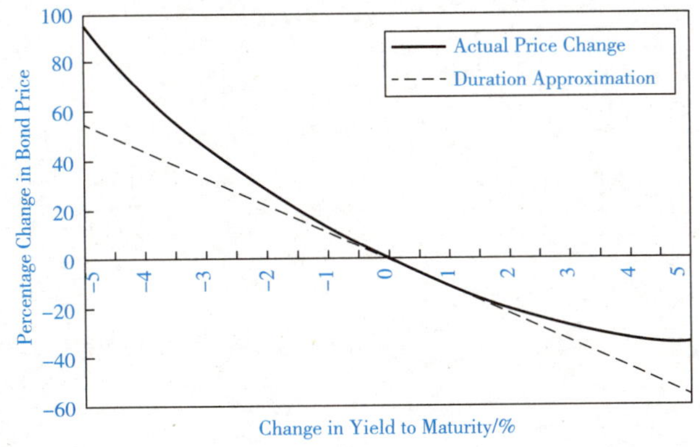

三、操作题

1. 凸性管理在银行风险管理中具有很强的现实意义，也是银行资产管理的核心。那么现在假设花旗银行有一种 10 年期的债券，面值 100，票面利率为 4.5%，半年付息一次，下一次付息是在半年后。对应的到期收益率为 6%，令基点为 10 个，求久期的精确值和凸性的近似值，以及说明在利率波动 10 个基点时债券资产价值的波动。使用 Excel 列表计算。

2. 2021 年 8 月 1 日，你在“同花顺 App”中观察到以下的债券市场数据。

面值：100CNY；

票面利率：12%；

息票支付：一年一支付利息；

债券价格：125CNY

债券最后一天还本。

试用 Excel 的 IRR 函数来求债券的到期收益率。

3. 2021 年 4 月 1 日，你在“同花顺 App”中观察到的以下债券信息。

面值：100CNY

票面利率：12%

息票支付：半年一付息，2021 年 10 月 1 日，2022 年 4 月 1 日…

债券价格：120CNY

债券最后一天还本。

试用 Excel 的 XIRR 函数来求债券的到期收益率。

4. 某个养老基金计划将在 10 年内每年支付给我 10 000 美元。第一笔支付将在 5 年后，养老基金想将其头寸免疫。

（1）它对我的债务的久期是多少？当期利率为每年 10%。

（2）如果养老金计划使用 5 年期和 20 年期的零息债券来构建免疫头寸，两种债券分别占多少？两种零息债券的面值是多少？

第 9 章 构建有效风险投资组合

知识目标

1. 掌握协方差与相关系数的含义。
2. 理解两个风险资产组合的期望收益率、方差、标准差的计算公式。
3. 了解有效边界的含义。

技能目标

1. 能够利用 Excel 绘制机会集曲线。
2. 能够利用 Excel 计算风险资产组合的期望收益率、方差、标准差。
3. 能够使用 Excel 交换坐标轴宏的使用。

思政目标

培养学生创新创业精神、经济管理思维，引导学生勇担社会责任、树立契约精神、坚持诚信经营，树立正确的创新创业观。

案例引入

全面注册制改革重塑券商投行"生态圈"

随着全面实行股票发行注册制改革启动，资本市场再迎发展新机遇。券商作为企业发行上市的直接参与主体，有望全面受益，投行业务模式乃至行业生态都将面临重塑。

从业务模式的角度来看，注册制促进券商从"通道中介"转型为提供专业服务的金融机构，提升投行全业务链服务能力。

首先，随着注册制配套制度持续完善，投行业务流程面临"再造"。券商需要延长投行服务链条，通过投行、PE、并购、再融资等业务联动结合，满足上市企业不同发展阶段的金融服务需求。其次，注册制将促进券商通过部门协作提供精细服务，投行部可通过与机构部、研究所、资产管理部等业务部门展开合作，覆盖整个服务链。最后，注册制对投行业务的专业性提出了更高的要求。注册制下，新股定价对券商的研究能力、估值定价能力乃至销售能力等综合服务能力提出更高要求。同时，券商投行需要提升承销专业度，建立体系化承揽模式，强化项目筛选和质量控制。投行的业务模式，将从资源为首进一步向以价值发现为核心的模式转变，并打通企业一二级市场服务链条。

进一步延伸看，券商投行业务模式的变化，将重塑行业生态，加速投行业务向头部券商集中。全面注册制的实施，要求券商投行业务既要实现"量"也要兼顾"质"，这对于券商的项目储备、投行业务承揽和承销、投研定价、资金跟投等能力提出要求。在这场投行综合实力的竞争中，大型券商的优势凸显，"强者恒强"是大势所趋。此外，笔者认为，精耕细分领域的中小券商也将迎来业务机遇。它们可以根据自身资源禀赋或区位优势，在积累一些差异化的储备项目和行业声望后，集中突破特定行业、区域限制，进行业务扩张。

资本市场改革与证券行业自身发展产生共振，全面注册制落地将持续为券商服务实体经济、支持企业直接融资拓宽新渠道，打开了业务增量空间。同时，也推进券商拉长投行业务服务链条，促进券商建立陪伴式投行服务体系，加强"研究＋投资＋投行"生态圈建设。而在这个过程中，不论是大型券商，还是中小券商都将大有可为。

（资料来源:《全面注册制改革重塑券商投行"生态圈"》，证券日报，2023-02-07. 有改动）

9.1 资产组合的收益和风险

微课：期望收益和风险

9.1.1 两个证券组合的数学表示

假设有两种证券，证券 A 和证券 B，某个投资者将一笔资金以 ω_1 的比例投资于证券 A，以 ω_2 的比例投资于证券 B，且 $\omega_1 + \omega_2 = 1$，称该投资者拥有一个证券组合 $P = (\omega_1, \omega_2)$，

ω_1、ω_2 分别称为证券组合 P 中证券 A 的权数和证券 B 的权数。

如果到期时，证券 A 的收益率为 r_A，证券 B 的收益率为 r_B，则证券组合 P 的收益率为

$$r_P = \omega_1 \times r_A + \omega_2 \times r_B \tag{9-1}$$

式中，r_P——资产组合的收益率；

ω_1——资产 A 的投资权重；

r_A——资产 A 的收益率；

ω_2——资产 B 的投资权重；

r_B——资产 B 的收益率。

9.1.2　两个证券组合的期望收益率和方差的计算方法

研究证券收益与风险是证券分析的核心内容，证券的收益与风险的计算是首要的，现代投资组合理论提供了证券投资组合的期望收益与风险的估计办法。

（1）期望收益的计算公式为

$$E(r_p) = \omega_1 E(r_A) + \omega_2 E(r_B) \tag{9-2}$$

（2）方差（风险）的计算方法为

$$\sigma_P^2 = (\omega_1 \quad \omega_2)\begin{pmatrix} \sigma_A^2 & \sigma_{AB}^2 \\ \sigma_{BA}^2 & \sigma_B^2 \end{pmatrix}\begin{pmatrix} \omega_1 \\ \omega_2 \end{pmatrix} \tag{9-3}$$

$$\sigma_P^2 = \omega_1^2 \sigma_A^2 + \omega_2^2\sigma_B^2 + 2\omega_1\omega_2 cov(r_A, r_B) \tag{9-4}$$

式中，σ_{BA}^2——为资产 A 与资产 B 的收益率的协方差，或者记为 $cov(r_A, r_B)$；

σ_A^2——为资产 A 收益的方差；

σ_B^2——为资产 B 收益的方差。

（3）协方差可以用两个资产的相关系数计算，公式为

$$\mathrm{Cov}(r_A, r_B) = \rho_{AB}\sigma_A\sigma_B \tag{9-5}$$

式中，σ_A——资产 A 收益率的标准差；

σ_B——资产 B 收益率的标准差；

ρ_{AB}——资产 A 和资产 B 收益率的相关系数。

当 $\rho_{AB} = 1$ 时，根据完全平方式的数学变换，两个资产将不存在协方差，也就是说不受相关性影响

$$\sigma_P = \omega_1 \sigma_A + \omega_B\sigma_B \tag{9-6}$$

当 $\rho_{AB} = -1$ 时，此时称为两种资产完全对冲，一个完全套期头寸可以通过选择资产组合解以下方程得出

$$\omega_1 \sigma_A + \omega_B\sigma_B = 0 \tag{9-7}$$

$$\omega_1 = 1-\omega_2 = \frac{\sigma_B}{\sigma_B+\sigma_A} \tag{9-8}$$

【例 9-1】资产组合 P 由三种证券 A、B、C 构成，三种证券的投资金额占总投资额的比例分别为 $W_A=0.2$，$W_B=0.5$，$W_C=0.3$，对应的期望收益率为 $E(R_A)=12\%$，$E(R_B)=8\%$，$E(R_C)=16\%$，三种证券的方差和协方差由下列协方差矩阵给出。（注：为了简便，将矩阵中数字的单位万分之一省略）

$$\begin{pmatrix} 35 & 43 & 28 \\ 43 & 67 & 59 \\ 28 & 59 & 50 \end{pmatrix}$$

（1）计算期望收益率。

（2）计算三种证券的方差与协方差。

（3）计算组合的方差。

解：（1）计算期望收益率：

$$E(R_p)=\sum_{i=1}^{N} WiE(Ri) = W_A\times E(R_A)+W_B\times E(R_B)+W_C\times E(R_C)$$

$$= 0.2\times12\%+0.5\times8\%+0.3\times16\%$$

$$=11.2\%$$

（2）计算三种证券的方差与协方差：

根据矩阵，三种证券的方差分别为 $\sigma_A{}^2=35$，$\sigma_B{}^2=67$，$\sigma_C{}^2=50$；三种证券每两两之间的协方差分别为 $\sigma_{AB}=43,\sigma_{AC}=28,\sigma_{BC}=59$。

（3）计算组合的方差：

$$\sigma_p^2 = \sum_{i=1}^{N} W_i^2\sigma_i^2 + \sum_{i=1}^{N}\sum_{\substack{j=1\\ i\neq j}}^{N} W_iW_j\sigma_{ij} = W_A^2\sigma_A^2 + W_B^2\sigma_B^2 + W_C^2\sigma_C^2 +2\ W_AW_B\sigma_{AB} +2\ W_AW_C\sigma_{AC} +2\ W_BW_C\sigma_{BC}$$

$$=0.22\times35+0.52\times67+0.32\times50+2\times0.2\times0.5\times43+2\times0.2\times0.3\times28+2\times0.5\times0.3\times59$$

$$=52.31$$

$$\sigma_p = \sqrt{52.31}=7.23$$

小专栏

“鸡蛋不要都放在一个篮子里”

“鸡蛋不要都放在一个篮子里”，这句话被众多投资者看做投资的“圣经”。通过分散投资可以分散风险，有些风险还可以互相抵消，整个投资组合的风险就会显著降低，而期望收益却不变。家庭理财投资也是一样，您需要选择不同的投资品种，在不同的投资品种中合理搭配、组合您的投资，以减少风险。当然，您的投资策略还要与您的家庭情况联系起来，与您的收支状况、资产状况和风险承受能力结合起来。

一般而言，当您还不富有时，最好先进行强制储蓄，以稳健的储蓄投资为主，积累一点家底，既可应付意外支出，又可积累资本用于投资。当您吃、穿、住、行等基本生活都有了保障，还有部分结余时，您就可以开始分散一部分钱财投资在债券、基金、股票等带有风险性的投资工具上了。当您比较富有，财产较多时，除保留部分用以稳妥地储蓄和投资以应付开支外，还可以更多地选择一些高风险、高收益的投资项目，让您的家庭资产更多增值。如果您已经退休了，您就该调整您的投资了，把更多的财富投资于稳健型的投资工具上，比如储蓄、国债、保险等。

在每一个阶段，您的投资都应该尽量分散化，如果您的资金规模不足以分散投资，通过购买基金的方式来实现分散化投资是个好办法。比如您要投资债券或股票，您还可以通过购买货币市场型基金和股票型基金，实现在不同债券或不同股票间的分散投资。如果您具备了足够的财力和精力，您还可以根据自己的判断来选择债券、股票、基金以及信托、保险产品，构建自己的投资组合。

从稳健投资的原则出发，也有的专家建议采取“32221”的组合投资理财策略，其方法是：将个人财富的 30% 用于储蓄以备后用；20% 用于购买债券以增加收益；20% 用于购买股票以寻求高利；20% 用于实物投资以追求增值；10% 用于购买保险以防止意外和追求收益。

投资组合是一门学问，您需要对各种金融工具都进行比较深入的研究，学习投资组合的方法和技巧，构建家庭理财最好的投资组合。

（资料来源：《“鸡蛋不要都放在一个篮子里”》，中国人民银行贵阳中心支行，2015-03-11）

9.2　应用案例

【例 9-2】现在某投资者打算拿一笔闲散资金在资产市场上投资，他经过分析，决定在两家公司里进行分散投资，依据他的观察，两家公司的期望收益和标准差见表 9-1 所列。

表 9-1　原始数据表

公司股票	期望收益	标准差
A 公司	15%	23%
B 公司	7%	10%

分析：

（1）新建 Excel 表格，在 A1 : C3 中输入原始数据，见表 9-2 所列。

表 9-2　A、B 公司股票的期望收益和标准差

	A	B	C
1	公司股票	期望收益	标准差
2	A 公司	15%	23%
3	B 公司	7%	10%

（2）接着考察在不同投资比重下投资组合的收益和风险如何。

在表 A7，B7，C7，D7，E7 中分别输入"投资组合""A 公司投资比重""B 公司投资比重""期望收益""不同相关系数 ρ 下的投资组合标准差"。在 A10:A20 按顺序输入 1—11。为了方便计算，将投资比重等分成 10 份，在 B10:B20 中按顺序填入 100%—0%；在 C10:C20 中按顺序填入 0%—100%。在 D7= "期望收益" 下方合并 D7:D8，并做一条对角线，右上方记为 ρ_{AB}，左下方记为 $E(r_p)$，即 D8:D9 右侧下方填入的是不同投资比重下的期望收益，而 D8:D9 右侧填入人为假定的 A 公司收益与 B 公司收益的相关系数。并在 E8:E9 至 O8:O9 按顺序填入"−1, −0.8, −0.6, −0.4, −0.2, 0, 0.2, 0.4, 0.6, 0.8, 1"，见表 9−3 所列。

表 9-3　不同投资比重和相关系数下的组合标准差

投资组合	A 公司投资比重	B 公司投资比重	期望收益	不同相关系数 p 下的投资组合标准差								
			P_{AB} / E_{rp}	−1	−0.8	−0.6	−0.4	−0.2	0.2	0.4	0.6	0.8
1	100%	0%										
2	90%	10%										
3	80%	20%										
4	70%	30%										
5	60%	40%										
6	50%	50%										
7	40%	60%										
8	30%	70%										
9	20%	80%										
10	10%	90%										
11	0%	100%										

（3）在 A27:A31 中，分别输入"组合""A 公司投资比重""B 公司投资比重""最小方差""最小标准差"；B27:L27 中按顺序输入"−1, −0.8, −0.6, −0.4, −0.2, 0, 0.2, 0.4, 0.6, 0.8, 1"，B26 输入 ρ_{AB}，见表 9−4 所列。

表 9–4　相关系数表

	PAB							
组合	–1	–0.8	–0.6	–0.4	–0.2	0.2	0.4	0.6	0.8
A 公司投资比重									
B 公司投资比重									
最小方差									
最小标准差									

(4) 计算表 9–3 中的期望收益率，期望收益的公式为

$$E(r_p) = \omega_1 E(r_A) + \omega_2 E(r_B)$$

在 D10 中输入公式“=\$B\$2*B10+\$B\$3*C10”，然后使用“+”向下拉至 D20，或者当鼠标指针显示“+”时双击鼠标左键。

(5) 计算不同相关系数下的投资组合标准差。

两个风险资产组合的方差计算公式为

$$\sigma_P^2 = \omega_1^2 \sigma_A^2 + \omega_2^2\sigma_B^2 + 2\omega_1\omega_2\rho_{AB}\sigma_A\sigma_B,$$

在 E10 中输入“=((\$B10*\$C\$2)^2+(\$C10*\$C\$3)^2+(2*\$B10*\$C10*E\$8*\$C\$2*\$C\$3))^(1/2)”。①

然后 E10 单元格右下角在鼠标指针变为“+”向右拖曳至 O10，在框选 E10:O10 基础上在 O10 右下角拖曳至第 20 行，即完成了在不同相关系数下投资组合的标准差的计算，见表 9–5 所列。

表 9–5　不同相关系数下的方差结果表

投资组合	A 公司投资比重	B 公司投资比重	期望收益	不同相关系数 ρ 下的投资组合标准差										
			E_{rp} \ P_{AB}	–1	–0.8	–0.6	–0.4	–0.2	0	0.2	0.4	0.6	0.8	1
1	100%	0%	15.00%	0.23	0.23	0.23	0.23	0.23	0.23	0.23	0.23	0.23	0.23	0.23
2	90%	10%	14.20%	0.197	0.199	0.201	0.203	0.205	0.207	0.209	0.211	0.213	0.215	0.217
3	80%	20%	13.40%	0.164	0.168	0.173	0.177	0.181	0.185	0.189	0.193	0.197	0.200	0.204
4	70%	30%	12.60%	0.131	0.138	0.145	0.152	0.158	0.164	0.170	0.175	0.181	0.186	0.191
5	60%	40%	11.80%	0.098	0.109	0.118	0.127	0.136	0.144	0.151	0.158	0.165	0.172	0.178
6	50%	50%	11.00%	0.065	0.081	0.094	0.105	0.116	0.125	0.134	0.143	0.150	0.158	0.165
7	40%	60%	10.20%	0.032	0.057	0.074	0.087	0.099	0.110	0.119	0.128	0.137	0.145	0.152
8	30%	70%	9.40%	0.001	0.044	0.062	0.076	0.088	0.098	0.108	0.116	0.124	0.132	0.139
9	20%	80%	8.60%	0.034	0.051	0.064	0.075	0.084	0.092	0.100	0.107	0.114	0.120	0.126
10	10%	90%	7.80%	0.067	0.073	0.078	0.084	0.088	0.093	0.097	0.101	0.105	0.109	0.113
11	0%	100%	7.00%	0.1	0.1	0.1	0.1	0.1	0.1	0.1	0.1	0.1	0.1	0.1

① 这里需要特别注意的是 Excel 当中单元格引用的问题，因为在拖拽的过程中，“A 公司投资比重”与“B 公司投资比重”为纵向列不变行变化，所以公式里为 \$B10 与 \$C10，这样在向右拖拽时保持列的不变；而相关系数数据在向下拖拽时为了保持其行不变，其公式应该为 E\$8，即在行运用绝对引用。

（6）计算不同相关系数下的最小方差组合。

A 公司投资比重的最小方差组合的计算公式为

$$\frac{\sigma_B^2-\sigma_A\sigma_B\rho_{AB}}{\sigma_A^2+\sigma_B^2-2\sigma_A\sigma_B\rho_{AB}}$$

在 B28 中输入“=（$C$3^2-$C$2*$C$3*B27）/（$C$2^2+$C$3^2-2*$C$2*$C$3*B27）”，并在 B28 鼠标右下角“+”向右拖曳至 L28。

在 B29 中输入“=1-B28”，并在 B29 鼠标右下角“+”向右拖曳至 L29。这时将发现最优投资投资比重为负值，这是因为没有做空限制下的最优投资比重。例如相关系数为 0.6 时，最优的投资组合应该为做空 A 资产并将做空 A 资产的现金投资于 B 公司。在 B30 中输入“=(B28*$C$2)^2+(B29*$C$3)^2+(2*B28*B29*$C$2*$C$3*B27)”，并在 B30 鼠标右下角“+”时向右拖曳至 L30，B31 为 B30 开算数平方根，在 B31 中输入“=SQRT (B30)”，并在 B31 鼠标右下角“+”向右拖曳至 L31，见表 9-6 所列。

表 9-6　不同相关系数下的最小方差组合表

组合	-1	-0.8	-0.6	-0.4	-0.2	0	0.2	0.4	0.6	0.8	1
A 公司投资比重	0.303	0.285	0.263	0.236	0.202	0.159	0.101	0.018	-0.108	-0.322	-0.769
B 公司投资比重	0.697	0.715	0.737	0.764	0.798	0.841	0.899	0.982	1.108	1.322	1.769
最小方差	0.000	0.002	0.004	0.005	0.007	0.008	0.009	0.010	0.010	0.007	0.000
最小标准差	0.000	0.044	0.061	0.074	0.084	0.092	0.097	0.100	0.098	0.085	0.000

（7）绘制机会集曲线图。

①选中 D8:O20，右击选择“插入”，选择“推荐的图表”，选择“XY 散点图”，选择“带平滑线和数据标记的散点图”，单击“确定”，进行图表制作。会发现，绘制的机会图与日常习惯使用的机会曲线集旋转 90° 得到熟知的“风险 - 期望收益”曲线，如图 9-1 所示。Excel 的“宏”功能提供了这项功能。

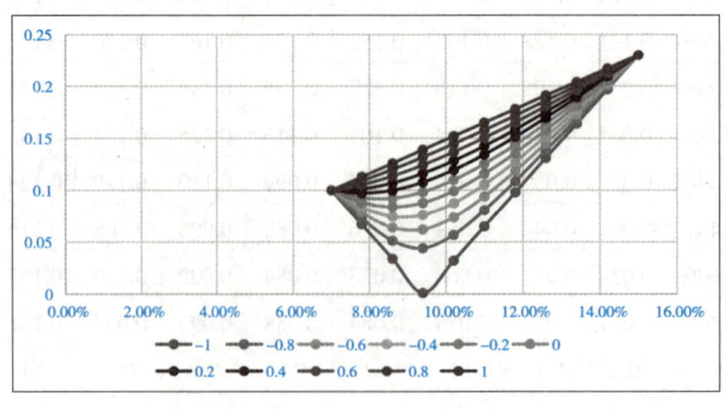

图 9-1　机会集曲线图

②在“文件”→“选项”→“自定义功能区”勾选开发工具可以调用“宏”的功能，如图 9-2 所示。

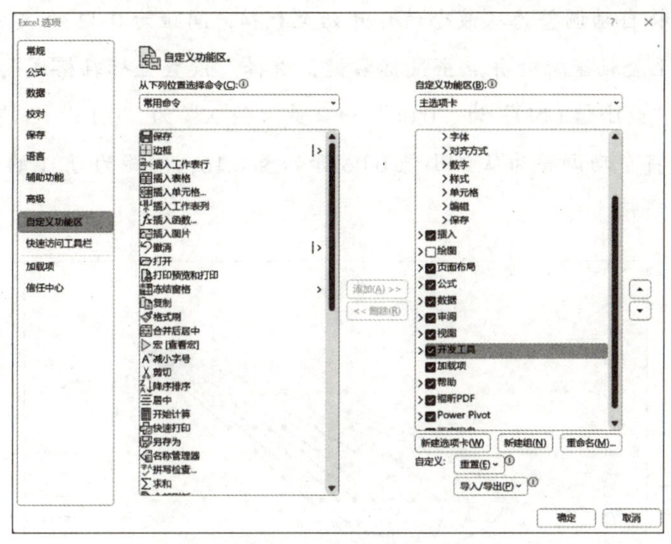

图 9-2　调用【宏】功能

在“开发工具”菜单中选择“录制宏”，并将“宏”命名为“绘图”，点击“停止录制”。单击“宏”，宏名为“绘图”→单击“编辑”→单击“确定”调用出 VB 的代码编辑界面，代码如图 9-3 所示。

代码输入完成以后单击代码上方的“运行”→“运行子过程 / 用户窗体”，此时将发现机会集曲线旋转为常见的形式，如图 9-4 所示。

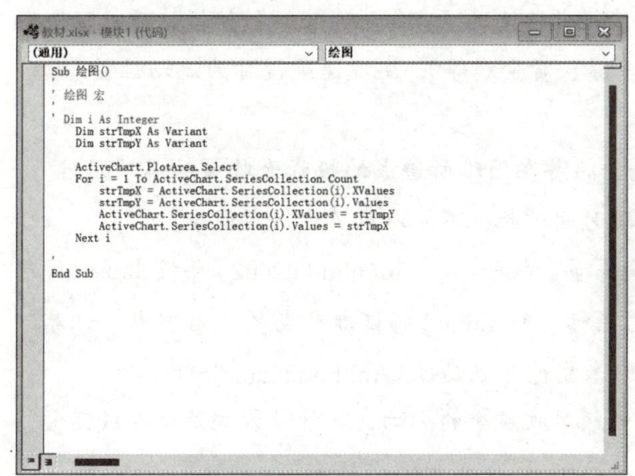

图 9-3　运行代码演示

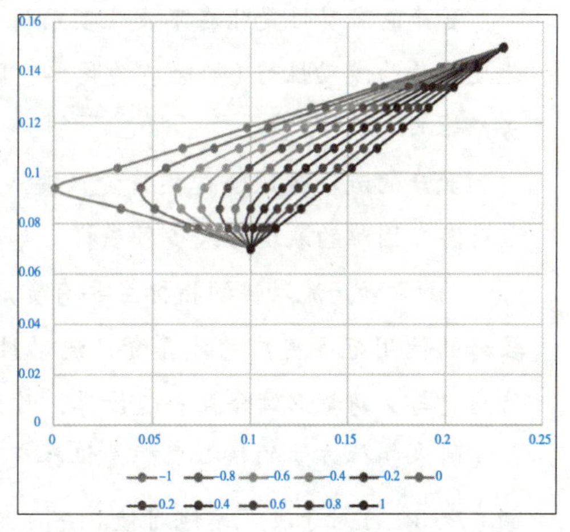

图 9-4　使用“宏”代码后的机会集曲线图

（8）美化机会集曲线图。

单击机会集曲线，右侧的“+”框选“坐标轴标题”“图表标题”“图表标题”输入“机会集曲线”，“X 坐标轴标题”输入“风险”，“Y 坐标轴标题”输入“期望收益”。

再将 XY 轴的刻度调整至合适的值和单位。

将鼠标光标移至横轴坐标处并点击鼠标右键，选择“设置坐标轴格式”，单击“坐标轴选项”→“边界”→“最小值（N）”为“0”→“最大值 X”为“0.24”→“单位”→“大（J）”

为“0.02”。坐标轴将自动调整为从最小值 0 开始至 0.24，间距为 0.02 的 X 轴。

将鼠标光标移至竖轴坐标处并点击鼠标右键，选择“设置坐标轴格式”，单击““坐标轴选项”→“边界”→“最小值(N)”为“0.06”→“最大值 X”为“0.16”→“单位”→“大(J)”为“0.01”。坐标轴将自动调整为从最小值 0.06 开始至 0.16，间距为 0.01 的 Y 轴，美化后的机会集曲线如图 9-5 所示。

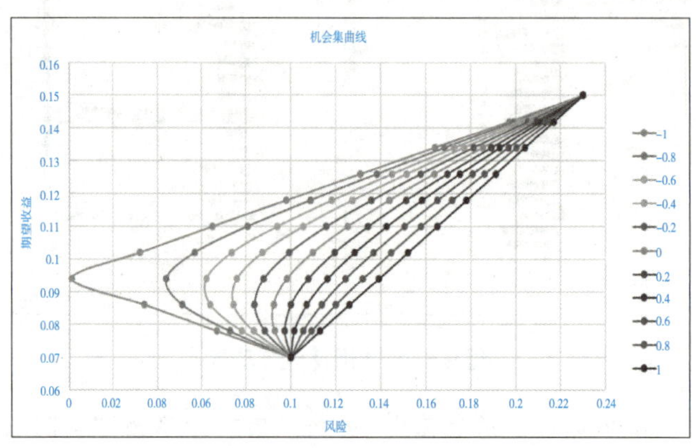

图 9-5　美化后的机会集曲线图

扩展阅读

流动性风险

资产的流动性是指在不发生实质性价值损失的情况下，将资产变现的快慢速度。变现速度快称为流动性好(如优质的股票、国库券、贵金属等)，变现速度慢称为流动性差(如房产等)。

资产的流动性风险是指将资产变成现金的潜在困难所造成的投资者收益的不确定性。这种潜在困难的表现形式多种多样，如变现时间过长、不能以市场价格变现等。

衡量资产流动性的指标主要有资产交易量和换手率，Ammihud(2002)年提出了一种较好的使用范围更广的计算资产流动性的指标。Ammihud 将证券交易的收益率 R、证券价格 P 与交易量 V 结合在一起计算，称为阿米胡德非流动性(Amihudilliquidity)。

阿米胡德方法的核心思想是证券交易金额对收益率的影响，其计量方式是证券成交金额($P_i \times V_i$,)对于收益率绝对值($|R_i|$)的影响均值。其计算公式如下：

$$\text{阿米胡德非流动性} = \frac{1}{n}\sum_{i=1}^{n}\frac{|R_i|}{P_i \times V_i}$$

尽管阿米胡德非流动性指标的数值非常小，但其绝对数值不重要，重要的是横向之间的比较，即相对大小。因此，一种简单的解决方法是，在不改变横向比较属性的情况下对计算公式进行改造，如对交易金额取对数，能够极大地降低交易金额的数量级。修正后的阿米胡德非流动性计算公式如下：

$$阿米胡德非流动性 = \frac{1}{n}\sum_{i=1}^{n}\frac{|R_i|}{\lg(P_i \times V_i)}$$

阿米胡德非流动性指标只有正数，没有负数，数值越大，其流动性越小，数值越小，其流动性越强。

（资料来源：作者根据相关资料整理）

课后习题

一、简答题

相关系数对投资组合的风险有着怎样的影响?

二、计算题

某投资者观察到的某两个股票的期望收益和风险如下：

	期望收益	风险
股票 A	15%	25%
股票 B	7%	17%

（1）绘制不同投资比重和两种股票不同相关系数时的机会集曲线。

（2）绘制当相关系数为 0.3 时的一条资本配置线和资本市场线。

第 10 章

构建线性回归分析模型

知识目标

1. 理解相关关系的概念。
2. 了解相关关系的分类。
3. 掌握相关关系的判断方法。
4. 掌握回归系数的含义和计算。
5. 理解一元线性回归分析方法。

技能目标

1. 够利用 Excel 完成相关关系的基本操作。
2. 能够利用 Excel 完成线性回归方程的基本操作。

思政目标

回归分析是根据变量间关系建模的统计方法。利用宏观经济和社会数据说明回归分析的具体应用，阐述回归分析在国家经济和社会政策制定的作用。

案例引入

强势拉升之后黄金市场分歧显现 金价暂失守 2 000 美元关口

国际现货黄金的价格距离 2 000 美元/盎司平台渐行渐远。在上周五金价强势收盘于 2 000 美元/盎司关口上方，然而这样局面仅隔一个周末就发生了变化。本周开盘之后，国际现货黄金的价格就呈现出震荡回撤修正之势，尤其是在周二的时候，金价可谓是上蹿下跳，最终失守 1 980 美元/盎司平台，截至周三亚洲午盘，金价依然维持在其下方。

虽然近日美元指数以及美债收益率依然表现坚挺，但是国际现货黄金的表现也毫不逊色。然而就在金价顺利突破 2 000 美元/盎司关口之后，似乎快速行驶的列车被踩了刹车，甚至开始出现倒退的情况。

分析来看，当前地缘政治危机所带来的影响短期内很难改变，不过在短期金价强势拉升之后市场出现分歧。而本周即将迎来美联储 11 月利率决议，虽然市场普遍预计美联储将维持不加息的局面，然而货币政策声明又或是美联储主席鲍威尔在新闻发布会上的表态都可能左右市场。因此，在不确定性越来越近的情况下，黄金市场的部分获利盘出现获利了结，导致金价出现正常回撤。

此外，隔夜公布的美国三季度劳工成本意外加速增加，加剧了市场对强劲的劳动力市场可能使得通货膨胀率高于预期目标的担忧，从而令金价快速下挫。

综合来看，短期黄金市场的焦点转向了美联储的利率决议，当然本周还有美国 10 月非农就业数据待公布。所以，短期金价或保持弱势回撤修正格局，等待市场进一步明朗。

从技术面来看，国际现货黄金价格走势的周线级别依然呈现多头结构，短线回撤并未改变此局面。而从日线级别来看，目前呈现三连跌之势，下方支撑需要参考 1 960 美元/盎司平台区域。反观国内黄金市场，以人民币计价的黄金 T+D 走势则强于以美元计价的国际现货黄金。目前 T+D 的价格位于年内高位一线，且价格维持在均线上方运行，保持较好的上行结构。不难看出，近期人民币汇率依然表现较弱，这对国内人民币计价的黄金而言起到了一定的支撑作用。因此，国内外金价的走势或面临再次分化的局面。

（资料来源:《强势拉升之后黄金市场分歧显现 金价暂失守 2000 美元关口》，新华财经，2023-11-01）

10.1 相关关系

人们在生产和生活中常常会看到：一种现象与另外一种现象之间往往存在着相互依存的关系，一种现象的变化往往会引起另外一种现象的变化。例如，当经济处于繁荣时期，居民消费水平会上升，此时，企业会选择扩大生产、增加投资，采购经理指数也会有上升趋势。这就是相关现象。

10.1.1 相关关系的概念

相关关系是一种非确定性的关系。在数量分析中，变量和变量之间经常会存在一定的相关关系，这些变量之间的关系可以分为两种：函数关系（确定性关系）和相关关系（随机关系）。如果给定解释变量 X 的值，被解释变量 Y 的值就被唯一地确定，那么这种关系就是函数关系。如果给定解释变量 X 的值，被解释变量 Y 的值不是唯一地确定，那么这种关系就是相关关系。例如，在企业财务报表分析中，资产 = 负债 + 所有者权益。这种恒等关系就是确定性关系。影响企业利润的因素有很多方面，包括宏观环境、行业竞争环境及企业自身的生产成本和销售成本等。因此，利润的增加或减少可能是受多种变量的影响。

10.1.2 相关关系的种类

由于客观事物之间存在着多种联系，故变量之间的相关关系也有多种形式。例如，销售量的增加会提高销售额，成本的增加会降低企业的利润。

自变量和因变量之间的相关关系按照不同的标准分类。

（1）按照变量之间依存关系的形式划分为：线性相关和曲线相关。

线性相关是指变量每增加或减少一个单位，另一相关变量按一个大致固定的增加量或减少量变化。两者之间的关系近似地表现为一条直线，如图 10-1（1）所示。例如，对于一般商品来说，产品价格上涨，销售量就会减少；产品价格下跌，销售量就会增加。同样，如果按照单利计算，利息额就是本金和利率的线性函数。

曲线相关是变量每增加或减少一个单位，相关变量不按照固定增加量或减少量变化。两者之间的关系近似地表现为某种曲线关系，如图 10-1（2）所示，例如正态分布曲线。

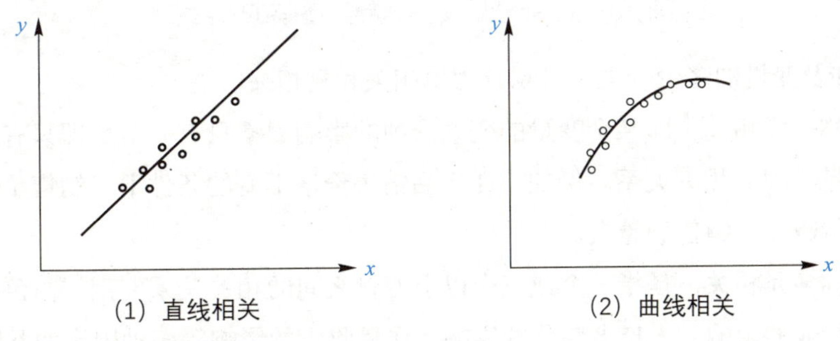

图 10-1 直线相关和曲线相关

（2）按照变量变化的方向划分为正相关和负相关。

正相关是因变量与自变量按照同一个方向变化，如图 10-2（1）所示。自变量增加，因变量也增加；自变量减少，因变量也减少。例如，产品销售量的增加，产品的销售收入也会增加。

负相关是因变量与自变量按照反方向变化，如图 10-2（2）所示。自变量增加，因变量减少；自变量减少，因变量增加。例如，产品的生产成本增加，如果销售价格不变的情况下，会减少企业的利润。

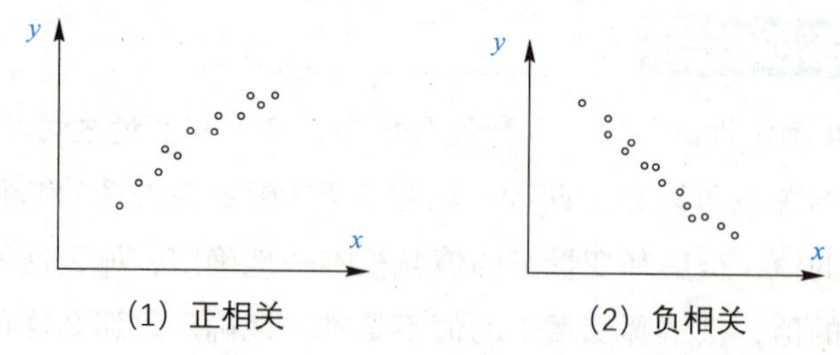

图 10-2 正相关与负相关

(3)按照变量相关的密切程度分为完全相关、不完全相关和不相关。

完全相关是指两个变量之间的关系，一个变量的数量变化由另一个变量的数量变化唯一确定，如图 10-3(1)所示。其相关系数为 +1 或 -1。

不完全相关是指对于自变量 x 的任何一个值，因变量 y 有若干个值与之对应，如图 10-3(2)所示。

不相关指自变量 x 的数量变化不会引起因变量 y 的变化。不相关是两个变量之间不存在任何关系。即一个变量的变动，不会影响另一个变量的变动，如图 10-3(3)所示。例如天气的变化不会对人的体重产生影响。

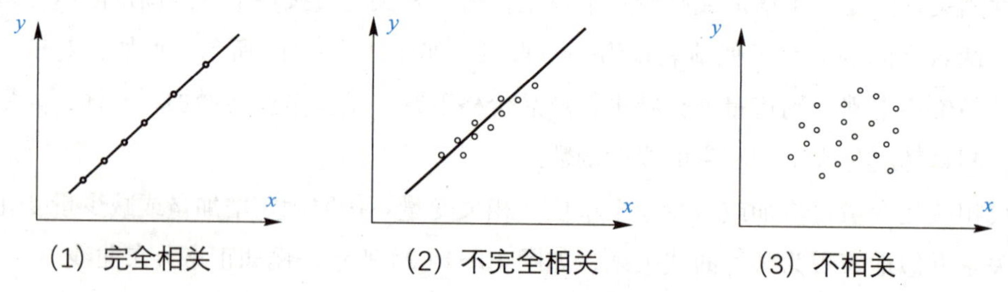

图 10-3 完全相关、不完全相关和不相关

(4)按照涉及变量的多少分类，可划分为单相关和复相关。

单相关又称一元相关，即某个变量的变动受到的影响因素只有一个。即只有一个自变量和只有一个因变量之间的相关关系。例如，在产品销售价格不变的条件下，销售量和销售额之间的关系。销售量越多，销售额越大。

复相关又称多元相关，是指三个或三个以上变量之间的相关关系。例如白色家电的销售量会受到房地产行业的影响、人口老龄化的影响、居民收入的影响等多种因素的共同作用。

10.1.3 相关分析方法

1. 绘制相关表

相关表是一种反应变量之间相关关系的统计表。将其中一个变量按照取值从小到大的顺序排列，再将与其相关的另一个变量对应的数值列出来，就形成了简单的相关表。通过相关表，可以初步判断相关关系的密切程度和相关的方向。例如，某公司广告费用与销售量的简单相关表，见表 10-1 所列。

表 10–1 某公司广告费用与销售量的简单相关表

广告费用 / 万元	销售量 / 万箱	广告费用 / 万元	销售量 / 万箱
1	15	5	37
2	20	6	45
3	22	7	56
4	25	8	78

2. 绘制相关图

相关图又称散点图，是把相关表中的原始数据在平面直角坐标系中以坐标点描绘出来。以横轴为自变量 x，纵轴为因变量 y，通过标出的每对变量的坐标点或散布点（x,y）观察其分布情况。相关图不受变量值计量单位的影响。

3. 计算相关系数

相关系数是在线性相关的条件下，用来说明两个变量间相关关系密切程度和方向的统计分析指标，通常用 r 表示，其表现形式为相对数。相关系数在相关关系中具有重要作用，在统计研究等许多领域都得到了广泛的应用。公式为

$$r=\frac{\sum_{i=1}^{n}\left(X_i-\bar{X}\right)\left(Y_i-\bar{Y}\right)}{\sqrt{\sum_{i=1}^{n}\left(X_i-\bar{X}\right)^2}\sqrt{\sum_{i=1}^{n}\left(Y_i-\bar{Y}\right)^2}} \tag{10-1}$$

相关系数的取值范围为 $-1\leqslant r\leqslant 1$，其中，$r>0$ 表示因变量与自变量之间是正相关关系，也就是说，自变量增加，因变量也增加，自变量减少，因变量也减少；$r<0$ 表示因变量与自变量之间是负相关关系，也就是说，自变量增加，因变量减少，自变量减少，因变量增加。按照 $|r|$ 的大小，反映变量间相关关系的强弱，即相关程度的评价标准。具体如下：

$0<|r|\leqslant 0.3$——弱相关，

$3<|r|\leqslant 0.5$——低度相关，

$0.5<|r|\leqslant 0.8$——显著相关，

$0.8<|r|\leqslant 1$——高度相关。

相关系数将协方差进行标准化处理，克服了其不足之处。同协方差比较，相关系数不受变量值大小和计量单位的影响，便于横向比较。当相关系数 $r=1$，表示变量 x 与 y 完全正相关；当相关系数 $r=-1$，表示变量 x 与 y 完全负相关；当相关系数 $0<|r|<1$，表示变量 x 与 y 是相关关系。

10.2 一元线性回归分析

微课：多元线性回归模型

10.2.1 回归分析的概述

回归分析是研究一个或几个变量的变动对另一个变量的变动影响程度的方法。通过建立一个数学方程来反映变量之间具体的相互依存关系，并最终通过给定的自变量值来估计或预测因变量的值，这个方程就叫做回归模型。回归分析是一种统计学上的数据分析方法，其目的是利用自变量对因变量进行预测。回归分析和理论建立在相关分析的基础上，相关程度越高，回归测定的结果越可靠。回归分析按照自变量的多少分为一元回归和多元回归分析。其中一元回归是最为基础，也是学习的重点。

10.2.2 一元线性回归方程

线性回归（Linear Regression）是利用称为线性回归方程的最小二乘函数对一个或多个自变量和因变量之间关系进行建模的一种回归分析。

如果有 n 个点（x_1，y_1），（x_2，y_n），（x_3，y_n），……，（x_n，y_n），用下面的表达式来刻画这些点与直线 $y=a+bx$ 的接近程度

$$\left[y_1-\left(a+bx_1\right)\right]^2+\left[y_2-\left(a+bx_2\right)\right]^2+\ldots+\left[y_n-\left(a+bx_n\right)\right]^2$$

使得上式达到最小值的直线 $y=a+bx$ 就是所要求解的直线，这种方法称为最小二乘法。

在线性回归中，只有一个自变量的情况称为简单回归，大于一个自变量的情况称为多元回归。简单回归的公式为

$$Y=\alpha+\beta X+\varepsilon \quad (10-2)$$

据样本得到的简单线性回归式为

$$\hat{y} = a+bx \quad (10-3)$$

10.2.3 线性回归的统计检验

1. 拟合优度检验

拟合优度检验是指回归直线对观测值的拟合程度。度量拟合度的统计量是确定系数 R^2。R^2 衡量的是回归方程整体的拟合度，表达因变量与所有自变量之间的总体关系。R^2 的值越接近 1，说明回归直线对观测值的拟合程度越好。反之，R^2 的值越接近 0，说明回归直线对观测值的拟合程度越不好。

$$R^2=\frac{SSR}{SST}=1-\frac{SSE}{SST} \quad (10-4)$$

2. 回归方程的显著性检验

回归方程的检验方式使用统计学中假设检验的方式进行显著性检验[①]，显著性检验是通过 F 检验进行的。

第一步，构造假设：$H_0:\beta_1=\beta_2=\ldots=\beta_k=0, H_1:\beta_1,\beta_2,\ldots,\beta_k$ 不全为 0；

第二步，构造统计量：$F=\dfrac{\frac{SSE}{k-1}}{\frac{SSR}{n-k}}\sim F(k-1,n-k)$，其中 n 表示样本的个数，k 表示自变量 $x_1,x_2,\ldots,x_k$ 的个数；

第三步，根据显著水平 α，查表得到 $F_\alpha(k-1,n-k)$；

最后，比较 F 和 $F_\alpha(k-1,n-k)$，如果 $F\geqslant F_\alpha(k-1,n-k)$，则拒绝原假设，否则不能拒绝原假设。

3. 回归系数的显著性检验通过 t 统计量实现

第一步，构造假设：$H_0:\beta_i=0, H_1:\beta_i$ 不全为 0；

第二步，t 统计量 $t_i=\dfrac{\hat{\beta}_i}{S_i}$，其中 S_i 是样本估计参数 $\hat{\beta}_i$ 相对于实际值 β_i 的方差；

第三步，根据显著水平 α，查表得到 $t_{\alpha/2}(n-k)$；

最后，如果 $|t|\geqslant t_{\alpha/2}(n-k)$，则拒绝原假设，否则不能拒绝原假设。

4. 各种检验之间的关系

判断一个回归模型是否正确，首先要看模型是否具有合理的经济意义，其次才是统计检验。

拟合优度和 F 检验都是对回归方程的显著性检验

$$F=\frac{n-k}{k-1}\times\frac{R^2}{1-R^2} \tag{10-5}$$

对于一元线性回归，F 检验和 t 检验是一致的，$F=t^2$。对于多元线性回归，则不存在这样的关系。

小专栏

卡尔·皮尔逊

卡尔·皮尔逊（1857—1936）是英国应用数学家，生物统计学家，近代数理统计的奠基人，被公认为现代统计学之父。

自从达尔文的进化论学说问世后，关于进化的本质争论不断，在这方面，皮尔逊深受高尔顿（达尔文表哥，“优生学”一词的发明者）与威尔登（皮尔逊研究生物统计的同事）的影响。1889 年，高尔顿出版了著作《自然遗传》，书中概括了关于遗传的“相关”和“回归”

① 对 F 显著性检验的方式，学者可以翻阅统计学专著学习，在这里不具体介绍。

概念，明确思考它们在研究生命形式中的可用性和价值。皮尔逊对高尔顿的“相关”和“回归”概念十分着迷，认为这是一个比因果性更为广泛的范畴。他结合格雷沙姆讲座和大学学院统计理论的两门课程，对来自生物学、物理学和社会科学的统计资料作了图示的、综合性的处理，讨论了概率理论和相关概念，并用掷硬币、抽纸牌和观察自然现象来证明它们，这期间皮尔逊发表了 18 篇关于数学在演化论上的贡献的系列文章。他引入“标准离差”术语代替麻烦的均方根误差，并论证了法曲线、斜曲线、复合曲线，建立了后来所称的极大似然法，把一个二元正态分布的相关系数最佳值p用样本积矩相关系数r表示，并称其为“皮尔逊相关系数”。

到 40 岁的时候，皮尔逊已经两次获得达尔文奖章，并且还是皇家科学院院士。但同时出现了一个问题，他在皇家科学院宣读过的获奖文章，却由于数学知识过多，被生物学家们认为不适合在生物杂志发表。于是，1901 年，由高尔顿成立的生物统计信托基金慷慨资助，高尔顿、威尔登以及皮尔逊三人共同担任编委，统计学界最具有影响力的杂志之一——《生物统计》就此诞生了。皮尔逊大力参与管理工作，倡导促进统计成为数学的一个独立分支，组建高等研究机构以培养更多高学历、高水平的人才。

1932 年 7 月，皮尔逊通知大学学院，他要在翌年夏天辞职退休。校方同意了他的辞呈，但依旧为他保留了一个办公室。只要有可能，皮尔逊还像以往那样按照学院的作息时间规律地生活和工作。1935 年，皮尔逊的精力明显衰退：“当我们正想专心工作时，我们却太老了。”繁忙的工作耗尽了他的体力，尽管他依然渴望为他献身的事业继续尽力。直到弥留之际，他还坚持看完了《生物统计》第 28 卷的几乎全部校样。

1936 年 4 月 27 日，皮尔逊去世。英国皇家统计学会在发的讣告中这样评价他的教学工作：“没有哪个学生能够忘记皮尔逊上的课是多么的清晰易懂；他的另一个学生在《泰晤士报》上说他上课从来不需要教科书。”

（资料来源：作者根据相关资料整理）

10.3 应用案例

10.3.1 绘制散点图

散点图是对所选变量之间相关关系的一种直观描述，是用直角坐标系的两个坐标轴分别表示两个变量，并将变量的观测值表示在同一坐标平面上的一种统计图。下面举例说明如何绘制散点图。

【例 10-1】假设某人想购买 A 股的某个上市公司，通过对官网数据的分析，想要研究销售量与居民平均收入之间关系。利用 Excel 绘制散点图。

解：选中人均收入和销量的全部数据，点击“插入”下的“图表”，选中“散点图”，就会出现如图 10-4 所示的散点图。通过这个图形，可以大致估计出，居民平均收入与该产品的销售量或销售额成正相关关系。

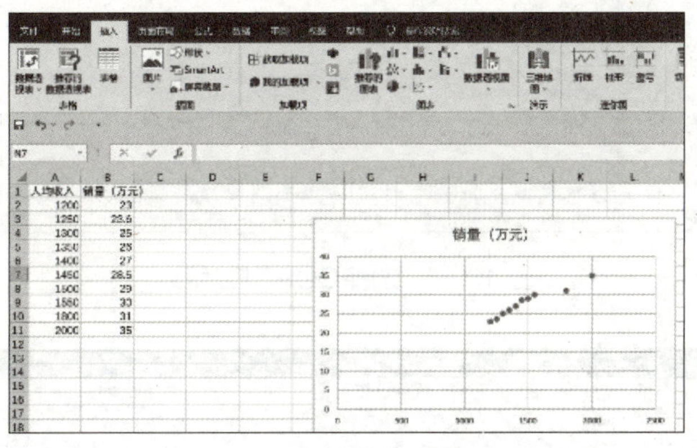

图 10-4　销售量或销售额的散点图

10.3.2　计算相关系数

继续使用【例 10-1】中数据，计算人均收入与市场销售量之间的相关系数。

解：操作步骤如下。

首先，单击“公式”选项中的“插入函数”，结果如图 10-5 所示。

接着，在“或选择类别”中选择“统计”，结果如图 10-6 所示。

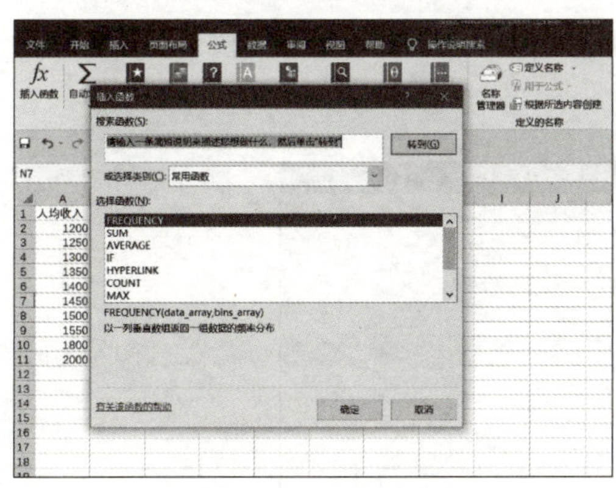

图 10-5　插入函数

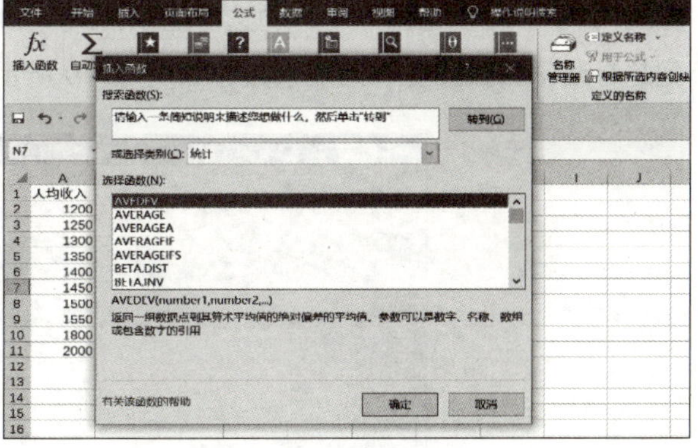

图 10-6　选择统计函数

然后，在“选择函数”菜单中选中“CORREL”，点击“确定”按钮，结果如图 10-7 所示。

接着，在弹出的“函数参数”对话框“Array1”中，输入自变量人均收入所在的区域 A2：A11，在“Array2”中，输入因变量销售额所在的区域 B2：B11，单击“确定”按钮，相关系数即可求出。本例题中，相关系数为 0.970167，为高度相关，如图 10-8 所示。

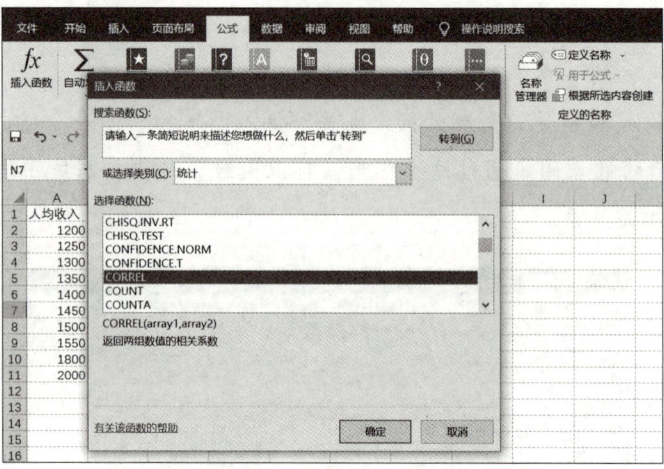

图 10-7　选择 CORREL 函数

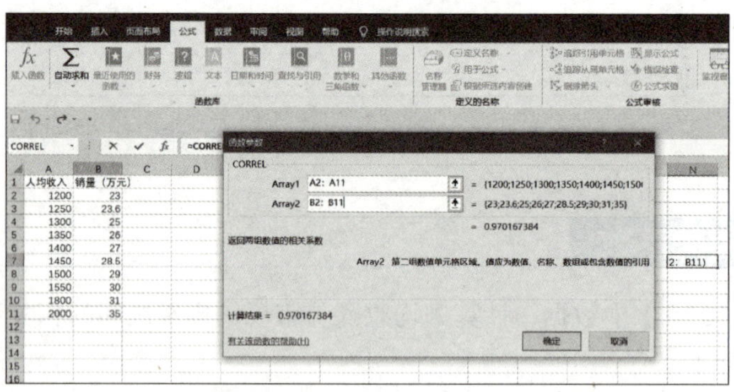

图 10-8　选择函数参数

最后，在已经绘制的散点图上添加趋势线，点击散点图右上角的"+"，接着，选择"趋势线"，在"更多选项"中，勾选"显示公式"和"显示 R 平方值"，单击关闭按钮，就可以得到趋势线、回归方程和判定系数，如图 10-9 所示。

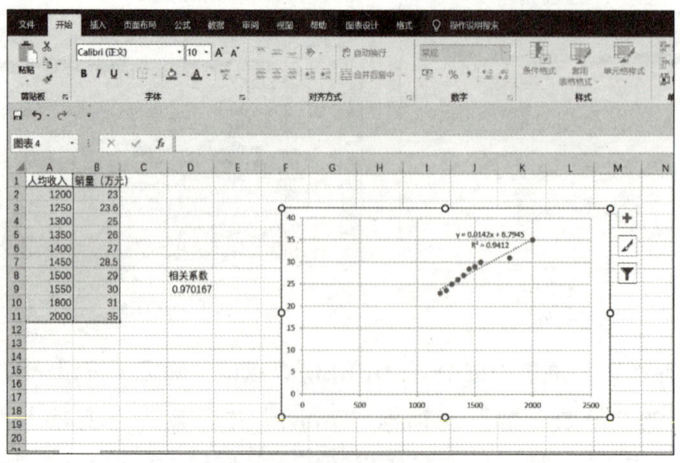

图 10-9　回归分析趋势线

10.3.3　回归分析

在线性回归方程中，只有一个自变量和一个因变量的一元线性回归分析是整个回归分析的基础。利用 Excel 做回归分析时，可以使用趋势线来求出回归方程。

【例 10-2】根据东方财务数据中心数据显示的我国 2022 年每月 CPI（居民消费价格指数）与 PPI（工业品出厂价格指数）数据，研究 PPI 与 CPI 相关性的大小。相关数据见表 10-2 所列。

表 10-2　中国 2022 年每月 CPI 与 PPI

月份	PPI	CPI
2022 年 1 月份	109.1	100.9
2022 年 2 月份	108.8	100.9
2022 年 3 月份	108.3	101.5
2022 年 4 月份	108	102.1
2022 年 5 月份	106.4	102.1
2022 年 6 月份	106.1	102.5
2022 年 7 月份	104.2	102.7
2022 年 8 月份	102.3	102.5
2022 年 9 月份	100.95	102.8
2022 年 10 月份	98.7	102.1
2022 年 11 月份	98.7	101.6
2022 年 12 月份	99.3	101.8

解：操作步骤如下。

首先，单击“公式”选项中的“插入函数”，得到对话框，在对话框的“或选择类别”中，选择“统计”，在“选择函数”菜单中选中“CORREL”，点击“确定”按钮，如图 10-10 所示。

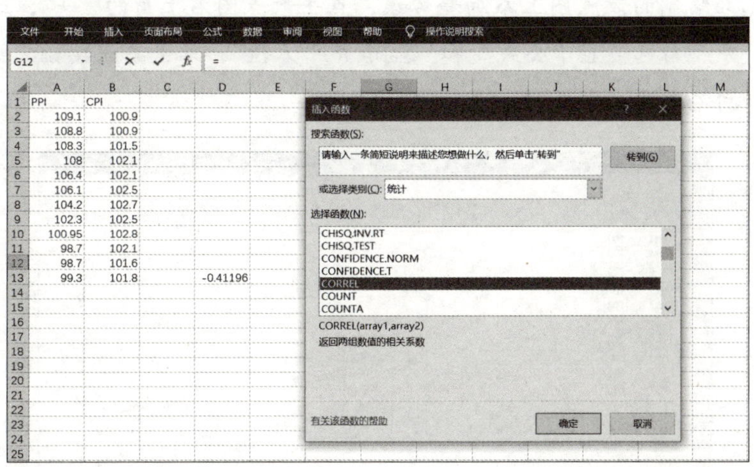

图 10-10　插入 CORREL 函数

然后，在弹出的“函数参数”对话框中的“Array1”中，输入自变量人均收入所在的区域A2：A13，在“Array2”中，输入因变量销售额所在的区域B2：B13，如图10-11所示。

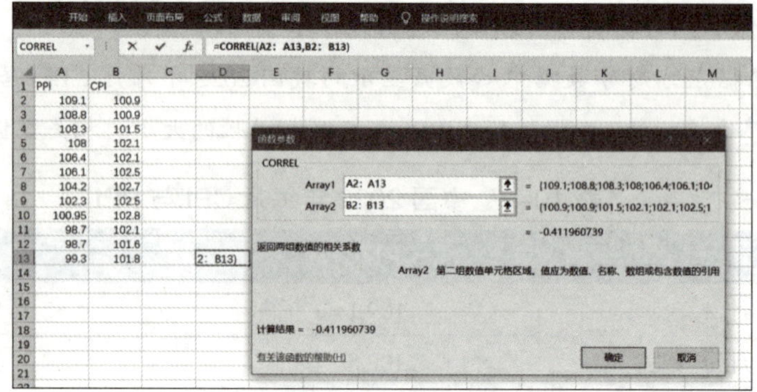

图10-11 选择函数参数

接着，单击“确定”按钮，相关系数即可求出，如图10-12所示。本例题中，相关系数为 -0.41196，为低度相关。

文件 开始 插入 页面布局 公式 数据 审阅 视图 帮助 操作说明搜索

D13 =CORREL(A2:A13,B2:B13)

	A	B	C	D
1	PPI	CPI		
2	109.1	100.9		
3	108.8	100.9		
4	108.3	101.5		
5	108	102.1		
6	106.4	102.1		
7	106.1	102.5		
8	104.2	102.7		
9	102.3	102.5		
10	100.95	102.8		
11	98.7	102.1		
12	98.7	101.6		
13	99.3	101.8		-0.41196
14				

图10-12 计算结果演示

最后，在已经绘制的散点图上添加趋势线，点击散点图右上角的“+”，选择“趋势线”，在“更多选项”中，勾选“显示公式”和“显示 R 平方值”，单击关闭按钮，就可以得到趋势线、回归方程和判定系数。如图10-13所示。

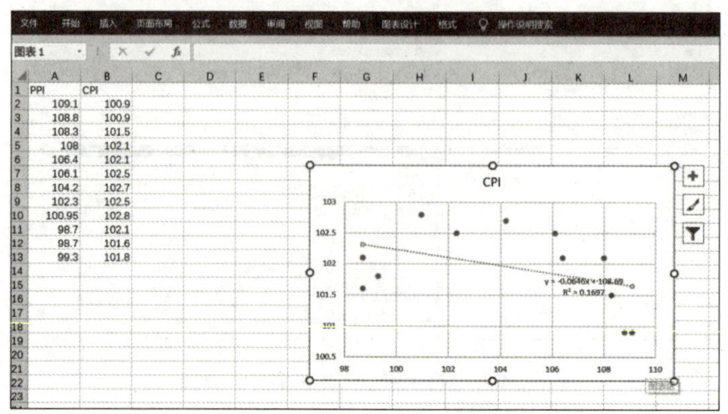

图10-13 相关趋势线

从图中可以看出，判定系数值为 0.1697，表明回归直线的拟合程度较差。也就是说，PPI 对 CPI 的影响程度很小。

扩展阅读

为什么基金投资组合要购买那么多基金呢?

不知道大家是否有发现目前市场上的基金投资组合的成分基金数量大多在十几只，有的甚至超过二十只，很多投资者自己购买的基金数量还要多。那为什么基金投资组合有这么多基金呢? 今天我们就从法规、投研以及对投资者的好处几个角度来跟大家分析一下。

法律法规要求

2019 年中国证监会发布的《关于做好公开募集证券投资基金投资顾问业务试点工作的通知》要求基金投资组合策略应当符合下列分散投资要求:

(1) 管理型基金投资顾问服务的单个客户持有单只基金的市值，不得高于客户账户资产净值的 20%，货币市场基金、指数基金不受此限;

(2) 单一基金投资组合策略下所有客户持有单只基金的份额总和不得超过该基金总份额的 20%，持有指数基金的份额总和不得超过该基金总份额的 30%。

之所以有这样的规定，是为了防止重仓踩雷风险和减少流动性风险，进一步保障投资者合法权益。

换句话说，按照分散投资要求中基金投资组合中单只产品的持有上限，基金投资组合至少需要持有 5 只及以上的基金，在基金投顾实际的管理运作当中，不会刚好卡着 20% 的上限去进行配置，所以基金投资组合通常会配置 6 只及以上数量的基金了。

从投研角度分析，投资于多只基金的必要性

首先，基金投资组合选择多只基金可以更好地实现资产多元化的目的，在组合管理上也能更好地实现收益和风险目标。

资产多元化其实就是我们常说的"鸡蛋不能放在一个篮子里"，投资经理在管理组合时会将投资分布在不同的资产类别中，大类如国内权益、国内债券、海外权益、商品等，国内权益按行业又分为消费、医药、新能源等多个行业资产，多元化的配置不同资产以及多个行业，这就需要配置多只基金来实现。

其次，基金投资组合选择多只基金可以更好地呈现量化选基的结果，避免个体净值表现差异化。

量化选基通俗来说就是通过一系列有效指标 (因子) 评判基金的好坏。通过量化模型批量化的筛选基金，追求的是胜率，只有选择的基金数量足够多，才能尽可能地贴近预期的量化选基的胜率，否则数量太少的话，单一基金的差异化会较大程度的影响量化选基的整体胜率。因此，基金投资组合中就需要配置多只基金了。

投资于多只基金对投资者的好处

从投资者的角度考虑：

一是分散风险。相比于单一基金的投资，基金投资组合通过配置不同的基金，能更好地规避单一资产或者基金带来的个体问题，降低投资者的非系统性风险。

(1) 当单只基金出现踩雷等风险事件时，由于个基的持仓比例较低，对整个组合的影响将比较可控；

(2) 权益市场风格总是在不断轮动，组合里的基金很难全部精准踩对市场的风格，当单只基金不适应阶段性的市场风格而表现不好时，通过持有多只基金，可以分散单只基金不好的收益表现；

(3) 当个别基金出现更换基金经理或者暂停销售等产品问题时，对组合整体的影响也比较小。

二是降低波动。通过分散投资于相关性低的各类资产，可以更好地平滑基金投资组合的收益波动，增加投资者持有体验。

（资料来源：《为什么基金投资组合要购买那么多基金呢？》东方财富网，2023-04-21）

课后习题

一、某品牌笔记本的月广告费用与月销售额的数据资料如下。

月份	广告费 / 万元	销售量 / 万台	月份	广告费 / 万元	销售量 / 万台
1	0.5	4.5	7	10	8.8
2	4.3	8	8	0.7	4.8
3	60	19	9	2.5	4
4	34	10	10	40	7
5	50	9	11	0.7	5
6	35	7.5	12	20	6

求：相关系数和回归方程。

二、在国家统计局等网站搜集 2022 年 1 月—2023 年 5 月 M_2 数据和 CPI 数据，建立一元回归方程，探究两者的关系如何。

第 11 章

BSM 期权定价模型

知识目标

1. 了解期权的分类。
2. 掌握期权价格的影响因素。
3. 掌握 BSM 公式。
4. 理解隐含波动率。

技能目标

1. 能够利用期权思想解释相关经济问题。
2. 能够在 Excel 中使用 BSM 公式进行欧式期权定价。
3. 能够利用 Excel 在 BSM 公式的基础上求隐含波动率。
4. 能够使用 GATCH 模型求波动率。

思政目标

通过了解期权定价 BSM 模型的过程，帮助学生了解创立一个理论的艰辛，需要学者进行大量的工作和实验，创立一个理论的过程是探索规律、尊重规律、与时俱进、坚持解放思想和实事求是的统一的过程。

案例引入

低成本、低风险的风险对冲工具

在十七世纪三十年代末，荷兰出现了郁金香热潮，导致郁金香价格一路飙升，但是批发商需要承担较大的价格变动风险。在这样的背景下，郁金香期权就应运而生了，简单而言，批发商通过向种植者购买认购期权的方式，在合约签订时就锁定了未来郁金香的最高进货价格，在收购季到来时，如果郁金香的市场价格比合约规定的价格还低，那么批发商就可以放弃协议选择以更低的市场价购买郁金香。如果郁金香的市场价格高于合约规定的价格，那么批发商有权按照约定的价格购买郁金香。从现代风险管理的观点来看，批发商实际上是利用郁金香期权合约，去对冲郁金香远期合约头寸的风险。这就是最早的商品期权。

十八世纪，期权被引入金融市场。期初的期权交易属于场外交易，也就是在交易所外的，比较分散。到了 1973 年 2 月，芝加哥期权交易所（Chicago Board Options Exchange，CBOE）成立之初，推出了标准化的认购期权合约，这也标志着有组织、标准化的场内期权的诞生。在同年 5 月份，布莱克斯科尔斯期权定价公式正式出现在人们的规野。此后 CBOE 一直不遗余力地开发新的期权业务产品。

（资料来源:《低成本、低风险的风险对冲工具》[J]. 冶金管理，2015，No.322（12）:24-29）

11.1 期权概述

微课：BSM 模型

11.1.1 期权的基本类型

期权可以从不同角度进行分类。一般而言，可以根据期权交易的特征、行使期权的方式、期权合约的标的资产以及期权交易市场的不同对期权进行分类。

1. 按期权交易的特征划分

看涨期权（Call Options）赋予期权买方按合约规定的执行价格，在合约的有效期内向期权卖方买入一定数量的标的资产的权利。看涨期权有时也简称为买权。

看跌期权（Put Options）赋予期权买方在期权合约的有效期内，按合约规定的执行价格向期权卖方卖出一定数量的标的资产的权利。看跌期权有时也简称为卖权。

2. 按行使期权的方式划分

欧式期权（European Options）是指买入期权的一方只有在期权到期日当天才能行使权利的期权。在到期日之前，期权不能执行，但过了执行时间（到期日当天），再有价值的期权都会自动失效作废。

美式期权（American Options）是指在到期日前的任何时候或在到期日都可以执行的期权。结算日则是在履约日之后的一天或两天，大多数美式期权合同允许持有者在交易日到履约日之间随时履约，但也有一些合约规定一段比较短的时间可以履约，如“到期日前两周”。因此美式期权比欧式期权更灵活，赋予买方更多的选择，而卖方则时刻面临着履约风险。美式期权的期权费相比同等条件下的欧式期权较高。

百慕大期权（Bermuda Options）是指一种可以在到期日前所规定的一系列时间行权的期权。比如，期权可以有 3 年的到期时间，但只有在 3 年中每一年的最后一个月才能被执行，它的应用常常与固定收益市场有关。百慕大期权可以被视为美式期权与欧式期权的混合体，如同百慕大群岛混合了美国文化和英国文化一样。

3. 按期权合约的标的资产划分

股票期权（Stock Options）是指以股票作为标的资产的期权，是最常见的一种期权合约。大部分股票期权的交易是在交易所进行的。

利率期权（Interest-Rate Options）是一项关于利率变化的权利，买方支付一定金额的期权费后，可以在到期日按预先约定的利率，借入或贷出一定期限的、确定金额的货币。

外汇期权（Foreign Currency Options）又称货币期权（Currency Options），其持有人享有在将来的特定时间以合约规定的执行价格购买或出售一定数额的某种外汇资产的权利。

股票指数期权（Stock Index Options）是指赋予持有人在特定日（欧式）或在特定日或之前（美式），以指定价格买入或卖出特定股票指数权利的期权。

4. 按期权交易市场划分

场内期权（Exchange-Traded Options）是指在集中性的期货市场或期权市场进行交易的期权合约，它是一种标准化的期权合约，其交易数量、执行价格、到期日以及履约时间等均由交易所统一规定。

场外期权（Over-the-Counter Options），其性质基本上与交易所内进行交易的期权无异。不同之处主要在于场外期权合约的条款没有任何限制或规范，例如，执行价格及到期日均可由交易双方自由拟定，而交易所内的期权合约则是以标准化的条款来交易、结算，并且有严格的监管及规范，所以交易所能够有效地掌握有关信息并向市场发放成交价、成交量、未平仓合约数量等数据。场外期权的参与者主要为投资银行或其他专业及机构性投资者，故在一般投资者眼中，场外期权市场的透明度相对会较低。场外期权有一个优势，那就是它可以零售，以满足投资银行客户的特殊需要。

11.1.2　期权价值的构成

期权的价值包括内在价值（Intrinsic Value）与时间价值（Time Value）。期权的内在价值是期权立即执行的价值与零的较大值。实值期权（In-the-Money Option）具有正的内在价值，虚值期权（Out-of-the-Money Option）和平值期权（At-the-Money Option）[①] 的内在价值都等于零。一般而言，期权的价格（价值）总是高于内在价值，尤其对于虚值期权与平值期权更是如此，这是因为，除了内在价值，期权价值还包括时间价值。时间价值是指期权因尚未到期，而对应价格的可能变化给期权的持有者带来的潜在收益。

1. 期权的内在价值

期权的内在价值是指多方行使期权时可以获得的回报的现值，也就是期权合约本身所具有的价值。

【例 11-1】某投资者购买了上证 50ETF 看涨期权，其中 $K=2.7$，若现在的上证 50ETF 价格 $S=2.75$，那么其内在价值 $MAX(S-K,0)=0$；若现在 S 跌到 2.63，那么其内在价值 $MAXS-K,0=0.07$。

2. 期权的时间价值

对于虚值和平值期权，虽然其内在价值为零，但其价格一般都大于零，这是因为期权价格中还包括期权的时间价值。

期权的时间价值是指在期权有效期内标的资产价格波动为期权持有者带来收益的可能性所隐含的价值。当投资者购买一个期权时，就获得了相应的权利，即将会以一定的协议价格买入或卖出某种标的资产而获得收益的可能性。在期权的有效期内，期权价格一般都超过了期权的内在价值，超出的部分即为期权的时间价值。

11.1.3 期权价格的影响因素

在现实的期权交易中，期权价格会受到很多因素的影响。期权价格由期权的内在价值和时间价值构成，因此，影响内在价值和时间价值的因素都会影响期权价格。

总的来说，有以下六个因素影响期权价格：

（1）标的资产的市场价格 S；

（2）期权的执行价格 K；

（3）期权的有效期 T；

（4）标的资产的波动率 σ；

（5）无风险利率 r_f；

（6）标的资产的收益 D。

11.1.4 BSM 期权定价公式

布莱克和斯科尔斯在他们 1973 年那篇有关期权定价的经典文献中首次给出了欧式看跌、看涨期权价格的数学表达式。首先，他们对期权定价模型的基本假设如下：

① 如果期权可以立即执行且期权的买方可以获得正的现金流，称之为实值期权；如果期权立即执行而期权买方只能获得负的现金流，称之为虚值期权。当期权被立即执行而买方既不获利也不亏损，这种状态的期权被称之为平值期权。

（1）股票价格服从几何布朗运动，其中波动率 σ 为常数；

（2）在期权存续期间股票不支付股息；

（3）无税收和费用；

（4）无卖空限制；

（5）期限为 T；

（6）证券可以无限可分；

（7）无风险利率（连续计息）r 已知，且为常数；

（8）只针对欧式期权。

BSM 欧式看涨期权的定价公式为

$$C = S_0N(d_1) - Ke^{-r_fT}N(d_2) \tag{11-1}$$

$$d_1 = \frac{\ln\left(\frac{s_0}{k}\right) + \left(r_f + \sigma^2/2\right)T}{\sigma\sqrt{T}} \tag{11-2}$$

$$d_2 = \frac{\ln\left(\frac{s_0}{k}\right) + \left(r_f - \sigma^2/2\right)T}{\sigma\sqrt{T}} = d_1 - \sigma\sqrt{T} \tag{11-3}$$

BSM 欧式看跌期权的定价公式为

$$p = Ke^{-rT}N(-d_2) - S_0N(-d_1) \tag{11-4}$$

小专栏

费希尔·布莱克与革命性金融思想

1997 年 12 月，罗伯特·默顿和迈伦·斯科尔斯在斯德哥尔摩登台领取诺贝尔经济学奖。无缘于领奖台的是费希尔·布莱克，即著名的布莱克 – 斯科尔斯期权定价公式中的“布莱克”。布莱克已于 1995 年离世，离终极荣誉只有两年之遥。尽管期权公式使他名扬四海，但布莱克对金融学的贡献却远不止于此，他的贡献包括资产组合保险、商品期货定价、债券互换与利率期货，以及全球资产配置模型，它们已经成为金融学领域的基石。布莱克富于创造力的智慧也在货币和商业周期理论领域大放异彩。在这些领域，他对宏观经济学正统学说进行了尖锐批评，提出了新学说的基本原则。尽管在布莱克的有生之年，他的观点很大程度上并未受到重视，但预见了宏观经济学后来的发展，包括 1995 年使罗伯特·卢卡斯获得诺贝尔奖的理性预期革命，2004 年使爱德华·普雷斯科特和芬恩·基德兰德获得诺贝尔奖的实际商业周期理论。

［资料来源：《费希尔·布莱克与革命性金融思想》，梅林（Mehrling P.）.2014-10-15］

11.2 波动率问题以及 BSM 模型的使用

BSM 期权定价模型内的几个参数当中，将 σ 当作已知的参数对欧式期权进行价值计算，然而现实当中 σ 往往是未知的，所以在实践中，波动率常常需要估计得到。波动率的计算方式有历史波动率（History Volatility）估计法和隐含波动率（Implied Volaility）估计法。

微课：BSM 模型的应用

11.2.1 历史波动率

BSM 模型对股票价格的假设，使用对数收益率

$$\bar{r}=\ln\left(\frac{S_T}{S_0}\right) \tag{11-5}$$

那么 n 天的平均收益即为

$$\bar{r}=\frac{1}{n}\sum_{i=1}^{n}r_i \tag{11-6}$$

n 天的收益率的标准差为

$$s=\sqrt{\frac{1}{n-1}\sum_{i=1}^{n}\left(r-\bar{r}\right)^2} \tag{11-7}$$

然后将收益率转化为年化收益率标准差

$$\sigma=\frac{s}{\sqrt{T}} \tag{11-8}$$

T 为收益率计算的期限时间的长短。

【例 11-2】某投资者已知 2022 年上证 50 指数的数据，现在想要估计其一整年的历史波动率的情况。

解：

（1）绘制原始表格。在 A1:C1 分别输入“时间，收盘价，日收益率”，将日期数据和收盘价数据② 输入在 A2:B243。

（2）计算每日的对数收益率。在 C3 中输入“=LN(B3/B2)”，然后鼠标光标在 C3 右下角变为“+”时双击可以得到所有的每日收益率，如图 11-1 所示。

（3）计算平均收益 $\bar{r}$ 和标准差 s。

	A	B	C
1	时间	收盘价	日收益率
2	2022/1/4	3264.07	
3	2022/1/5	3254.28	-0.00300383
4	2022/1/6	3210.39	-0.01357863
237	2022/12/22	2619.76	0.004721484
238	2022/12/23	2615.88	-0.00148215
239	2022/12/26	2607.52	-0.00320098
240	2022/12/27	2632.45	0.009515393
241	2022/12/28	2638.31	0.002223589
242	2022/12/29	2622.07	-0.00617448
243	2022/12/30	2635.25	0.005013972

图 11-1　每日对数收益率

② 原始数据可通过各大财经网站门户下载。

在 A245：C245 中输入“平均收益，标准差，年标准差”；

在 A245 中输入“=AVERAGE（C3：C243）”；

在 B245 中输入“=STDEV. S（C3：C243）”；

在 C245 中输入“=B246/SQRT（1/COUNT（C3：C243））”。计算得到上证 50 年标准差为 20.49%，结果见表 11-1 所列。

表 11-1 收益和标准差计算结果

平均收益	日标准差	年标准差
-0.000887954	0.013198261	0.204892107

11.2.2 隐含波动率

期权作为市场上交易的品种，其市场价格是可以观察到的。期权的市场价格可能与 BSM 模型的价格一致，也可能相差较多，受各种市场因素影响。无论如何，以欧式看涨期权的公式为例，如果知道了看涨期权的市场价格及其他可观察参数，剩下的唯一未知参数就是波动率。简言之，就是将市场上的期权交易价格带入 BSM 公式反推出来波动率的值。这就是将期权价格当做已知量来求波动率，虽然很难将波动率表示成期权价格的显函数，但是通过迭代方法或者直接使用计算机软件很容易求出波动率的值。

隐含波动率对资本波动率来说是一个平均预期，因为期权的价格在一天当中也是有波动的，所以从期权价格反推出来的波动率也是一个变化的值。

【例 11-3】某股票指数 ETF 基金的欧式看涨期权，当前的交易价格是 $C = 1.115$，而标的指数的资产净值 $S = 2.740$，$K = 2.750$，无风险利率 $r_f = 2.37\%$，三个月后到期，求该期权价格对应的隐含波动率。

解：

（1）输入原始数据。在 Excel 新的 sheet 中 A1：A5 按顺序输入“S,K,R,T,C”，在 B1：B5 按顺序输入“2.740，2.750，0.024，=3/12，1.115”。在 A7 中输入“隐含波动率”，若想利用 BSM 模型求解，那么需要假设一个波动率的值，为了简便计算，本题假设波动率为 10%，见表 11-2 所列。

表 11-2 原始数据

S	2.740
K	2.750
R	0.024
T	0.250
C	1.115
隐含波动率	10.00%

(2) 用 BSM 公式求解。在 A9:A13 输入“d_1，d_2，$N(d1)$，$N(d_2)$，C”，B9 输入“=(LN(B1/B2)+(B3+(B7^2)/2)*B4)/(B7*SQRT(B4))”；B10 中输入“=B9-B7*SQRT(B4)”；B11 中输入“=NORM.S.DIST(B9，TRUE)”；B12 中输入“=NORM.S.DIST(B10，TRUE)”；B13 中输入“=B1*B11-EXP(-B3*B4)*B12”。

保留四位小数，结果见表 11-3 所列。

表 11-3　BSM 公式计算结果

d_1	0.0721
d_2	0.0221
$N(d1)$	0.5288
$N(d_2)$	0.5088
C	0.9430

(3) 使用迭代法求隐含波动率。Excel“数据”中为我们提供了单变量求解的方法。方法如下：点击“数据”→“模拟分析”→“单变量求解”，打开以后有三个参数需要输入，“目标单元格”选择“$B$13”，目标值是真实的期权价格“=1.115”，可变单元格为“$B$7”，如图 11-2 所示。

(4) 单击“确定”，如图 11-3 所示，可以得到迭代后的隐含波动率结果为 63.88%，见表 11-4 所列。

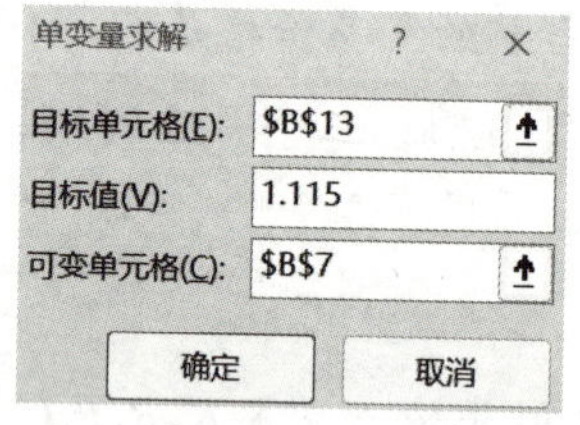

图 11-2　填充单变量求解

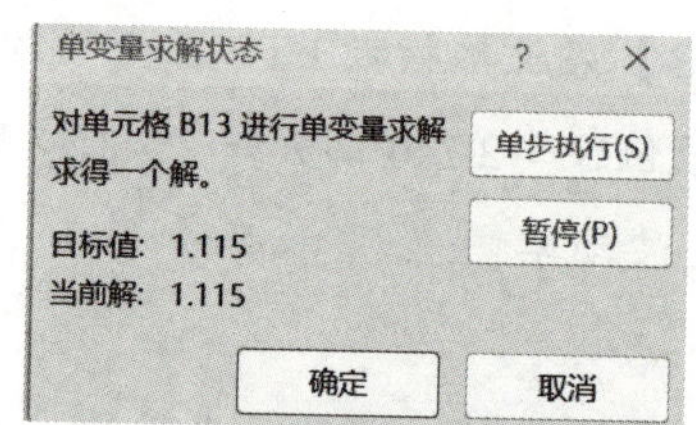

图 11-3　执行单变量求解

表 11-4　隐含波动率

S	2.740
K	2.750
R	0.024
T	0.250
C	1.115
隐含波动率	63.88%

【例 11-4】现在投资者手里持有半年后到期的大豆期货看涨期权，执行价格 $K=400$ 美分/蒲式耳，大豆期货价格为 412 美分/蒲式耳，大豆的现货价为 410，一份的合约规模是 5000 蒲

式耳，无风险收益 $r=2.780\%$，期货价格的波动率为 15%。使用 BSM 公式计算欧式看涨期权的价格。

解：

期货期权的定价公式为

$$C=e^{-rT}\left[FN(d_1)-KN(d_2)\right]$$

$$P=e^{-rT}\left[KN(-d_2)-FN(-d_1)\right]$$

其中，

$$d_1=\frac{\ln\left(\frac{F}{K}\right)+\left(\frac{\sigma^2}{2}\right)T}{\sigma\sqrt{T}}$$

$$d_2=\frac{\ln\left(\frac{F}{K}\right)+\left(\frac{\sigma^2}{2}\right)T}{\sigma\sqrt{T}}=d_1-\sigma\sqrt{T}$$

（1）列示原始数据。将 A1：A5 中填入"F,K,R,σ,T"，B1:B5 中填入"412，400，2.78%，15%，=6/12"，结果见表 11−5 所列。

表 11–5　原始参数

F	412
K	400
R	2.78%
σ	15%
T	0.50

（2）计算期货期权价格。在 A7:A11 填入"d_1，d_2，$N(d_1)$，$N(d_2)$，C"，在 B7 中输入"=(LN (B1/B2)+((B4^2)/2)*B5)/ (B4*SQRT (B5))"；在 B8 中输入"=B7−B4*SQRT (B5)"；在 B9 中输入"=NORM. S.DIST (B7, TRUE)"；在 B10 中输入"=NORM. S.DIST (B8, TRUE)"；在 B11 中输入"=EXP (−B3*B5)* (B1*B9−B2*B8)"。

保留四位小数，结果见表 11−6 所列。

表 11–6　计算结果演示

d_1	0.3317
d_2	0.2257
$N(d_1)$	0.6299
$N(d_2)$	0.5893
C	166.9419

11.2.3 波动率微笑

因为期权价格是波动率单增函数，因此波动率可以表示为期权价格的反函数。于是利用市场上交易的期权价格作为布莱克－斯科尔斯期权价格的近似值，即可以反解出波动率。这样得到的波动率，隐含着期权市场对未来波动率的预期，称为隐含波动率。学术研究发现，市场上越虚值的期权对应的隐含波动率越大，即期权的隐含波动率关于期权在值状态（标的价格比敲定价格）的函数图像呈现两端翘起的微笑形状，故给该函数图像取名为“波动率的微笑”，图中展示了外汇期权的波动率微笑，如图 11-4 所示。

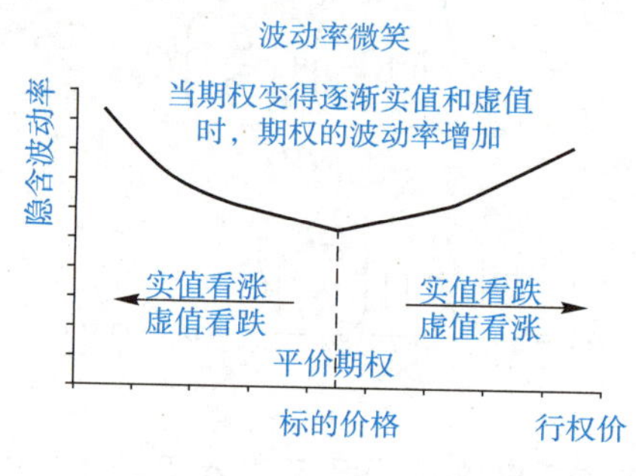

图 11-4 波动率微笑

11.2.4 GARCH 模型

波勒斯勒夫（Bollerslev）于 1986 年提出了估计波动率的一种方式，即 GARCH 模型。在 GARCH（1，1）模型中，σ_n^2 是由长期的平均方差 V_L、μ_{n-1} 及 σ_{n-1}^2 计算而来的，广义的 GARCH 模型的形式为

$$\mathrm{GARCH}(p,q)$$

σ_n^2 是从最近 p 个 μ^2 的观察值和 q 个最近的有关方差估计而得到的。到目前为止 GARCH 模型最常用的为 GARCH（1，1）模型，GARCH 模型的表达式为

$$\sigma_n^2 = \gamma V_L + \alpha\mu_{n-1}^2 + \beta\sigma_{n-1}^2 \qquad (11-9)$$

式中，γ 为对应 V_L 的系数，α 为 μ_{n-1} 的系数，β 为 σ_{n-1}^2 的系数，其和为 1，即

$$\gamma + \alpha + \beta = 1$$

有时候，用于计算，令 $\omega = \gamma V_L$，GARCH（1，1）模型也通常写成

$$\sigma_n^2 = \omega + \alpha\mu_{n-1}^2 + \beta\sigma_{n-1}^2 \qquad (11-10)$$

当 ω、α、β 被估计出来之后，利用 $\gamma = 1-\alpha-\beta$，计算长期方差

$$V_L = \frac{\omega}{\gamma} \qquad (11-11)$$

【例 11-5】假设某个由每天观测数据估算出的 GARCH（1，1），模型为

$$\sigma_n^2 = 0.000002 + 0.13\mu_{n-1}^2 + 0.86\sigma_{n-1}^2$$

对于 α =0.13，β =0.86，由此可以解得 γ= 1−0.13−0.86=0.01，根据 $V_L=\frac{\omega}{\gamma}=$ 0.000002/0.01=0.002，那么由模型隐含出的长期平均日方差平均值为 0.0002，那么标准差（波动率）为 $\sqrt{0.0002}$ = 0.014，即每天的波动率为 1.4%。

通过计算得到的 n−1 天的市场价格降低 1%，对应的 n−1 天的日波动率为 1.6%，那么 μ_{n-1}^2 = 0.01^2=0.0001，σ_{n-1}^2 = 0.016^2=0.000256，带入 GARCH（1，1）模型，

σ_n^2 =0.000002+0.13×0.0001+0.86×0.000256=0.00023516，因此，估计的波动率为 $\sigma_n=\sqrt{0.00023516}$ =0.0153，即每天 1.53%。

11.2.5　期权可被定价的逻辑与前提

微课：BSM 模型应用案例

作为标的股票价格函数的期权价格，它是随机的，但却可以用布莱克 – 斯科尔斯公式或方程来定价，模型假设前提是市场是完全的，且不存在套利机会。实质上，股票价格与期权价格的随机性源于同一个因素。因此一定可以通过构造股票与期权的某种组合，使得随机性在特定的时点被对冲掉，组合不再具有任何不确定性，也就是说这个组合此时没有风险，其收益率必定是无风险利率。

本质上，期权的定价在数学上是一个倒向问题，即已知未来某个时点的期权回报，求其当前价值。幸运的是，这个问题对应的倒向随机微分方程在一定的边界条件下恰巧存在唯一解。

11.2.6　布莱克 – 斯科尔斯价格的准确性

综上所述，期权可被定价。随之而来的问题是，通过布莱克 – 斯科尔斯方法定出的价格准确吗？

实证研究表明，布莱克 – 斯科尔斯期权价格在布莱克 – 斯科尔斯的理论发表之前是不准确的，在布莱克 – 斯科尔斯的理论发表之后到 1987 年，这一阶段比较准确，1987 年 10 月 19 日之后误差变得较大。

布莱克 – 斯科尔斯价格是在很多假设的基础上严格推算出来的，一开始给了市场参与人士公式的指导。但是公式成立的前提假设只是在一般情况下与实际比较符合，在极端条件下可能与实际相去甚远。因此在 1987“黑色星期一”之后，市场交易员都接受虚值看跌期权价格远比布莱克 – 斯科尔斯价格高得多的事实。在此之前，只有少数敏锐的交易员通过布莱克 – 斯科尔斯的这种尾部定价偏差交易来“套利”。

扩展阅读

中国金融期货交易所

中国金融期货交易所（以下简称“中金所”）是经国务院同意，中国证监会批准设立的，专门从事金融期货、期权等金融衍生品交易与结算的公司制交易所。中金所由上海期货交

易所、郑州商品交易所、大连商品交易所、上海证券交易所和深圳证券交易所共同发起，于2006年9月8日在上海正式挂牌成立。成立中金所，发展金融期货，对于深化金融市场改革，完善金融市场体系，发挥金融市场功能，适应经济新常态，具有重要的战略意义。

中金所以服务实体经济需要，服务多层次资本市场体系建设为宗旨，通过向市场提供安全、高效、完善的金融衍生产品及服务，促进金融风险合理转移与配置，提升金融市场效率，促进社会经济繁荣。

中金所的主要职能是：组织安排金融期货等金融衍生品上市交易、结算和交割，制订业务管理规则，实施自律管理，发布市场交易信息，提供技术、场所、设施服务，以及中国证监会许可的其他职能。

中金所按照“高标准、稳起步”的原则，积极推动金融期货新品种的上市，努力完善权益、利率、外汇三条产品线，满足参与者多样化风险管理需求。采取全电子化交易方式，以高效安全的技术系统为强大后盾，在借鉴国内外交易所先进技术成果和设计理念的基础上，建立了一个结构合理、功能完善、运行稳定的金融期货交易运行平台。

中金所实行会员分级结算制度，会员分为结算会员和交易会员。结算会员按照业务范围分为交易结算会员、全面结算会员和特别结算会员。实行会员分级结算制度，形成多层次风险控制体系，保障市场安全运行。

中金所建立了投资者适当性、跨市场协调监管、异常交易监控等一系列制度，维护金融市场正常秩序，维护市场公开、公平、公正，维护投资者特别是中小投资者合法权益，牢牢守住不发生系统性风险的底线。

中金所稳步扩大金融期货市场对外开放程度，积极加入国际期货行业组织，与境外主要交易所签订合作谅解备忘录，做实信息共享与互换、人员培训、业务学习、产品开发等合作内容，满足境内外投资的跨境交易需求。

中金所内设部门20个，分别为：办公室（党委办公室）、人力资源部（党委组织部）、党务工作部（党委宣传部）、纪检办公室、财务部、审计部、法律事务部、期货衍生品一部、期货衍生品二部、期货衍生品三部、场外业务部、交易部、结算部、期货市场巡回审理协作部、会员管理部、市场监察部、机构管理部、投资者服务部、信息科技部、研究部。

中金所下属公司3家，分别为：上海金融期货信息技术有限公司、中金所数据有限公司、上海唐银投资发展有限公司。

（资料来源：作者根据相关资料整理）

课后习题

一、选择题

1. 看跌期权多头具有在规定时间内（　　）。

A. 卖出标的资产的权利

B. 买入标的资产的潜在义务

C. 买入标的资产的权利

D. 卖出标的资产的潜在义务

2. 当（　　）时，期权内在价值为零。

A. 看涨期权行权价格＞标的资产价格

B. 看涨期权行权价格＜标的资产价格

C. 看跌期权行权价格＞标的资产价格

D. 看跌期权行权价格＜标的资产价格

3. 与其它条件相同的实值、虚值期权相比，平值期权的（　　）。

A. 内在价值＞实值期权的内在价值

B. 时间价值＞实值期权的时间价值

C. 内在价值＞虚值期权的内在价值

D. 时间价值＞虚值期权的时间价值

4. 只能在到期日才能执行的期权，是（　　）。

A. 看涨期权

B. 看跌期权

C. 美式期权

D. 欧式期权

5. 在不考虑交易费用的情况下，买进看涨期权一定盈利的情形有（　　）。

A. 标的物的市场价格在执行价格以上

B. 标的物的市场价格在执行价格以下

C. 标的物的市场价格在执行价格与损益平衡点之间

D. 标的物的市场价格在损益平衡点以上

二、计算题

根据 BSM 公式，计算下列股票的看涨期权的价值。

期限：六个月

标准差：50%/ 年

执行价：50 美元

股价：50 美元

利率：10%

答案揭晓

参考文献

[1] 盛骤，谢式千，潘承毅 . 概率论与数理统计（第五版）[M]. 北京：高等教育出版社，2020.

[2] [美]George Casello Roger L. Berger. 统计推断（翻译版 · 原书第 2 版）[M]. 张忠占，付莺莺，译 . 北京：机械工业出版社，2015.

[3] [美]威廉 · M. 门登霍尔，特里 · L. 辛西奇 . 统计学（原书第 6 版）[M]. 关静，译 . 北京：机械工业出版社，2018.

[4] [美]弗兰克 · 休 · 科格三世 . 金融建模：以 Excel 为工具 [M]. 张诗琪，孔宸，戴雯，译 . 北京：北京大学出版社，2019.

[5] [加]约翰 · 赫尔 . 期权、期货及其他衍生产品（原书第 10 版）[M]. 王勇，索吾林，译 . 北京：机械工业出版社，2018.

[6] [美]埃德温 · J. 埃尔顿，马丁 · J. 格鲁伯，斯蒂芬 · J. 布朗，等 . 现代投资组合理论与投资分析（原书第 9 版）[M]. 王勇，隋鹏达，译 . 北京：机械工业出版社，2017.

[7] [美]斯蒂芬 · A. 罗斯，伦道夫 · W. 威斯特菲尔德，杰弗利 · F. 杰富，等 . 公司理财（原书第 11 版）[M]. 吴世农，沈艺峰，王志强，等，译 . 北京：机械工业出版社，2017.

[8] [美]杰拉尔德 · I. 怀特，阿什温保罗 · C. 桑迪海，德夫 · 弗里德 . 财务报表分析与运用 [M]. 北京：中信出版社，2008.

[9] [美]滋维 · 博迪，亚历克斯 · 凯恩，艾伦 · J. 马库斯 . 投资学（第 10 版）[M]. 汪昌云，张永骥，译 . 北京：机械工业出版社，2017.

[10] 弗兰克 · J. 法博齐 . 债券市场：分析与策略（第九版）[M]. 路蒙佳，译 . 北京：中国人民大学出版社，2016.

[11] Thomas E. Copeland，J. Fred Weston，Kuldeep Shastri.Financial Theory and Corporate Policy[M]. Upper Saddle River:PrenticeHall，2014.

[12] Stephen F. LeRoy，Jan Werner.Principle of Financial Economics[M].Cambridge：Cambridge University Press，2014.